张作霖

关东枭雄

吴振宇◎著

台海出版社

图书在版编目（CIP）数据

关东枭雄张作霖 / 吴振宇著. —北京：台海出版
社，2015.1

ISBN 978 - 7 - 5168 - 0568 - 8

Ⅰ.①关… Ⅱ.①吴… Ⅲ.①张作霖(1875～1928)
—生平事迹 Ⅳ.①K827 = 6

中国版本图书馆 CIP 数据核字（2015）第 015251 号

关东枭雄张作霖

著　　者：吴振宇

责任编辑：王　萍

装帧设计：张子航　　　　　　版式设计：红　英
责任校对：史小东　　　　　　责任印制：蔡　旭

出版发行：台海出版社

地　　址：北京市朝阳区劲松南路 1 号　　邮政编码：100021

电　话：010 - 64041652（发行，邮购）

传　真：010 - 84045799（总编室）

网　址：http://www.taimeng.org.cn/thcbs/default.htm

E - mail：thcbs@126.com

经　销：全国各地新华书店

印　刷：河北信德印刷有限公司

本书如有破损、缺页、装订错误，请与本社联系调换

开　本：710 mm×1000 mm　1/16

字　数：188 千字　　　　　　印　张：17

版　次：2015 年 6 月第 1 版　　印　次：2022 年 4 月第 2 次印刷

书　号：ISBN 978 - 7 - 5168 - 0568 - 8

定　价：48.00 元

前　言

让我对张作霖这个人物感兴趣的有四点：

一是他为什么能够崛起？一个穷小子，一无权，二无势，在日俄两大列强以及清庭和革命势力之间趋利避害、闪转腾挪而终于成就了霸业，除了上天眷顾以外，他是如何做到的？

二是他崛起的地方为清朝的发祥地和后花园，按理说清庭应当高度重视，严加防范，特别是在清政府气数将尽，为预防将来也要给自己留一条后路的时候，为什么当时的清政府没有牢牢掌控住这个地方？这其中出现了什么变故？

三是他的非正常死亡对东三省的沦亡带来了多大的影响？由于他的非正常死亡极其意外，日本并没有承受太大压力，这就直接或间接促进了日本的军国冒险主义；如果他没有死，东三省会不会亡得那么快？日本会不会那么快发动侵华战争，这中间千丝万缕存在着很强的因果关系，史学界应该好好去研究。

四是他的非正常死亡对中国的统一带来了什么影响，从客观上说是促成了中国的迅速统一，但如果细加以分析，国民党当时的表面统一是建立在蒋冯阎桂四派军阀暂时的妥协之上的，奉军退往关外，北伐目标暂失，蒋冯阎桂纷争一定会起（后来果然爆发了中原大战），对于拥有较强实力和审时度势能力的张作霖来说，如果他没有死，中原逐鹿是否一定是蒋氏天下还真的很难说；此外，他的死亡还直接与张宗昌等人的败亡相关，如此，山东还有韩复渠吗？

以上是一些不成熟的断想，也是本书想重点解决的地方，其中任何一个内容都可以作为一个重大课题予以研究，每一个课题都可以写上厚厚的一至两本书，但是限于作者笔力和精力，本书只能稍作研究，而至于第一、二次直奉战争以及奉冯交恶、国民革命军北伐等等，由于相关著述很多，本书在这里不做重点论述。

吴振宇

二〇一四年八月二十五日

目　录

1

皇姑屯一声巨响

死亡列车

1928 年 6 月 3 日子夜，中国东北一个默默无闻的小镇——皇姑屯，跟那个时代中国所有的村镇一样，在黎明前的黑暗中酣然入睡，没有任何异样，也没有任何一个中国人知道 24 个小时以后这里将会响起一声震憾世界的巨响，让皇姑屯这个小镇从此永留史册。

此时的皇姑屯，在平静中其实已经暗藏了浓浓的杀机。在皇姑屯附近有一座名为三洞桥的铁路桥，这里是京奉铁路与南满铁路交叉的地点，京奉铁路在下，由当时的奉军守护，南满铁路在上，由当时的日本关东军守护。此时三洞桥的南侧石墩上方以及中间桥洞的副桥北端，已经秘密埋藏了整整 120 公斤的黄色炸药，电流引爆装置也已接通，专等一列火车从京奉铁路经过时引爆。

这列将要经过三洞桥的火车，在 6 月 3 日的子夜还停留在北京，本书主人公——一代枭雄张作霖，刚刚下达了秘密离京返奉的命令。6 月 3 日 1 时 10 分，张作霖和其随行人员全部抵达前门火车站，1 时 15 分火车开动，朝着前方早已布局好的死亡陷阱缓缓开进。

张作霖乘坐的这趟火车从车头算起共 20 节，其中第十节车厢是慈禧太后当年乘坐的蓝皮花车，编号为 80 号。车厢内设有大客厅一间，内有沙发、茶几、麻将桌、座椅等一应设施；此外还特设有卧室一间，窗帘是极为讲究的金黄色丝绒。80 号车厢后面是餐车，前边是两节蓝钢车。专车前面还有一列压道车作前卫。随车主要成员有：北洋政府第 15、16、17 届内阁总理靳云鹏，军事部长何丰林，总参谋长于国翰，财政总长阎泽溥，教育总长刘哲，农工部长莫德惠等数十人。

一切似有预兆，一向不太讲究的张作霖对这次离京返奉忽然特别讲究，仿佛衣锦还乡一样穿戴了起来，他穿上了青灰色的大帅服，佩戴上了肩章和绶带，坐进了慈禧太后当年乘坐的 80 号车厢，还携带上了自己最宠爱的小妾——六姨太马月清，只因他坚信马月清会给他带来好运。

6 月 3 日 6 时 30 分，车过天津，张作霖的密电处长周大文电告奉天：主座专车安全通过天津，傍晚时分可抵达山海关。

13 点左右，车过唐山，传来日本人将在山海关袭击列车的传言，车上人心惶惶，但是张作霖不加理会，列车继续往前开进。

16 点，车到山海关，并没有出现传言中所说的日军袭击列车的事件，山海关一切正常。除此以外，来山海关迎接张作霖并负责安保的黑龙江省督军吴俊升登车随行。吴俊升还反复向张作霖保证，山海关直至奉天，京奉铁路沿线全部布满了奉军，安全保卫已经做到严丝合缝，连只苍蝇也休想飞进来。车内紧张气氛这才一扫而空。

18 点左右，张作霖邀请何丰林、于国翰、阎泽溥、莫德惠等人一起到餐车共进晚餐，晚餐六菜一汤，是由张作霖六姨太马月清亲自下厨，按照张作霖平时最爱吃的菜，协同随身厨师精心制作的。这六个菜分别是肉丝烧茄子、炖豆角、榨菜炒肉、干煎黄花鱼、菠菜烹虾段、辣子鸡丁。一个汤是在鸡汤中放入小白菜，外加各种调料烧煮而成。

20 点左右，张作霖在马月清服侍下抽了几口大烟，兴致极高，叫来了莫德惠、刘哲等人一起玩纸牌"斗十胡"，也许是张作霖牌好，也许是莫德惠等人有意相让，反正这晚张作霖手气出奇的好，赢了一夜。经过一夜鏖战，不知不觉天将破晓，列车来到了皇姑屯火车站。在皇姑屯火车站，实业总长张景惠登上了张作霖的专列。

皇姑屯火车站的不远处就是三洞桥，那里 120 公斤的炸药早就埋好了，专等着张作霖的专列尤其是张作霖所乘坐的 80 号车厢的到来。凌晨时分，莫德惠等玩了一夜麻将的人各自回到自己的卧铺休息，而没有玩麻将的吴俊升却进到了张作霖的包厢谈话，窗外细雨霏霏，谁也没有意识到几分钟后即将发生的大爆炸。

1928 年 6 月 4 日凌晨 5 时 23 分，当张作霖所乘坐的第十节车厢（也即 80 号车厢）完全进入三洞桥以后，一声巨响冲天而起，浓烟滚滚，三洞桥中间一座花岗岩的桥墩被炸开，桥上的钢轨、

图 1　皇姑屯爆炸后现场

桥梁被炸得弯弯曲曲，抛上天空。张作霖的专用车厢是被炸最惨重的一节车厢，炸得只剩下了一个底盘。和张作霖一起的吴俊升血肉模糊，头顶穿入一个大铁钉，脑浆外溢，当场死亡。张作霖则被炸出三丈开外，咽喉破裂，满身是血，但人还有气。身受重伤的张作霖被士兵严密保卫起来，不准任何外人来见。第十节车厢后面的餐车遭到严重焚伤，理发师陈蛮子被烧死成煳状，会计官兰贵田烧成重伤，几个月后死去。第十节车厢前面的第九节车厢上部及门窗全部炸毁，车身向北倾斜，车厢起火，六姨太马月清被人从大火中救出，所幸福大命大，只烧伤了一个脚趾头。此外，其他车厢被炸受伤的还有实业总长张景惠、农工部长莫德惠、教育总长刘哲、总参谋长于国翰等人。随行的日籍顾问仪峨诚也只受轻伤。

　　1928 年 6 月 4 日上午 9 时 30 分，一代枭雄张作霖终因伤势过重，经抢救无效死在了自己的大帅府里，时年 53 岁。

在皇姑屯事件中，张作霖乘坐的这趟极其豪华的专列共有 20 人被炸死，53 人被炸伤，后人戏称这趟专列为死亡列车。

最幸运的人和最倒霉的人

张作霖的专列被炸，明眼人到此已经看出了到底是谁干的。不过为明确事情的来龙去脉，这里还要提供两条顺藤摸瓜的线索。说来好笑，这两条线索牵扯到两个人，一个是最幸运的，另一个则是最倒霉的。

先说最幸运的那一个。此人是谁？此人即是前文所提到过的北洋政府第 15、16、17 届内阁总理靳云鹏，这位靳总理原本是要随同张作霖去奉天的，如果他按原计划执行，以他的身份和地位，必然是离第十节车厢最近的，甚至于就在第十节车厢上陪同张作霖说话，而诸君知道，第十节车厢是炸得最重的，如果人在第十节车厢上，基本上很难生还。但是这位靳总理非但没有在第十节车厢上，而且爆炸的时候也没有在专列上，原因是他虽然在北京上了专列，却在天津就匆匆下车了。

这位靳总理如此匆匆忙忙地下车，如果不是有未卜先知的本领，那他的身上必然大有文章。果然，事后查明，靳总理对列车即将被炸一事确实不知，但他却在很关键的时候被人以很巧妙的理由骗下了车。骗他的人是日本领事馆。6 月 3 日晚 6 时 30 分列车抵达天津站的时候，靳云鹏府上（靳府在天津）一个副官上车报告，说是日本领事馆派人送信，当晚 9 点钟靳云鹏的好友坂西利巴郎到天津，要与靳商谈关于山东鲁大公司的重要问题，请靳立即回府。因为靳是当时山东鲁大公司的董事长，事关切身利益，靳只好万分不情愿地下了专列，坐在家里等候了一整夜，结果左等右等也不见坂西利巴郎来，心里正恼怒着，这时传来张作霖专列在皇姑屯被炸的消息，登时惊得目瞪口呆，心里明白是日本人不想让他陪着张作霖送命，暗地里把他从阎王殿上捞了回来。

其实，从北京上车又在天津下车的还有一位日本顾问名叫町野武马，与靳云鹏被骗下车不同的是，町野武马是自己主动下车的，因为他对皇姑屯阴谋略有所知。町野武马是个"中国通"，在张作霖身边当了9年顾问，可以自由出入张的府邸，很受张的器重，他经常向日本人透露一些张的情报，也向张透露一些日本人的情报，可以说是一个"双面间谍"。因此，町野武马在下车时还曾暗示张作霖，让张作霖避开黑夜，最好白天到达奉天，只不过并没有引起张作霖太多重视，碍于自己身份，町野武马也不好说得太明。

最幸运的一个说完了，再说最倒霉的一个。这个最倒霉的是谁？他就是时任黑龙江省督军的吴俊升，那时东北有四个督军，分别是黑龙江、吉林、奉天和热河，黑龙江省督军是最远的一个。奉军入关，张作霖把大部分亲信和士兵都带到了关内，东北有些空虚，这就需要一个既得力又可靠的人把守，张作霖把这个重担交给了吴俊升。所以当张作霖离京返奉的时候，山海关以外的安保重任就落在了本为黑龙江省督军的吴俊升身上，吴俊升本人也亲自到山海关迎接，如上文所述，吴向张担保沿途安保措施十分到位，连只苍蝇也别想飞进来。

吴的倒霉就在于他的这份自信，在吴看来，京奉铁路沿线自山海关以外那是三步一岗、五步一哨，敌人要想在奉军眼皮底下做手脚那简直比登天还难。但是吴犯了一个致命的错误,那就是他守住了京奉铁路沿线,却没有想到京奉铁路的上面也可以做文章,这个致命的弱点在整个京奉线上只有一处,那就是三洞桥。此处京奉铁路与南满铁路交叉,京奉铁路在下,南满铁路在上,吴俊升的部队有权守京奉铁路,却无权守南满铁路,因为按照协议,南满铁路是日本的地盘,应由日本人看护,吴俊升无权阻止日本人进出南满铁路,这就给日本人通过南满铁路在三洞桥上做文章留下了足够的空间。

尽管如此,吴俊升仍然在三洞桥下离南满铁路不远的地方布下了岗哨,监视着日本人的一举一动。不过日本人还是通过鸡鸣狗盗的方法,以换班守护南满铁路为由,神不知鬼不觉地将120公斤炸药运进了三洞桥,当然,还有一种可能就是日本人通过火车从南满铁路运送炸药。不管何种形式,总之倒霉的吴俊升没有完成安保重任,不仅送掉了张作霖的老命,附带还把自己的性命也给搭进去了。

与张作霖的一帮老兄弟大多出自土匪相比,吴俊升还算根正苗红。他是行伍出身,二十岁那年编入骑兵,因作战勇敢,不断因功提升,至1908年,已官至奉天后路巡防队统领,官职与张作霖、冯德麟、马龙潭并列,后张作霖从四人中脱颖而出,吴俊升及时调整心态,服从张作霖并协助张作霖经营东北。1925年郭松龄反奉,将张作霖逼上穷途末路之时,已升任黑龙江省督军的吴俊升星夜救急,亲率骑兵千里驰援,抄了郭松龄的后路,使郭松龄军心动摇而兵败身亡,由此更得张作霖的信任,倚为擎天一柱,其地位在奉军中仅次于张作霖而位居第二位。此次三洞桥遇炸,因为日本人从来就没有把吴俊升列为谋杀对象,对日本人而言那是意外收获，而对于吴俊升来说则是千里迢迢地赶来陪死，实在是倒霉透顶了。

疯狂河本

发生在三洞桥的大爆炸，所有的线索都指向了日本人，而且日后历史资料也确证是日本人所为，但在当时日本却矢口否认，拼命叫屈，说张作霖不是他们炸死的，而是南方革命党人。由于日本人的否认，皇姑屯事件在当时也如同民国时期的廖仲恺被害案、宋教仁被刺案一样，成为众多悬案中的一件。

历史是很复杂的，有很多案件一眼看下去就知道是谁干的，但偏偏没有办法破解，只能成为悬案。比如廖仲凯被刺案，作为国民党左派的领袖，时人都怀疑是右派干的，甚至很有可能是在此事件发生后获利最多的蒋介石暗中做的手脚，然而此案还有许多谜团或疑点，至今未能破解。再比如宋教仁被刺案，这个就更明显了，人们有一百个理由认为是当时的袁世凯派人暗杀的，但贼喊捉贼又苦无证据，最后只好不了了之。

皇姑屯事件也是同样的道理，尽管大家心知肚明，但在当时却没有证据，反过来日本人却找到了一些据称是南方革命党人谋杀的证据。

在三洞桥附近，日本人找到了两具尸体，在其中的一具上发现了两封来自南方"国民革命军司令部"的密信，信中写有商洽有关"东三省"起义的字样；另一具手里握着苏制炸弹，一副要投弹炸桥的样子。

由于现场伪造的痕迹太浓，估计没几个人从心里相信，但当时掌握话语权的是日本，他们借此转移了视线，把一潭水搅得更浑。

皇姑屯事件作为一桩历史悬案就此沉淀了下去，直到二战结束日本投降后，在东京审判时，始由日本前陆军省兵工局长、事件的参与者东宫铁男（当时是上尉）揭露供述，才知道这是前关东军高级参谋河本大作（当时是陆军大佐）等人所犯下的罪行。后来，河本大作又著书《我杀死了张作霖》，才使事件的全貌得以大白于天下。

根据河本的自供状，20 年前，河本大作对张作霖十分痴迷，其狂热程度远远超过了今天的球迷之于球星，只不过球迷对球星的狂热是善意的，而河本的狂热则是一门心思的要置张作霖于死地。

河本与张作霖究竟有什么仇？个人私仇没有，但是国仇是一定有的，在河本看来，正是因为张作霖的存在，才导致日本推行了十几年的满蒙独立一直没有成功。据说时任关东军司令的武藤信义曾就满蒙问题征询河本意见，河本明确表示要干掉张作霖，除此以外没有解决满洲问题的第二条道路。

狂热分子河本大作瞄上张作霖的时候，张作霖对此一无所知，所以这场较量从一开始就是不对等的，有违日本的武士道精神。不过这位狂热的河本根本管不了这些，在军国主义思想的影响下，他已经把报效日本甚至为日本献身当做最大的荣耀，而报效日本的最佳方式，在当时的河本看来那就是干掉张作霖。为实现这一至高无上的目标，河本于 1926 年担任日本关东军高级参谋之后不久，就勾结日本川越守二等人，窜到由苏联控制的满洲里至绥芬河一线的铁路附近搞爆炸试验，前后爆炸过两次，掌握了引爆方法、炸药能量及效果等第一手资料。

1928 年 5 月，竹下义晴等另外一批日本人想谋刺张作霖，河本知道后予以及时制止，理由是有可能打草惊蛇，还有就是万一失败，有可能会牵扯到军方及日本政府。河本的意思是要么不做，要做就要滴水不漏，出了事情则由自己一人担当。

为确保万无一失，河本派竹下义晴到北京潜伏。不久，竹下拍来密电，说张作霖已经决定出关，并报告了火车的预定行程。事实上这个预定行程是错误的，因为张作霖并没有按照预定行程的时间出发，不过河本也从来没有相信过这个所谓的预定行程，他有自己的一套，那就是派自己的人到几个火车站站点进行现场侦测。他派石野芳男大尉到山海关，派神田泰之助到新民屯等京奉铁路要地，命令他们切实监视火车到达和启动的具体时间、地点；此外，他还让町野武马跟随张作霖一起登上了离京返奉的专列，后来他还是不放心，在张作霖专列开车之前也上了车，一直跟到了山海关，亲自看到张作霖到了山海关后才换乘日军专列迅速赶到奉天指挥部指挥他的谋杀计划。这样，张作霖几时出发，在哪个站点停留多少分钟，和哪些人在一起，整个的行程都像一张白纸黑字一样清清楚楚，明明白白。

情报确保无误后，剩下来要做的就是暗杀的时间、地点、方法和人选的选择。

关于暗杀的时间，这个不用多说，当然是张作霖离京返奉的那段时间。如果从 6 月 3 日 1 时张作霖离京算起，到 6 月 4 日 5 时暗杀成功，时间跨度为 28 个小时，这么长的时间内，足够日本人做好各种暗杀准备了。

东宫铁男　　　　　　　　河本大作

关于暗杀的地点，这个最让人头痛，因为沿线戒备森严。河本最初选择的是巨流河上的大铁桥。但是当他派工兵队中队长前去侦察一番后，发现无隙可乘，就算瞅准机会偷偷混进去了，安装炸药最少也得一个星期，时间不够。这个地点只得放弃。后经多方研究，才找到了满铁线和京奉线交叉的三洞桥，因为在这个地方，满铁线从上面穿过，京奉线从下面穿过，日本人在三洞桥活动，不会引起别人的注意。同时，根据当时签订的南满铁路条约，中国军警不能靠近南满铁路。这就为他们布置埋设重磅炸药，提供了十分有利的条件。

关于暗杀的方法，河本也精心策划，设置了前后手两招：前招是不留痕迹的用炸药炸毁火车，万一爆炸失败，那么紧跟着还有后招，那就是设计让火车出轨，然后乘乱派刺刀队直接冲上去刺杀。

关于暗杀的人选，河本选择了驻守当地的日本守备队中队长东宫铁男上尉，因为此人对地形熟悉，又是明正言顺的三洞桥日方最高指挥官，进出三洞桥不受限制。河本还从朝鲜新义州调遣了一组工兵，携带电气发火之 500 磅高爆炸药两箱，配属其作业。为了保证爆炸成功，还设置了两道爆炸装置。同时，在桥墩 500 米外的瞭望台上设有电线按钮，以控制触发爆炸。

关于暗杀的善后事宜，河本也考虑得非常详细，那就是暗杀一旦成功，那就嫁祸于南方的北伐军，当时北伐军正与张作霖在平津沿线开战，嫁祸于北伐军从理论上来看也有一定的可信度。为此，河本早在一个月前就安排日本浪人安达隆盛寻找替死鬼，安达隆盛把这个任务交给了一个名叫刘戴明的中国人。刘戴明很快就找到了三个替死鬼，1928 年 6 月 3 日深夜，刘戴明给了三个人一笔钱，让三人到三洞桥日本守备队报到，三个人糊里糊涂地走到三洞桥附近，当场被日本人刺死了两个，因为日本人怕暴露目标，没敢开枪，才让一个叫查大明的拼死逃脱了。不过查大明并没有活多长时间，于皇姑屯事件后的第五天即被日本特务找到并杀害了，刘戴明也没有逃过一劫，事后即被押送到大连日本宪兵队秘密处死，这样，所有的人证均已消失，日本人矢口否认的底气更硬了。

获得两个替死鬼的尸体后，日本人将他们打扮一番，伪造了南方革命党人谋杀的现场，这就有了前文所说的日本人提供的所谓证据。

不信邪的张作霖

站在今天的角度上看，河本的暗杀计划仍然可以说得上是天衣无缝；但是，这个计划其实也还是有一个致命的弱点的，那就是河本的计划都是围绕着铁路展开的。如果张作霖不走铁路而改乘汽车，那么河本的计划无论多么完美，都将是竹篮打水一场空。

事实上，张作霖不是没有考虑过乘坐汽车离京返奉。毕竟张作霖的情报机构也不是吃闲饭的，虽然他不知道有这么一个狂热分子专门和他过不去，但日本人心里的小算盘他还是有数的。特别是奉天宪兵司令齐恩铭在他返奉前几天给他发了一份电报，内中提及日本守备队在皇姑屯车站附近的老道口和三洞桥四周，日夜放哨阻止行人通行，好像构筑什么工事，情况异常，因此提请张作霖严加戒备或绕道归奉。齐恩铭的提醒，对张作霖还是有一定影响的，他有些犹豫，选择汽车还是火车？

坐汽车的话轻车简从，行动秘密，比较安全，但缺点也很明显，那就是路况不佳，颠颠簸簸，再说为一个压根儿不知道有没有的所谓风险而绕行，岂非大掉身价？

坐火车的好处那是风风光光、体体面面，对张作霖这样一个好大喜功的人而言是很符合他的脾气的，此外火车也比较舒适，路上很享受，缺点就是目标太大，容易引起日本人注意。

张作霖举棋不定的时候就抓阄决定了，他在两张纸头上分别写上"汽"和"火"，然后从中抓了一个，一看是"火"，也是天意如此，命中注定，这下再无争议，张作霖于是下定了决心坐火车。皇姑屯事件发生后，有人反过来分析时提到张作霖抓到的那个"火"，说那火其实就是火海的意思，意味着张作霖坐火车必将身陷火海，死无葬身之地，可惜这是后话，张作霖已经听不见了。

张作霖执意要坐火车，其实也不仅仅是因为抓了一个"火"字，根子上还是因为他不信邪，说白了就是不相信小日本能折腾出什么名堂：一来他对手下人十分信任，张作相向他保证了北京至山海关一段的安全，吴俊升向他保证了山海关至奉天一段的安全。在这种情况下如果不坐火车，岂非胆小怕事，畏敌如鼠？传出去也不好听，搞不好兄弟们还有怨言，以为对他们不信任。第二是张作霖不相信日本人真敢对自己下黑手，尽管自己处处让日本人不爽，但他是"东北王"，除了他自己日本人还真找不出第二个可以代替的，日本政府没理由傻到要除掉他。应该说张作霖对日本政府的判断没错，日本政府对他是恨得牙痒痒的但还得供着他，不过这次不是日本政府而是日本的关东军要对他下手了，那时的日本军人已经疯狂得有些失控了，不可以常理来推断。

张作霖不信邪，但不代表他就是一介莽夫，只会由着自己的性子蛮干，恰恰相反，张作霖做事非常细致和认真，虽然他不知道河本大作在他的前方给他布下了死亡陷阱，但他还是采取了针对性的防范措施。我们按照河本大作给他设计暗杀方案时所选取的时间、地点、方法和人选来进行逐一比对分析。

第一是时间。河本圈定暗杀张作霖的时间是离京之日到返奉之时，一共也就30个小时左右，这里面最关键的就是张作霖离京时间的确定，关于这一点，张作霖可以说要尽了心机，他充分采取了兵不厌诈的手法，回奉日期一改再改，先是说6月1日出京，之后又是6月2日，等到6月2日专车出发了，车上却只有他的家人，如果不是河本有一个町野武马在张作霖身边卧底，差一点就给老张蒙骗过去了，只要6月2日专车一炸，河本的阴谋也就彻底破产了。双方在这方面应该说是各使心计，互相打成了平手。

第二是地点。沿线有那么多地点，张作霖无法判断哪个地点更加危险，按照张作霖的兵力及个性，他也不需要去判断哪个地方更危险，反正不管了，每个地方都派兵防守总可以了吧，三步一岗，五步一哨，沿途动用了十几万奉军护路，那阵势比乾隆皇帝下江南还要壮观。全线布防，没有重点，这既是张作霖预防措施的优点也是他的缺点，说是优点，是因为这种布防也确实让河本感到比较棘手，起初他准备在巨流河埋设炸药就是因为这个原因而行不通，只好临时取消，重新选择地点；说是缺点，是因为三洞桥这个地点实在是应该重点布防的，三洞桥作为南满铁路和京奉铁路的交叉点，其潜在风险应该很容易想到的，特别是在齐恩铭已经预先有过提醒的情况下，不知道当年的张作霖以及他的一帮智囊团为何就没有引起足够重视，导致在这个地方棋差一着而满盘皆输，实在有些可惜。

第三是方法。张作霖用于预防的方法是乘坐蓝钢车，这蓝钢车十分坚固，等闲炸药很难炸坏，且前面还设置了一辆压道车，以防止有人破坏铁轨。应该说这两道预防措施正好对应了河本的暗杀计划，尤其是河本打算破坏铁轨的后手招在有压路车的情况下很难施展开来，不过河本用不着采用后手招了，他的前手招威力巨大，120公斤的炸药连一幢十几层的楼房都可以掀翻，何况区区几节小小的车厢，河本对此信心十足，不过实际情况却与设想相差很远。由于蓝钢车异常坚固，这节车厢虽然被炸得很惨，但张作霖却没有被立即炸死，而是被抬到了奉天急救，虽然最后还是不治身亡，但却为奉军迎立新主和调兵遣将赢得了时间，等最终各方知道张作霖已经死亡的消息时，东北局势已定，从而彻底破坏了日本人想趁火打劫甚至出兵东北的计划。应该说在方法的选择上，张作霖还是很有先见性的，有效弥补了在地点选择上所犯下的错误，在这方面的较量上算是占了上风。

第四是人选。张作霖派来预防的是他的铁杆盟友和心腹大将张作相及吴俊升，前半程张作相没有出事，后半程吴俊升不仅出事还把自己的老命也搭上去了；而河本选择的一批人包括东宫铁男上尉及其他人均无一伤亡也无一出事，很好地完成了各自任务，因此在这一方面的较量上，张作霖因为用人不当，尽管所用的人忠心耿耿但却没有起到应有作用，可以说是完败。

通过以上四个方面的分析，张作霖与河本这一轮的生死较量可以说一目了然，其结局也就注定了，当然，一个在明里，一个在暗里，明里的人总是要吃亏很多的，这也是一代枭雄张作霖阴沟里翻船的原因之一吧。

关东军竹篮打水

关东军谋杀张作霖是有目的的，那就是要攫取东北利益乃至中国利益。当年日本人跟袁世凯打交道，鼓捣出了一个让所有中国人都反对的"二十一条"，五四运动因反对巴黎和会而起，其中最重要的一条便是反对"二十一条"。日本人在袁世凯时期以及北洋政府时期，实际上并没有落实"二十一条"，不是他们不想，也不是他们怕了中国的民意，而是当时的各届中国政府实在短命，你方唱罢我登场，城头变换大王旗，日本人应接不暇。经常是日本人好不容易跟一届政府混熟了，拿着以前的"二十一条"让新政府认可，新政府还没来得及认可就又倒台了。痛定思痛，日本人觉得还是要培植自己的势力，他们看中了张作霖，而那时的张作霖也需要外力的帮助，就这样双方一拍即合，日本人帮助张作霖登上了"东北王"的宝座，帮助他平定了郭松龄叛乱，帮助他进兵关内、逐鹿中原，并成为末代北洋政府的首领。在日本人看来，张作霖应该知恩图报，把他们梦寐以求的类似于"二十一条"的密约给签了，并且赶紧落实下去。没想到张作霖这个人看似老实好欺负，实际却是老滑头，口头上的好处给了日本人一箩筐，落到实处的却没有几样。最要命的是，有些密约即使张作霖签了也还是作不得数的，因为没有张作霖的亲自指示，东北境内谁也不敢帮着落实。弄得日本人有苦难言，手里拿着的密约形同白纸，被人家像踢皮球一样从东边踢到西边，从西边又踢回东边，里外不是人。

在日本人看来，张作霖的这种行为是忘恩负义，是典型的不讲诚信不讲道义。不过话又说回来，你要人家拿东北的利益和国家的利益来交换，但凡有点血性有点爱国心的中国人都是不会同意的。张作霖自己就说过，日本人确实对他有恩，他们想要拿他自己的任何东西都可以，但是东北是属于国家的，这个他张作霖作不了主。

郁闷的日本人很生气，生了气的后果很严重，皇姑屯事件就是日本人生气的后果。他们以为干掉了张作霖，东北必定政局大乱，这样日本人就可以乱中取胜，甚至可以出兵占领东北，直接解决满洲问题。没想到千算万算，连十几层楼都可以炸塌的炸药居然就没有把张作霖炸死。张作霖不死，日本人就不敢动，心里埋怨着河本这小子做事不利索。埋怨归埋怨，表面上还要表示沉痛，还要不停地前往大帅府表示慰问；行动上还要贼喊捉贼地帮着追查真凶。

张作霖在大帅府抢救期间，跑得最勤的就是日本人了，倒不是日本人真的对张作霖有多么深的感情，而是日本人想搞清楚张作霖到底伤得有多重，还能不能活过来，有没有死，好决定下一步的行动计划。可见张作霖威力有多大，就是死，也死得让日本人摸不着北。

东北政局未定，张作霖就不能死。这一点张作霖的家人以及奉军核心人物都非常清楚，他们紧急做了两件事，第一件就是按照张作霖的吩咐，紧急召唤张作霖的长子张学良从平津前线返回；第二件就是严密封锁张作霖抢救乃至后面死亡的消息。

先说第二件事。日本人跑得很勤，如何不让日本人起疑心颇费了一番手脚。当时参与抢救张作霖的有一位英国大夫，张作霖经抢救无效死亡后，奉军军医处长王宗承诚恳地请求他保守秘密，对任何人都不要说，因为此事关系实在太大。英国大夫答应了这个要求并且信守承诺，就连英国驻奉天总领事问他时，他也只说是负伤了，后来这位英国大夫为此丢掉了医院院长的职务。

尽管日本人很难相信120公斤炸药居然炸不死张作霖，但是英国大夫的话却让人不得不相信，此外他们每天还看到大帅府的厨房照常开张作霖的饭，医官也天天到大帅府换药并填写医疗经过和处方，一切都证明了张作霖还活着，并且受伤不重。

满腹狐疑的日本总领事林久治郎提出派日本医师为张作霖诊治，但是遭到婉言谢绝。后来他又派夫人到帅府探访，时值张作霖第五房夫人寿懿在帅府当家，寿夫人因为张作霖的死而哭得死去活来，听闻总领事夫人来访，马上梳洗打扮出来陪客，并开香槟与总领事夫人一起庆祝大帅鸿福齐天，得逃大难，殊无悲戚之感。寿夫人关键时候拿得起放得下，可见张作霖作为一代枭雄，就连身边随侍的夫人也不简单。

由于戏演得足，演得真，保密工作又做得天衣无缝，日本人一直被蒙在鼓里。

下面再说第一件事。张作霖临终遗言要张学良回来主持大局，时张学良正在平津前线与北伐军对峙，如何在日军不知晓的情况下既安全又秘密地返回奉天成为头等大事。

尽管今天有很多人认为张学良并不是一个称职的继承者，在很多大事上比如后来放弃东北以及发动西安事变等等，都表现出了事前的冲动和事后的没有主心骨等特性，且在生活作风上离不开女人和大烟，因此有人把他归为纨绔子弟一类。不管他是什么，至少在1928年的6月份，这位枭雄之子表现出了应有的镇定与缜密。

他妥善安排好了奉军的撤退。借着北伐军威胁的名义，让第三、第四方面军团火速向滦河方向撤退，以便关内有事，可以随时回援。临行之前，又与杨宇霆、张作相商定，三四军团部回撤锦州，吉军驻扎山海关至锦州一线，确保奉军今后回师奉天通道的安全，同时，为掩人耳目，令奉军鲍毓麟旅留在北京维持秩序，一切照旧。

在做好上述安排后，张学良剃了长发（只有长官才留长发），换上士兵的灰色服装，打扮成伙夫模样，带上饭勺，扛着大锅，在卫队营长崔成义和副官谭海的暗中保护下，混在一堆士兵中秘密返奉。车到山海关，有日本宪兵三人前来查问张学良是否在车上，此后列车经过绥中、锦州、沟帮子等站，沿途均有人上车探听张学良消息。车至奉天，张学良未经车站站台的出口处，而是横穿铁道东行，乘坐早已准备好的汽车直接驶回大帅府。

6月19日，张学良通告各国领事，正式就任奉天军务督办。

随后发表了《就任奉天军务督办通电》，公布施政纲领5条，即：一、罢兵言和，反对内战；二、睦邻政策，友好外交；三、精兵主义，兵农实边；四、开源节流，政治改革；五、尊重民意，取诸公决。

6月21日下午，奉天省长公署正式公布张作霖逝世消息，从6月4日上午9时张作霖抢救无效死亡至此已整整17天，这17天是关系东北政局也是影响东北利益乃至全国利益的重要的17天，日本人被一个假活而真死的张作霖弄得束手无策，坐失良机，等到东北政局大定，日本人才如梦初醒，可是为时已晚。

今天看来，这张作霖也真是日本人的克星，活着的时候不停地忽悠日本人，忽悠来忽悠去，把个日本忽悠得有力使不上，有气发不出，还不得不一次次地拿钱拿枪拿炮帮助张作霖；就是死了，张作霖也还没忘继续忽悠日本人一把，弄得日本人有苦说不出。

不仅如此，日本人还搬起石头砸了自己的脚。辛辛苦苦策划了一起皇姑屯事件，国际国内背了不少骂名，本指望趁东北乱局捞点什么，结果不但什么也没捞着，还直接促成了东北易帜。痛定思痛的张学良对日本人恨在心里，1928年7月2日就任东三省保安总司令兼奉天保安司令后即开始策划东北易职。1928年12月29日不顾日本人的强烈反对，宣布东北易职，服从从南方北伐后取得全国政权的国民党领导。

日本人从袁世凯时代开始就不断地策划东北分裂，策划满蒙独立，结果策划来策划去，最后居然把东北策划成了全国统一。对蒋介石领导的国民党集团来说，他们能够完成全国的统一，日本人应该说是"居功至伟"，尽管日本人内心里是那么的不情愿。

正应了中国的一句老话："聪明反被聪明误"，日本这个民族在内政外交上精于算计，很多时候都是自以为是的聪明过了头。

蝴蝶效应

一代枭雄张作霖死了，但他留下的余波还在，作为日本人的克星，虽然他最终死于日本人之手，但并不意味着他是失败方；相反，日本国内有一股深深的挫折感，特别是东北易帜后，更让日本人郁闷至极。早知今日，干吗要策划那场该死的皇姑屯事件？

算账，一定要秋后算账！

首当其冲的是河本大作，一个小小的大佐，没经日本政府的同意，凭什么就策划了这起惊天动地的大谋杀？

实际上，河本大作纵使再狂热，也不致狂热到没有人支持就单枪匹马地独干了，河本的后台是关东军。当时在日本国内军国主义势力已经抬头，军主政从的观点像毒药一样正在蔓延，所谓军主政从，就是要以军队为主，其他政治经济什么的统统靠边站。河本就是军主政从的狂热支持者，在他的心里，压根儿就没把政府当回事，他只听军队的。时任关东军司令官为村冈长太郎中将，参谋长为斋藤恒少将。斋藤恒的后人保留了一本《斋藤日记》，里面详细地记录了关东军打算除掉张作霖的前因后果。其中6月3日（张作霖被炸前一天）记道："军宪要杀作霖的计划，似由河本所规划。今天，总领事给我看电报。公使暗示军宪可能杀作霖。"此外，5月30日的日记里也记载了关东军司令官与满铁社长、副社长以及町野武马等人商量如何对付张作霖的事情。

由此可见参与或知悉河本阴谋的至少有关东军司令官村岗长太郎中将、参谋长斋藤恒少将、满铁社长山本条太郎、满铁副社长松岗洋右、奉天特务机关长秦真次少将、日本驻华公使芳泽谦吉、日本驻奉天总领事林久治郎以及张作霖的首席顾问町野武马等人。当时这些人普遍认为，如果张作霖听话，就让他多活几天，如果不听话，就应该把他从东三省铲除，另以他人代之。一句话，铲除是要铲除的，只不过在时间的选择上还有争论。河本有点急性子，在"另以他人代之"的这个"他人"还没有出现之前就动手了。

张作霖被炸消息传到东京后，当时的日本首相田中义一通过参谋本部知道了是关东军干的，他在向裕仁天皇汇报时信誓旦旦的向天皇保证要严惩不贷。

日本首相田中当时要严惩河本等人应该是其真实的想法，原因是这么大的事也不知会政府一声，政府还有威信吗？此外就是破坏了日本政府扶植其他人物以取代张作霖的计划。但是田中首相要严惩河本等人却遭到了军部（日本陆军省和参谋本部统称军部）的强烈反对，军部也有自己的小九九，抛开谋杀张作霖这件事情的对与错不提，对一个如此狂热的主张"军主政从"的拥趸者都不能保护的话，今后谁还敢为军部卖命？关东军作为军部的下属，其维护"满洲权益"的要求与军部吻合，绝不能打击他们维护满洲权益的信心和决心，不能出了事就从关东军中找替罪羊。

田中无法绕开军部进行调查，事情查不下去了；与此同时，在野党却借此事为由头，纷纷指责政府在"满洲某重大事件"中充当了黑后台，不仅于日本利益毫无帮助，反倒把事情越弄越糟。

　　这个张作霖啊，死了后还要让田中为他背黑锅。从本心来说，田中认为留着张作霖加以利用比炸死他好，但是关东军这帮好战分子把一切都搞砸了。搞砸就搞砸呗，关键是田中要来给他们揩屁股，对外撒谎说不是日本人干的，对内又受到军部干扰无法调查下去，天皇还过问此事，这个首相实在干不下去了。1929年7月2日，田中内阁在内外交困和社会舆论的强大压力下，被迫总辞职。

　　从张作霖的死到田中的下台，时间跨度为一年。整整一年中，作为首相的田中都在努力地化解张作霖死后留给他的难题，但最终还是化解不了而黯然下台。

　　其实，如同那个时代民国主要军政领导人包括孙中山、蒋介山等均与日本有着这样或者那样的关系一样，田中与张作霖的私人关系还是非同寻常的。1904年日俄战争期间，当时身为马贼的张作霖被日军以俄国间谍罪名逮捕，要被枪毙的关口，时为陆军中尉参谋的田中义一向司令官请命，将张作霖从枪口下救出。20多年后两人再次面对时，一个成了东北王，一个成了日本的首相，只不过各有各的利益，彼此的关系错综复杂实在难以用杀或者不杀来解决，只不过狂热军人河本不懂而已。

　　也许当年河本刺杀张作霖的时候，根本没有想到皇姑屯的蝴蝶扇一下翅膀，东京的大厦就要跟着抖上几抖。河本谋杀时曾经很英雄地说了一句一切由个人承担，但很多事情不是他想承担就能承担得了的，最后的承担落到了一直都比较支持张作霖的田中义一身上。

　　当然，河本的政治生命也到此终结，当年跟河本一起加入少壮派组织二叶会的成员有矶谷廉介、多田骏、板垣征四郎等人，这些人后来都成了日军统帅，而河本则是越混越差，先是解职转为预备役，后来转岗到满铁、满炭搞经济建设，再后来连经济也没得搞了，回家闲居。日本投降后他也没好日子过，被关进监狱直至 1955 年病死于太原战犯管理所。

支持河本搞暗杀的关东军司令官村冈长太郎中将也好不到哪儿去，日本历任关东军司令官最后都能荣升大将，而村冈到死也只是个中将，而且还被转进了预备役，要不是死得早，还不知道会不会也跟河本一样到处遭受排挤。毕竟日本军部虽然愿意保护下属，但对他们思虑不周而坐失良机，从而损害了日本国家利益的行为还是很不满意的。

书到此处，一代枭雄张作霖在皇姑屯遇炸一案的前因后果算是搞清楚了。对于张作霖其人，无论是生，还是死，都牵扯着日本军政各界的神经，搅动着日本的政局。张作霖死后，田中义一下台，日本朝着军国主义的道路飞奔而去，从此越走越远，再也没有了回头路。下面我们要讲一讲张作霖这位民国时期的传奇人物当初是如何在民国这个大舞台上出场的。

2

草根的崛起

清朝的最后一块土地

众所周知，张作霖的家乡在东三省，其成长、发迹、称雄乃至最后死亡都在东三省，而东三省如果往前追溯的话乃是清朝的发祥地，也是清朝的龙脉所在地。如此一个十分关键、攸关清朝旗人生存立命之本的地方，怎么就落到了张作霖的手里？清朝为什么就没有让一个旗人来守住自己的龙脉所在地？为什么在辛亥革命爆发，全国人民反对帝制的时候，清朝就没有策划一个退到关外守住自己发祥地的方案？而这个方案如果存在并且实施的话，那是完全有成功的可能，因为东北的地形与别处不一样，只要守住了山海关和锦州一线，关外纵有雄兵百万，也很难撼动东北分毫。1948 年辽沈战役期间，林彪部队就是卡住了进出东北的锦州，才使关内之兵无法北调，形成东北局部性的共产党部队 100 万对国民党部队 60 万的优势，才有了辽沈战役的胜利。当年努尔哈赤以及皇太极等进军关内，也是在东北锦州一线受到了袁崇焕以及祖大寿等人前前后后二十余年的阻击，才使入关时间大大延缓，直到后来皇太极改变策略，采取围城打援的方法，调举国之兵，历时两年才拿下了锦州、松山等战略要地。

即便如此，如果吴三桂坚决守住山海关，清兵虽有松锦大战的胜利，也依旧很难进入关内，那么代替明朝而起的就不是清政权而是闯王李自成建立的大顺政权了，只可惜历史不容假设，李自成没有笼络好吴三桂，导致吴三桂冲冠一怒为红颜，直接引清军入关，这才有了清朝 267 年的统治基业。

以上讲了那么多，主要是说明如果清朝有退往东北的打算，那么按理说他应该有这么一块可供立足的最后一块土地，是什么让清朝皇帝退位的时候没有实施这一方案？原因不外乎以下几点：

第一，关外早非当年的关外。满族的前身为女真，发源于今天的长白山地区，至明朝初年，女真分成三大部分，即建州女真、海西女真和东北女真。努尔哈赤统一女真各部，建立了以赫图阿拉城（即今天的辽宁新宾县）为首都的后金政权，创建了满文，逐步形成了以建真女真为核心，以海西女真为主体，吸收部分汉人、蒙古人、锡伯人、达斡尔人、朝鲜人等组成的新的民族——满族。为了保证东北"龙兴之地"作为满族的大后方，清军入关后，在东北设置了盛京将军、宁古塔（吉林）将军和黑龙江将军，在管理方式、行政制度及土地占有形式方面有别于中原地区，并且严厉禁止汉人进入满洲"龙兴之地"垦殖，这就是大清王朝有名的"禁关令"。为了严格执行"禁关令"，从顺治年间开始，清政府不惜代价于东北境内分段修筑了一千多公里名为"柳条边"的篱笆墙，也称柳条边墙、柳墙、边墙等，至康熙中期完成。从山海关经开原、新宾至凤城南的柳条边为"老边"，自开原东北至今吉林市北的为"新边"。边墙以东的满洲严禁越界垦殖，边墙以西则作为清朝的同盟者——蒙古贵族的驻牧地。

由于采取了禁关令，东北主要居民由满族构成，确保了大后方的安全。但是，本来清军入关时就带走了大批满族人，封禁政策又使东北居民只有出没有进，造成了东北人烟稀少；而正在这个节骨眼上，北方的沙俄却强大了起来，不断地蚕食中国东北边境。晚清边疆危机日甚一日，同时内地又有大量多余人口无处安顿，两方面权衡后，清政府被迫开放边禁，采取"移民实边"的政策。1861 年至 1880 年陆续开放了吉林围场、阿勒楚喀围场、大凌河牧场等官地和旗地。1882 年（光绪八年）首先在吉林招垦，设立珲春招垦总局，此后又开放了黑龙江地区的土地开垦。并且在 1907 年，清廷裁撤盛京、宁古塔、黑龙江三将军，改置奉天、吉林、黑龙江三省，设巡抚，并设东三省总督。

边禁政策的取消及招垦政策的推行，导致山东、河北、河南大批汉人"闯关东"，到辛亥革命前夜，东北各地均变成了移民城市或移民乡镇，原土著居民满族人已经彻底沦为少数民族，在总人口中所占比例微不足道，东北大地作为满族的大后方已经失去了意义，他们对清室的忠诚度与全国其他各地一样，并没有太多的差别。

第二，政局早非当年的政局。作为清朝皇室"龙兴之地"的东北地区，经努尔哈赤的不断经营，至清初已统一为北跨外兴安岭、南濒日本海、东起鄂霍次克海、西北至贝加尔湖的广袤地区。但是清朝末年列强环伺，国力凋蔽，北方的沙俄趁机不断蚕食和吞并中国领土。在东北地区，包括黑龙江以北、外兴安岭以南的60万平方公里领土被沙俄强行割占，乌苏里江以东直至海边的40万平方公里随后也被割占。1900年，沙俄借八国联军入侵中国之机，出兵中国东北，制造了血洗海兰泡、强占江东六十四屯、火烧瑷珲城等大屠杀，使这些地区并入了沙俄。1900年8月开始，俄军占领了哈尔滨、齐齐哈尔，并继而向南攻占鞍山、奉天，10月31日占领锦州。仅用了两个多月，沙俄就控制了作为清朝大后方的东北三省。

沙俄的入侵在损害中国利益的同时，也损害了日本的利益，日本人早把东北视为自己的盘中之餐，沙俄的这一行为破坏了日本的计划，经反复交涉无果后，日本于1904年2月8日，以突然袭击的动作发起了日俄之战。

在中国的所有邻国中，沙俄和日本最有意思。沙俄最贪婪，闷声不响地发大财。在中国近现代史上提起侵略来第一个人选必然是日本，事实上对中国造成伤害最大的却是沙俄，其从中国前前后后攫取的领土有300多万平方公里，相当于近10个日本领土那么大；而日本最精于算计，最善于耍点小聪明，每次发动战争基本上都是搞偷袭，日俄战争如此，日中甲午战争如此，日美珍珠港战争也是如此。但从结果来看，日本实际上又是最短视的，虽然每次偷袭都成功，取得了完全的军事胜利，然而从长期来看，当初吞进去多少以后又要吐出来多少，到最后总归竹篮打水一场空，仍旧是个岛国的命；其领土面积，几百年折腾下来，非但没有增加反而有所减少，至今北方四岛还被俄国占着，愣是收不回来。面对强大的普京，日本半点脾气也没有，反倒在面积没有多少、自古也不属于日本的钓鱼岛上跟中国较量。所以日本的聪明始终都是小聪明，成不了大气候，正应了中国一句老话："聪明反被聪明误"，到结果总是"赔了夫人又折兵"。

话说回来，日本人的这种小聪明，在1904年的中国意义非凡，从某种形式上讲，它挽救了中国的东北。如果任由当年的沙俄在中国东北盘踞，那么以俄国人那种稳扎稳打和极其贪婪的个性，今天的东北可能早就不属于中国了。日俄战争的爆发及时阻止了沙俄的这一蚕食计划，俄国战败，日本人控制了中国东北，从此东北落入了日本人的势力范围之内。当然，由于有沙俄及当时美英法等国的牵制，日本暂时还不具备吞并中国东北的条件，因此对东北只是控制而不是占领，这就为本书主人公在乱世之中的崛起创造了条件。

第三，八旗早非当年的八旗。当年，为确保清朝政权的巩固，努尔哈赤创建了八旗制度，将所有满人全部编入八旗，以旗统军，以旗统民；入关后，又根据形势的发展，将一些有功的蒙古人及汉人相继编入了蒙古八旗和汉八旗。旗人在政治经济待遇上地位较高，出于自身利益考量，对清室的忠诚度也比较高，因此产生于旗人的八旗兵就成了维护清朝政权的最强大的武装力量。清初对八旗兵的使用十分讲究，由于数量有限，总数不超过二十万，因此基本上都部置在首都及其他重要地区，其兵力配置为首都驻防占二分之一，东北驻防占三分之一，其他则为畿辅驻防和直省驻防，由此可见清朝对于东北的重视程度。

应该说，早期的八旗兵确实骁勇善战，从八旗创制初期的开疆拓土，到康熙前期尤其是对沙俄的多次用兵中，均表现十分卓越。但清军入关占得大统后，八旗兵养尊处优，适应了安适生活，纪律日趋败坏，战斗力下降厉害。至三藩之乱起，八旗军中竟无一人敢讨伐吴三桂。康熙得以平定三藩，基本上是依靠降清的原明朝官兵为基础建立起来的绿营完成的。彼时绿营尚有战斗力，但到乾隆末期，绿营又渐衰而不能战。以至到太平天国起义时，清朝依靠平叛的不是八旗，也不是绿营，而是地方势力曾国藩、李鸿章等组织的湘军和淮军。

甲午战败，清政府痛定思痛，意识到传统的八旗和绿营已毫无战斗力，不能适应现代战争需要，因此决定编练新军，袁世凯就是在这样的情况下发迹的。1895 年 10 月，袁世凯来到天津接管新兵训练，因其训练新兵的地方为天津与大沽之间的一个小站，故又称"小站练兵"。1905 年，清政府又提出了全国编练新军三十六镇的计划，到辛亥革命成功时，只完成了十四镇，而袁世凯编练的北洋新军就占有其中的六个镇，总兵力达八万，分别驻守北京北苑、南苑、保定、长春、天津马厂、济南等京畿要地，以袁世凯为首的北洋军阀的核心和基础已经形成。

清政府编练新军，原意是提高军队战斗力以保家卫国，新军的战斗力确实提高了，但对清朝政权的忠诚度却要大打问号，事实上，辛亥革命以及革命取得成功，依靠的就是新

袁世凯小站练兵

军的力量，袁世凯以共和为名逼清帝退位依靠的还是新军的力量，可以说清朝政府是自己培育了自己的掘墓人。

当新军响应辛亥革命时，当年清朝政权所倚重的八旗兵都去了哪里？据史料记载，大部分八旗兵已彻底蜕化为只会斗虫玩鸟的寄生虫，完全失去了战斗力。最后尚存一支2万人左右的八旗生力军，这支生力军是根据晚清颇有见识的皇族成员良弼、铁良等人的提议，于1903年成立的，是直属皇家的禁卫军，其士兵均来源于八旗，训练均按照新式思想、新式武器操练，因此是既忠诚又有战斗力的。但这支武装并没有在清帝退位中发挥出应有作用，原因是什么？

最主要原因是清朝选用了一个极不称职的亲贵载涛来掌握禁卫军（专司训练禁卫军大臣），这个人胆小如鼠，非但没有把军权牢牢抓在手上，反而在辛亥革命爆发后，袁世凯假装提出让禁卫军前往武汉镇压的紧要关头，竟然因害怕而临阵辞职，从而让袁世凯的亲信冯国璋轻轻松松地上位，占据了禁卫军负责人之职，冯国璋此人曾经做过贵胄学堂的总办，当时禁卫军的各级军官大都是他的学生或属下，因此对禁卫军有较大的影响。尽管如此，由于禁卫军的底层士兵都属旗人，忠于清室，他们不愿看到清朝灭亡，因此在袁世凯逼迫清帝退位的时候，坚决站在清帝一边，反对清帝退位。矛盾一触即发，这个时候冯国璋的作用显现了出来，他以统领的身份，力劝禁卫军妥协，说是南方十八省都已独立，武力抵抗会失败，清帝和平退位就可以受到优待，2万禁卫军也不会被裁撤等等，禁卫军终于被说服。

除了上述原因之外，还有一个最重要的原因就是原禁卫军统领良弼被刺身亡。1903年，良弼从日本陆军士官学校步兵科第二期毕业回国后，正好禁卫军成立，清廷便任命他担任了统领之职，禁卫军由其一手掌握。在袁世凯担任内阁总理大臣后，良弼掌管的禁卫军此时已经划归前线回来的冯国璋负责，而冯国璋之所以能以一个汉人身份于此时取代良弼，是因为其在镇压武昌起义中立下大功，且其镇压态度非常坚决，政治上也不赞成共和，在皇室看来是忠于清廷的，可以充当牵制袁世凯的一支有效力量。再有良弼虽调离禁卫军，但对禁卫军影响非常大，也可以在必要时候取代冯国璋。这计划本来是很好的，但没想到一个意外发生了，那就是革命党人彭家珍刺杀了良弼。

良弼是大厦将倾的清王朝的最后一根支柱和最后一点希望，他的忠诚、他的才识和勇气都是清朝贵族中所绝无仅有的。良弼被杀，其他人吓破了胆。那些满族亲贵一个个都成了惊弓之鸟，简直就是闻风而逃。等到袁世凯派人来催逼清帝退位、隆裕太后再次召开皇族会议商议国体问题时，竟然半天都没有人来。

可以说，清朝的最后一支八旗兵队伍，在载涛去职、良弼被杀的情况下，还没来得及有所反应就被袁世凯连哄带骗地糊弄过去了。等民国建立，这支八旗队伍只是众多新军队伍中的一员，且军队也已改制，军官士兵大多进行了改编，即使有心忠于前清，也已经起不到什么作用了。

总之，从当时日俄交相控制东北以及东北民情民心民意来看，东北作为清朝大后方的战略意义已经完全失去。即使清王室有心退往东北，由于清朝用于维护统治的最忠心耿耿的八旗兵到了山穷水尽的地步，清王室也已经无力守护清王朝的最后一块土地了。

言归正传，正当清王朝逐步没落走向衰亡的时候，东北有一草根正在迅速崛起，不久的将来他将称霸东北，睥睨天下，此人就是本书的主人公——一代枭雄张作霖。下面将作重点介绍。

苦难少年义气重

前文说过，清朝的最后一块土地，清廷虽有心而无力维护，日本强势介入，沙俄虎视眈眈，革命党人也在东北开展活动，几大势力都看准了东北这块肥肉，但是出人意料的是，东北最后竟然落在了从草根崛起的，没啥背景的张作霖手上，而且此人运筹帷幄、长袖善舞，竟然牢牢地掌控住了东北局势，即使当时十分强势的日本人也对他一筹莫展。

张作霖，字雨亭，奉天省海城县小洼村人。1875 年 3 月 19 日（清光绪元年二月十二日）生。张作霖的祖上应该是闯关东一族。因生活无着，其先祖张永贵从河北省河间府跑到了东北，那时东北正在招垦，凡是勤劳而又愿意出苦力的人都有一片土地从事农业开垦，因此生活很快安定了下来。到其祖父张发时，家里已经经营得比较富裕了，张发有四子，其第三子是张作霖的父亲，即张有财。张发死后，兄弟几个分了家产，有财带着分到的那份财产来到了海城。有财的名字虽然叫做有财，但其实是有了财产也守不住的，因为他好赌，整天赌博胡混，欠了一屁股赌债，把个家里弄得赤贫如洗。张作霖 14 岁时，其父张有财被他的赌友——同村的一家兄弟乱棍打死。

这一年是光绪十五年（即 1889 年），年仅 14 岁的张作霖得到凶信后，他和一位堂兄去几里外收尸。当时家里太穷，置办不起棺木，张父就被收殓在一个半大不小的柜子里。柜子虽不大，两个半大不小的孩子却也抬不动，只好拽根绳子拖拉着回村。依照当地的老规矩，横死的人是不能进祖坟的。他们走着走着实在走不动了，就地找个地方将尸体掩埋了。因为是冬天，天寒地冻，埋得也不深，只说春暖花开后再妥善安葬。第二年开春早，雨水也勤，那个柜子恰好在河床上，又顺水下移了几里，家里寻找到的时候，柜子已深陷在河泥里，只好就这样随遇而安了。

张作霖发迹后，决定给父亲迁坟，专门从沈阳请来风水先生查勘，风水先生仔细看了张有财的落葬处后说不用迁了，老先生自选的埋葬之处风水最好，后人有望出将入相。关于出将入相的话，有可能是后人杜撰，但当年张作霖穷得埋不起父亲却是事实，可见当时之落魄潦倒。

父亲横死，张作霖和他的二哥张作孚决定报仇。他们没有报告官府，因为当时报官要先交一笔钱，如果不给钱就连官府的门都进不去。当时张家已经赤贫，哪有钱财去给官府？两个少年于是决定自己报仇，他们拿着一杆借来的土枪翻墙进入了仇人王姓人家，没想到正好被王家一个女佣发现，这个佣人以为来了土匪，立即大喊大叫。张作霖和他的二哥赶快上去将她制服，那个女人被按倒以后拼命抵抗。在搏斗期间，张作霖手中的土枪突然走火，当场将这个女人打死。听到枪声以后，王家很多男人拿枪冲了出来。张作霖他们的土枪一次只能打一枪，一看形势不妙，赶紧翻墙逃跑了。官府很快就查出来是谁干的，派人去抓张作霖和他二哥。结果张作霖跑了，而他二哥跑慢了一步被捉住。王姓家里要求将他枪毙，可怜张作霖的母亲砸锅卖铁去行贿。最后官府说开枪的是张作霖，不是他二哥，将他二哥判处10年徒刑才算了事。张作霖二哥坐满10年牢以后才被释放，跟着刚刚起家的张作霖干了一阵子，后来在一次战斗中被土匪打死。他二哥的两个孩子都在张作霖家养着，张作霖把他们当做亲生儿子一样。

张作霖杀了人，被官府通缉，在老家自然待不住了。他一咬牙离开了家，只身去江湖上闯荡，因为年纪太小，基本上以乞讨度日。后来他流浪到了今天的大石桥市高坎镇。镇北八里处有一个磁子泡村，村里有一家姓孙的，很有钱，每年都要雇长工，张作霖常常到长工伙房要饭吃。起初还给点，后来管事的见他总是来，就不再给了。孙家的主妇年轻丧夫，总想积德行善做好事。她知道张作霖的情况后，便告诉管事的，让张作霖天天到伙房吃饭。张作霖为了报恩，便主动给孙家扫院子、放猪，干些零活。时间长了，他便管这位主妇叫干娘。干娘见张作霖知情达理，手脚勤快，还有股机灵劲儿，就常给他补衣服，张作霖很受感动。张作霖当上大帅后，没有忘记这位干娘的恩情。1924年干娘死后，他还让副官前去为干娘立碑。碑高八尺、宽二尺，有碑座，正面刻着"节烈松筠"，背面刻有歌颂干娘贞节、勤劳的事迹。碑下落有张作霖及孙家儿孙的名字。

16岁时，张作霖离开干娘到了黄家店村，给一户姓孙的财主家放马。这位孙财主跟干娘相比那就差远了，为人刻薄寡恩，一次仅仅因为张作霖丢失了一匹马，孙财主就将张作霖打了个半死，奄奄一息，并于风雪之夜将他扔在了路边沟里。那年月，因冻饿而死在路边的人常有，官府也不深究，眼看张作霖就要糊里糊涂地丧命在一条不知名的阴沟里了，也是命不该绝，一位姓樊的好心人路过，将他救回家里，经过一个多月治疗方才痊愈，张作霖感激万分，便在樊家干活报恩。樊家在大路边开了一个大车店，他在店里打杂。当时大车店里主要住的是来往的客商。东北地域辽阔，一个县城到另一个县城往往数百公里，光靠步行怕是要冻死在路上，所以一般客商全部骑马或者赶大车。这样一来，大车店除了照顾人以外，还要找人专门照顾牲口。店里面照顾牲口的工作由一个伙计负责，他是一个半截子兽医。张作霖跟这个伙计的关系很好，业余时间就学习了不少兽医的技术。

离开樊家后，张作霖就去了高坎镇，以半拉子兽医技术为生。应该说，张作霖是很聪明的，他很快成为一个农村的赤脚兽医，治好了不少牲口，也逐渐有了名气，开了一家兽医店。当时东北土匪众多，而土匪大多是骑马的。他们的马生病也要治疗，如果马死了，土匪就跑不过追捕的骑马官兵，自己也就要完蛋。所以土匪对兽医相当尊敬，他们的行规中明确注明不能抢劫兽医。张作霖的兽医店中也经常有土匪出没，他之前经常混迹赌场，对土匪流氓都很熟悉，所以也乐于和他们结交，借此居然认识了辽西巨匪杜立三。张作霖身价突涨，成了高坎镇上有名的人物。

钱包鼓了的张作霖又继承了他父亲的本性，常常出入赌局，附带还拈花惹草，不小心得罪了镇上的恶霸于二爷，被于二爷手下追杀，那时跟张作霖交往的有一个老常头，他把张作霖卷在铺盖卷里躲过了于二爷，救了张作霖一命。高坎镇看来是没法再待下去了，于是老常头又凑了些路费，还把自己的毛驴送给了张作霖让他远走高飞，张作霖这一去，从此就告别了他人生中的苦难时代，一个新的属于他的辉煌时代即将开始。而那位救了张作霖命的老常头，日后也在张作霖的关照下迅速发家致富，在当地开了"三畲当"、"三畲车店"、"三畲杂货铺"，有长工三四十人，土地250多亩，坐享股金，生活极为豪富。

坎坷成年匪气多

1894 年（光绪二十年），时年 19 岁的张作霖离开了高坎镇，不过这个时候他已经成年，而且还有一门可以养家糊口的手艺——相马治马，这个手艺给他带来了好运，此时正值中日甲午战争打响，河北一支清军奉调驻防辽西，他因为给军马治病而与部队熟悉，从而投身军队当了一名骑兵，由于积极追求进步，不久便升任哨长。如果按照这个进程下去，张作霖在腐败的清廷部队里按部就班地干下去，估计到死也不会有多大出息。幸好历史没有给他这样的机会，甲午战败，出关的清军重回河北，张作霖不愿离开家乡，找借口逃回了辽西。

回到老家后，张作霖开了一家兽医店，因为自己的手艺兼且当过兵，为人豪侠大方，一无所有的他居然被赵家庙地主赵占元看中，认为他仪表堂堂，将来定有出息。1895 年，张作霖与赵占元的二女儿赵春桂结了婚，这年他 21 岁，好不容易拥有了一个自己的家。没想到安稳日子没过几天，就又走了霉运。当年跟他有仇的王家听到他回老家，害怕张继续报复，立即向官府汇报，官府派人捉拿张作霖并将其投了大牢。危难关头，是张作霖的妻子赵春桂央请父亲出钱把张作霖赎回，赎回后的张作霖再也不敢回自己的村庄了，他就住在岳父家。当时正值日俄战争时期，东北已经成为战场，到处都是散兵游勇和乞丐难民。老百姓为了生存被迫组成民团以自卫，大部分村庄还修建了寨墙。赵家庙也成立了一个 20 多人的民团，但是没有人懂得军事。也是时来运转，张作霖刚好当过一年的兵，而且干的还是一名哨长，有带兵经验，双方一拍即合，经赵占元推荐，张作霖当上了赵家庙民团的头目。张作霖天生就是块带兵的料，在他的调教下，这个20人左右的小小民团很快成为当地战斗力最强的乡勇。他们几次打败了前来骚扰的小股匪帮，名声大振。周边二十多个村子见赵家庙的乡勇如此厉害，也纷纷要求张作霖来管理他们的队伍。这样一来，张作霖的部下达到了一百多人。

在赵家庙的西北，有个大团，团主叫金寿山，手下有100多人。大团的总部设在中安堡，其周围地区是他的保险区。本来，大团的职责是保境安民，可是金寿山的大团却在保险区内横行霸道，无恶不作，比胡匪还凶，老百姓恨极了他们却又没有办法。此时张作霖"仁义"之名已传遍了四乡八里，中安堡的百姓就请张作霖帮忙。张作霖当仁不让，率众赶走了金寿山，还杀了他们几个人，这下张作霖惹祸了。因为金寿山是当地一个著名匪首的部下，这股土匪立即出动几百悍匪偷袭了张作霖的民团。张作霖的民团并非职业军人，平时都在家中种田，只有必要的时候才召集起来。此时遭遇土匪突袭，根本无力抵抗。慌乱之下，张作霖携带妻女率众突围，先是逃到了附近的大村子姜家屯，继而又逃往八角台。在逃亡途中，身怀六甲的夫人赵氏在马车上生下了一个男孩，这就是张学良，当时是1901年6月3日。

据说突围途中，张作霖的把兄弟汤玉麟舍命背着怀有身孕的赵氏一路狂奔（一说是背着张作霖的长女张首芳），于枪林弹雨中把她救了出来，其情形颇有点三国时期赵云于百万军中单骑救主的味道，所以张作霖取得东北霸主地位以后，对当年跟着他的这帮老兄弟没齿难忘，均委以重任，就是因为他觉得这帮老兄弟虽然才识不高，但忠勇过人，值得信任。后来作为新派代表的郭松龄叛乱，似乎也证明了他对老兄弟异乎寻常信任的正确性，此是后话，在此不提。

突围后去哪里？走投无路的张作霖想到了一个人，这个人就是他当年医马时打过交道的冯德麟（即冯麟阁），此人现在是辽南巨匪。去冯德麟那里必须经过一个叫八角台的地方。此时的八角台是台安县的一个大集镇，光商号就有 50 多家，土围子修得比城墙还要高大厚实。镇上也有一个大团，其首领是张景惠。本来张作霖是想从这里借道经过，但是这一借道借着借着就住了下来，倒不是他们不想走，而是人家留着他们不让走了，原因是张作霖名声好，不扰民，而且还带着 40 多人的队伍，这对于加强八角台的守备力量很有作用。当地商会会长张紫云一再挽留，后来张景惠还主动让贤，甘居副职，把队伍交给张作霖带，张作霖在八角台驻扎了 2 年，手下队伍发展到 200 多人，成为他起家的资本。张景惠也因关键时候的主动让贤而颇得张作霖的信任，日后他还担任了张作霖安国军政府的陆军总长等职务。

张作霖的队伍得以发展到 200 多人，跟他好勇斗狠的土匪个性大有关联。张作霖刚刚在八角台站住脚的时候，手下只有一百人不到，十几条枪，这时来了一个叫做海沙子的土匪，此人势力强大，是辽西巨匪杜立三的手下，有好几百人，几十条枪，双方实力悬殊，开战的话张作霖没有一点胜算。但是张作霖又没有退路，毕竟刚刚代替张景惠接手八角台防务，所有人的眼睛都看着他，张作霖退无可退，只有赌命了。他当着所有土匪的面跟海沙子说：我们双方如果一开打这个村庄就给打乱了，谁也沾不了光，不如这样，就我们两个来对打行不行？你的人在那边，我的人在这边，咱俩同时开枪对打，你把我打死，我这个地方就归你，我把你打死，那你的部下就归我。如果你不敢就算了！

东北土匪斗的就是一个狠字，如果被别人看作胆小，今后就很难在黑道上混了，海沙子被将得没有办法，再说张作霖说得也很在理，只好咬牙和张决斗，两人同时开枪，结果张作霖手臂中弹，而海沙子则被打中头部，当场就死了。这样海沙子的部下都归张作霖了，张作霖的匪帮人数由此扩充到数百人，好几十杆枪了。

杀了海沙子以后，张作霖的名声更响了，既讲仁义，又能斗狠，这在当时的东北就是一张安全的名片。当时辽西有四大土匪，其中一股就是张作霖匪帮，他还有个旗号叫做北霸天。东北土匪都知道有张作霖这样一号人物。

三次机遇

张作霖在八角台安营扎寨后，如果就这样混下去，满足于保八角台的境安八角台的民，那么他终将只是个小混混，在历史上也不会留下任何足迹，但是张作霖从来就不是一个满足于现状的人，正当他在八角台休整两年，羽翼渐丰的时候，历史送给了他第一次机遇。

张作霖在八角台休整两年正好是沙俄入侵东北，占领哈尔滨、齐齐哈尔、奉天，继而控制东三省主要城市和铁路沿线的时期，窝在八角台的张作霖正好躲过了这一劫。1902年4月，中俄在北京签订了《交收东三省条约》（又称《俄国退兵条约》），俄军在各方反对下开始撤军。东北局势稍安，秩序趋于稳定，此时地方自治武装失去了存在的价值，清政府要求各地民团予以遣散，按理张作霖的大团也应在遣散之列。但是张作霖并没有这样做，他想寻找新的出路，这个出路就是被政府招安，不过招安并不是你想招就能招的，为此张作霖绞尽了脑汁。

一个机会送上门了。当时盛京将军（奉天最高军政长官）增祺的夫人正急着返回东北，可是那时奉天和北京不通火车（1928年张作霖被炸时已通），只能坐骡车去，沿途山高路远，到处都是土匪，增祺的夫人非常恐慌。这时张作霖晋见，于危难关头派兵保护她。在土匪圈里，张作霖的名头可比盛京将军管用多了，所以一路平安地护送到了将军府。

这样一来，将军夫人对张作霖那是感激备至啊，想不招安都难了。再加上八角台商会会长张紫云向政府大力举荐，自古官商结合，这有钱人的推荐还是挺有份量的，这样一来，盛京将军增祺的下级新民知府增韫对他也有了好印象。1903 年 7 月，张作霖所部与新民街巡捕队合并为巡防马步游击队，计 485 人。其中，骑兵 2 哨，步兵 3 哨。张作霖为管带（相当于营长），张景惠为帮办（相当于副营长），中哨哨官由张作霖兼任，前哨哨官为张作相，左哨哨官为汤玉麟，右哨哨官为王立有，后哨哨官为赵五把什。其中张景惠、张作相、汤玉麟均为张作霖的拜把兄弟，诸君可以看到，此时张作霖的拜把兄弟已在张作霖军中占据核心地位，成为张作霖今后扶摇直上的坚实基础。

张作霖的第二次机遇来源于剿灭巨匪杜立三。前面说过的跟张作霖对赌丧命的海沙子就是杜立三的部下。当年张作霖对阵海沙子时都非常吃力，靠对赌比拼才侥幸胜出，如今面对的是比海沙子强上十几倍的杜立三，此人擅长骑马射击，手下有两三千人，无论是俄国还是日本都曾派部队前去剿灭他，结果都是无功而返，吃了不少亏，而张作霖招安后只是区区一个管带，手下也只有区区几百条人枪，政府怎么会把这样的重任交给他？原来此时的张作霖已经今非昔比了。从1903年接受招安到1907年短短四年间，张作霖好运不断。先是在1905年日俄大战中左右逢源，不仅保住了新民府这个重镇，而且还扩充了军队，所部扩编成了3个营；1906年盛京将军换人，新任盛京将军赵尔巽和新任新民府知府沈金鉴为了加强防守新民府的力量，将张作霖的部队由3营继续扩编为5营，张作霖当上了5营统带（相当于团长）；1907年，盛京将军又换人了，换成了徐世昌，这次连盛京将军的名称也换了，换成了东三省总督。东三省总督一上任，就钦点张作霖前去剿灭连日本人也剿灭不了的杜立三，估计这徐世昌也很明白"以匪制匪"的道理，别人剿不了，张作霖肯定剿得了。

张作霖面对杜立三这块难啃的骨头，决定改强攻而为智取，他先放出风声说朝廷要招安杜立三。为了让杜立三相信，还派人把杜立三族叔杜泮林请来。老实的杜泮林不知是计，看张作霖言辞肯切，句句都是金玉良言，觉得很有道理，就写了一封感情真挚的亲笔信，说什么"游侠非终身之事，梁山岂久居之区；一经招安，不仅出人头地，亦且耀祖荣家"等等。杜立三果然上当，心想你张作霖也是招安的，如今取得这么大的地位；想当初咱们同在绿林混的时候，你张作霖只不过是跟海沙子差不多的小土匪一个，如今老大来了，你确实应该让贤，再不济也应该混个同等身份吧。所以杜立三只带了13个人前来，被张作霖逮个正着，当晚就枪决了，其手下几千人群龙无首，在张作霖的进剿下很快作鸟兽散。张作霖因此立功而升为奉天巡防营前路统领（相当于旅长），管辖马步五营。当时东北旧军一共有左、中、右、前、后五个巡防营，张作霖跃居其一，为后面辛亥革命时候能够抓住历史机遇准备了必要条件。

张作霖的第三次机遇来源于1911年的辛亥革命。辛亥革命这样一场社会大变革，让很多原本位居高官厚禄的人倒了下去，其中尤以清朝的皇亲国戚为甚，有的到最后穷困潦倒到一日三餐的温饱问题都解决不了；但同时，辛亥革命又让一些原本底层的人扶摇而上成为封疆大吏，这其中就有张作霖。

巡防营前路统领张作霖

辛亥革命爆发的时候，张作霖并不在奉天。他在哪里？他在辽宁西北部的通辽、洮南一带剿匪。1908年，徐世昌把剿匪得力的张作霖调到辽宁西北部的通辽、洮南一带搜剿蒙古叛匪。该股叛匪在广阔无垠的大草原上活动，熟悉地形，了解民情，精于骑射，来无影去无踪，张作霖剿得很不顺利。为保证剿匪的成功，1909年，徐世昌将张作霖部由原来的5个营扩编成7个营，又将驻扎在洮南的孙烈臣部划归张作霖指挥，使张作霖部队扩充到3500人，成为东北地区不多的几支劲旅之一。张作霖也不负重托，采取强攻和智取两手策略，派人打进蒙匪内部取得情报，经年余苦战，击毙蒙匪头目白音大赉，生擒另一蒙匪头目牙仟，并将剩余蒙匪追逐800里，一直赶入俄境，危害东北边疆多年的蒙患终于解除了。

蒙患既除，张作霖却发现自己回不了奉天了，只能整天待在偏远的洮南一带游荡。因为此时奉天形势已经发生了很大变化，革命党人张榕等四处活动，新军中也有掌握兵权的吴禄贞、蓝天蔚等人暗中支持。1911 年 5 月东三省总督又换人了，从徐世昌换成了原来的赵尔巽，赵是清末汉军正蓝旗人，大约清廷也感觉到了革命党人在东北活动，威胁到了自己的大后方，因此想调一个旗人总督来守住自己的龙兴之地。赵尔巽履任东北刚满 5 个月，辛亥革命就爆发了，当时以蓝天蔚为协统的新军第二混成旅就驻扎在奉天的北大营，这是奉天唯一的一支驻军，因此蓝天蔚此时的态度相当重要，越来越明显的证据表明蓝天蔚等人正在酝酿以实际行动来声援武昌起义，策划奉天独立的计划。赵尔巽手头无兵，惊慌之下准备逃跑。紧急关头，奉天省咨议局副议长袁金铠向他献上一计，建议重用旧军巡防营。因为这些巡防营将领都是忠于清朝的守旧军人，同革命党人没有多少关系。赵尔巽如同抓到了救命稻草，马上密调后路巡防营吴俊升部自通辽迅即赶来奉天，以防备革命党人起事。

前文说过，驻扎东北的巡防营共有左、中、右、前、后五路巡防营，从地位排序以及驻扎远近来看，这赶赴奉天勤王的事都轮不到张作霖。再说这勤王的事何等机密，非有密诏不可得知。但是这一信息还是被张作霖知道了，因为张作霖平时就是个有心人，他早已在奉天布下了眼线，这个人就是张作霖驻奉办事处处长张惠临，此人政治敏感性强，深知事情重大，以最快的速度把这个消息密报给了张作霖。接下来就是张作霖与吴俊升比拼速度的时候了。吴俊升后来成为张作霖的最得力部下之一，在关键时候支持过张作霖好几次，但此时张作霖还处在与他竞争的同一水平线上，并且吴俊升竞争的条件要明显优于张作霖，这从赵尔巽密调的是吴俊升部而不是张作霖部就可以看得出来。

张作霖不管这些，面对历史机遇他表现出了超前的意识和捕捉历史机遇的能力。他的驻地比吴俊升远很多，但是他马不停蹄、日夜兼程，率领七营人马向奉天急驰而去，终于抢在吴俊升之前赶到了奉天。

接下来一个新的问题出现了，赵尔巽密调的是吴俊升部而不是你张作霖部，你张作霖急吼吼地跑过来啥意思？有没有图谋不轨的意图？张作霖得让赵尔巽明白自己是忠心耿耿地勤王，绝对没有其他非分之想。所以他诚惶诚恐地说："我是愿以生命保护恩师，至死不渝。"张作霖毕竟是赵尔巽当年一手提携上来的，这一披肝沥胆的表态，很让赵尔巽受用，尤其是在如此困难时期，有一个掌兵权的人如此忠心耿耿的护卫自己，哪会怪罪。赵尔巽马上补发调防令，任命张作霖兼任中路巡防营统领，这样张作霖手上就有了前路和中路两个巡防营，实力大增，成为东北旧军中实力最大者，吴俊升已经被他远远抛在了身后，当时唯一有实力与他抗衡的就是以蓝天蔚为首的新军。

1911 年 11 月 6 日，蓝天蔚、张榕等革命党人秘密集会，准备以蓝天蔚为协统的新军第二混成旅为骨干，于 1912 年 1 月中旬发动起义，驱除总督赵尔巽，宣布奉天独立。这个计划本来挺好的，如果事成，蓝天蔚当关外大都督，张榕当奉天省都督，那么接下来整个历史就完全是另一回事了，孙中山的革命想来也就不会那么艰难了，毕竟有东北的革命根据地存在，与此后南方的广东革命政权遥相呼应，一南一北，互为首尾，中国的革命进程倒要省事很多。

历史不容假设，这个进程最终还是被破坏掉了，主要是革命党人行事不密，起义时间放得太长又心存幻想，他们希望在起义之前，通过威逼的方式让赵尔巽宣布奉天独立，以和平的方式接管奉天。在革命党人看来，奉天大势已定，赵尔巽不宣布独立也得宣布了。1911 年 11 月 12 日，张榕、吴景濂等人召开奉天省国民保安会，打算让赵尔巽在会上表态独立。这时变数出现了，这个变数就是张作霖，他挺身而出，拨出手枪往桌上一放，对各位革命党人说："东三省总督唯有服从朝廷命令，我张某身为军人，只知道保护大帅和地方百姓，我张某人虽好交朋友，但是有胆敢破坏秩序者，我这支手枪是不交朋友的。"时会场内外都布置了张作霖的人，革命党人一看形势不妙纷纷离去，会议就此选举了赵尔巽为国民保安会会长。

会后，张作霖的军队迅速布控了全城，有了张作霖的撑腰，赵尔巽一纸密状递交朝廷，就地免去了蓝天蔚第二混成协协统职务，改由原任该协标统聂汝清担任。这个蓝天蔚，人说有一肚子的军事才能，当年武昌首义时差点推选他为湖北军政府总督，只不过那时他人在奉天，离得太远了，这才让黎元洪十分不情愿地捡了个大便宜。不过现在看来，这人还是扶不上台的阿斗，在张作霖没有进入奉天之前，他有一百个机会可以取赵尔巽而代之，但他竟然一再坐失良机；即便张作霖进了奉天，以张作霖旧军的实力，如何可以跟有着新式武器、新式思维的新军相对抗？但他竟然被张作霖的虚张声势吓住了，认为大势已去，在总参议蒋百里的连哄带骗的劝说下离开了奉天。蓝天蔚面对重大历史机遇时的犹豫和不作为与张作霖紧抓不是机遇的机遇相对比，高下一目了然，这也可以解释张作霖为什么能在东北迅速崛起的原因。

失去了蓝天蔚的支持，革命党人也就成了无根之木。1912 年 1 月 12 日，东北最主要的革命党人张榕被暗杀身亡，连中三枪。

其好友以及一批革命党人被杀的被杀，被抓的被抓，预备中的起义被彻底镇压下去了。

张作霖因镇压张榕等人有功，经赵尔巽保奏，清廷破格提升其为关外练兵大臣兼巡防营总办，成为五路巡防营之首。其自身所统制的中路和前路巡防营扩为 14 个营，5000 余人，清廷正式将该部改为第二十四镇，成为一个师的建制，授张作霖为统制（师长）。最要紧的是，第二混成协旅奉调入关，从实力上来看，张作霖已经掌握了奉天的军事大权。接下来中国政局大变，1912 年 2 月 12 日清帝退位，2 月 15 日袁世凯就任民国临时大总统，1912 年 9 月 11 日，袁世凯下令对东三省的军队进行重点改编。为了稳定东北政局，防止革命党人闹事，袁世凯对曾经参与镇压革命党人的旧派军人张作霖格外关注，下令将其所统领的原中路、前路巡防营改编为国家陆军第二十七师，驻扎军政要地奉天，任命张作霖为师长，加陆军中将衔。这一任命对张作霖军力的提升十分重要，相当于鸟枪换炮，把原来的地方治安部队升级为国家正规部队，武器编制兵种都有了很大改善，由原来的马步单一兵种发展为 5 个兵种协同作战，即步兵 2 个旅，骑兵一个团，炮兵一个团，工兵一个营，辎重兵一个营。张作霖得到提升，他的兄弟们跟着沾光，张作霖任命汤玉麟为第五十三旅旅长，孙烈臣为第五十四旅旅长，张景惠为骑兵第二十七团团长，张作相为炮兵第二十七团团长，通过对把兄弟的层层任命，张作霖牢牢地把这支部队抓在自己手里，成为今后问鼎东北的政治资本。

执掌奉天

1912 年 10 月份以后的东北，总兵力共有三支，除了张作霖的陆军第二十七师以外，另外还有冯德麟的陆军第二十八师以及吴俊升的陆军骑兵第二旅，此外就是一些地方部队。在这些部队当中，张作霖的实力最强，又占据着当时东北的军政中心奉天，可以说天时、地利、人和三方面因素均已具备，但要成为真正的"东北王"并没有那么顺利，他还有很多路要走，前面路上等着他的对手先后有张锡銮、段芝贵、冯德麟、朱庆澜和孟恩远等人。

先说张锡銮，张作霖对他采用的是攻心计，也就是采取种种方法逼其自动让位。清帝退位后，袁世凯掌权，袁世凯怎么会相信前清旗人赵尔巽？所以很快赵尔巽就被调去任清史馆馆长了，代之而起的是袁世凯的把兄弟张锡銮。1914 年 5 月，袁世凯任命张锡銮为奉天巡按使，旋又改任奉天将军，授镇安上将军。这奉天将军除奉天之外，还节制吉林和黑龙江两省军务。

张锡銮也算是张作霖的老上级了。1907 年张作霖调任前路巡防营统领的时候，这个人就已经是节制五路巡防营的巡防营总办了。袁世凯以为把他派来，凭着昔年的上下级关系，多多少少可以牵制张作霖。但是今天的张作霖跟那个时候已经完全不可同日而语了，张作霖有实力，有野心，而张锡銮却什么也没有，他已经是个 71 岁的老人了，只想平平安安地过日子，因此面对咄咄逼人的张作霖，他很有些力不从心。那个时候奉天各界都对张作霖很看好，他所在之地成为全省的政治中心，每天进出的文武官员络绎不绝，大小事情都与他相商或征求他的意见，大家普遍认为张作霖会是下一任奉天将军，张作霖也有意或者无意地纵容这种风声，目的是向张锡銮施压。在这种情况下，张锡銮处境尴尬，勉勉强强履任了一年之后向袁世凯提出辞职。1915 年 8 月，张锡銮被调走。张作霖排挤张锡銮的目的达到了，但是奉天将军这个位子并没有给他，相反，袁世凯派来了一个更难缠的对手——段芝贵。

下面我们就说第二个对手段芝贵。段芝贵是大有来头的，此人北洋武备学堂出身，留学过日本，1912 年任武卫军总司令，1913 年授陆军上将，任陆军第一军军长。无论是原有职位、资历、学识、声望都远远超过张作霖。尤其重要的是，与张锡銮不同，段芝贵是带兵的人，他有自己的部队。袁世凯用他来牵制张作霖，可谓用心良苦。

1915 年 8 月，袁世凯授予段芝贵镇武上将军，兼奉天巡按使，节制奉天、吉林、黑龙江军务，此时段芝贵才 46 岁，比张作霖大不了多少，正是年富力强的时候，精力无比充沛。张作霖深知段芝贵来头很大，自己惹不起，因此只能韬光养晦，等待时机。为了取得段芝贵的信任，张作霖还不惜搜购珍珠古玩，送给段芝贵的父亲，以此博取欢心。从张作霖对待张锡銮和段芝贵的不同态度上，诸位大致可以看出张作霖这个人审时而动的本领了。时利于我，则果断进击毫不容情；时不利我，则俯首贴耳极尽忠心之能事。这是张作霖在乱世之中每每胜出的关键。

如果不是发生了意外的事情，段芝贵这个太上皇那是坐稳了东北，张作霖一辈子也爬不起来。但是，上苍暗助，张作霖的机会来了，而且来得是那么的快。

这个意外的事情就是袁世凯称帝和取消帝制，时间也就在段芝贵履任东北一年左右。袁世凯称帝又取消帝制，在袁世凯自己看来那是一除一抵，什么也没有发生。但在全国人民看起来就不是那么回事了，尤其是孙中山等为首的革命党人，借着袁世凯称帝的机会举起了反袁的大旗，岂会因为袁世凯取消帝制而烟消云散？当时云南蔡锷组织了护国军，各省先后响应宣布独立，袁世凯地位岌岌可危。

袁世凯地位动摇也就牵连到了段芝贵身上，原本被段芝贵压得大气也不敢喘的东北军人看到形势突变，趁这机会提出了"奉人治奉"的口号，这里面叫得最凶的是陆军第二十八师师长冯德麟。前文说过，冯德麟这人以前也是土匪，其土匪级别比张作霖当时还要高一个等级，当年张作霖在八角台避难的时候，原本想投奔的人就是冯德麟，冯这人也有很大的野心，他跟张作霖想法一样，都想当东北王，以后他们会成为最主要的对手，不过此时两人利益是一致的。因此冯德麟找到张作霖商量，说段芝贵是帝制祸首和清朝余孽，这样的人不配统管东三省，因此需找个方法驱逐他。至于什么方法，冯德麟已成竹在胸，他让张作霖的第二十七师扮红脸，而自己的第二十八师不怕做恶人，扮白脸跟段正面起冲突，一唱一和把段芝贵吓走。

要在以前给他们十个胆也不敢，可眼下袁世凯风雨飘摇，段芝贵又粘染了复辟帝制这一不佳的名声，两人都觉得时机到了。于是张作霖入见段芝贵，说是冯德麟这个土匪不管三七二十一，硬要进奉天来惩办帝制祸首段芝贵，张作霖劝段芝贵暂且避避风头。段也不是吓大的，不过对于冯这样的土匪出身还真没有把握，兼且自己的兵不在身边，躲躲也不失为一条好计，于是就携带一批官款和军火乘专列去天津，路上由张作霖派一营兵马护送。车到沟帮子，扮演恶人的第二十八师登场了。第二十八师汲金纯旅的一个团在沟帮子火车站拦住了专列，团长邱恩荣上车，要查处帝制祸首段芝贵。当时张作霖派的一营兵马由旅长孙烈臣带领，孙旅长假装下车处理此事，之后回报段芝贵说群情激愤，保命要紧。段芝贵只好忍痛将军火和官款留了下来，只身一人逃到了天津。经此一事，段芝贵恨死了冯德麟，在袁世凯问询事情经过时，说了很多冯德麟的坏话。

段芝贵被逐，奉天保安会参议总长袁金铠等又上书"奉人治奉"，留给袁世凯的选择其实已经不多，袁已经被革命党人的"护国战争"弄得焦头烂额，又很怕东北跟革命党人走在了一起，于是在万般无奈之下，只好在有资历的"奉人"中选一个了，当时情况下有资历能稳住局面的也就张作霖和冯德麟两个人，这两个人选谁不用说诸君也知道了。冯德麟充当黑脸那可是把段芝贵得罪到骨头里去了，选谁也不可能选冯德麟。所以这冯德麟啊，野心不小，但是尽干些为他人做嫁衣的事情，没有冯德麟唱这一出戏，张作霖要想坐上奉天宝座估计是猴年马月的事了。

1916 年 4 月 22 日，袁世凯任命张作霖为奉天盛武将军，督理奉天军务兼奉天巡按使。经过多年的不懈努力，张作霖终于成为奉天省军政的最高统治者。

1916 年 6 月 6 日，袁世凯在全国人民的一片反对声中病死，副总统黎元洪继任大总统。黎元洪宣布恢复国会，改各地将军为督军，巡按使为省长。这样，1916 年 7 月 6 日，张作霖又改任奉天督军兼省长。

张作霖费尽心机终于当上了奉天督军，但并没有完全掌控奉天，其原因就在于攫取职务相对比较容易，只要政府一纸命令就可以实现。但要让奉天各种势力俯首听命可就不那么容易了，这里面主要的反对者就是前文提到过的曾与张作霖平起平坐的冯德麟。相比张锡銮和段芝贵而言，冯德麟更难对付，因为他是土生土长的奉天人，手握重兵。从实际情况分析，张作霖兵力占优，又驻扎在奉天，且已取得奉天督军的职位，天时地利人和占尽，已经在较量中胜出，只不过张作霖所要的是冯德麟全部的人和心，这个不能硬碰硬，只能春风化雨，细水长流，所以他采取的是收服的策略，一步步安抚和收买人心。

冯德麟，字阁忱，又名麟阁，1866 年生，比张作霖大 9 岁，奉天海城人，与张作霖同省同县。1900 年 7 月沙俄入侵东北，到处烧杀抢掠，导致奉天各地纷纷组建民团。与张作霖在赵家庙组建民团一样，冯德麟也在辽阳组建民团，这个民团的规模还比较大，有数百人，手下有各帮头目自称一百零八将。前文述过，张作霖在赵家庙失败后，走投无路的情况下曾一度想投奔冯德麟，只不过路经八角台时被留了下来，从而以八角台为起点，逐步成就了自己的一番霸业。假如当初没被留在八角台而是顺利投奔了冯德麟，那么张作霖就只能屈居在冯德麟手下，这样的话还会有以后的张作霖吗？也许东北王就不是张作霖而是冯德麟了，当然这只是假设，历史从来不容许假设。

冯德麟由于组建民团与俄国作对，在俄国的一次突袭中被抓，被流放到库页岛，两年后才千辛万苦地逃了回来。人都说大难不死，必有后福。果然，在日俄战争时期冯德麟很自然地帮着日本人打俄国，日本人胜利后就把冯德麟推荐给了当时的东三省总督赵尔巽，赵尔巽不敢怠慢，招安了冯德麟，大约在张作霖升任前路巡防营的时候，冯德麟就已经升至巡防营左路统领，驻北镇。

从上述情况可以看出，冯德麟走的路线其实与张作霖一样，都是先匪后军的模式。这里面也有一个人曾经想走这条路的，就是前文所说过的杜立三，为什么杜立三没走通这条路结果还被杀？这里面有一个关窍，就是并不是谁都能凭实力由黑漂白的，得要有机缘。张作霖的机缘是护持了奉天总督增祺的夫人，冯德麟的机缘更厉害了，是得了日本人福岛少将的直接保荐。反观杜立三，做尽坏事不说，也没有任何机缘。当时的东北，像杜立三这样想漂白的土匪不在少数，但最终走通的就只有张作霖和冯德麟。

1912年9月，张作霖和冯德麟两个人同时被提升为师长，前文已经说过，此时看起来他们是平级的，但高下已经分出来了，因为他们的驻地不同，兵力差别也很大，自认为前辈高人的冯德麟估计那时就有些不高兴，只是没有表现出来而已。1916年张作霖被任命为奉天督军，而冯德麟只是奉天军务帮办，职位在张作霖之下。这下子这位绿林前辈不干了，认为是奇耻大辱，拒绝接受这个任命。

冯德麟有自己的一帮兄弟，有自己的地盘，也有自己的军队，后面还有日本人撑腰，对这样的人张作霖不敢也不想硬来，所以他极尽怀柔之能事，先派孙烈臣携30万元巨款到北镇慰问，又派人在奉天修建二十八师办事处，又设宴款待为其洗尘等等，总之态度是极其谦恭，就是当年东三省总督赵尔巽也没享受到这份待遇。但待遇归待遇，一旦涉及到原则问题比如冯德麟要求帮办权力与将军平等，或者要求扩充兵力等等，张作霖则是一条也不答应。两人就这么貌合神离地僵持着，虽然张作霖很努力，但是小恩小惠对于冯德麟这样的人根本就没有任何作用，除非张作霖有大恩于冯德麟，这样的可能性微乎其微。

关键时候老天爷又来帮助张作霖了，让张作霖真的做到了有大恩于冯德麟，这要从 1917 年 7 月份北京发生的张勋复辟事件谈起。这个张勋与康有为等人一起，把废黜多年的清帝溥仪请了出来，重新扶上了龙椅。照理北京离奉天远得很，复辟不复辟的压根儿影响不到冯德麟。但是诸位别忘了，冯德麟是旧派军队起家的，对清室有一定的忠诚度。张勋电召冯德麟进京，正在奉天与张作霖争得焦头烂额的冯德麟以为借此上位的机会来了，心想只要清帝一复辟，这奉天的大权不就归自己了，所以他就派先遣队 200 人急驰入京以示支持，并命令二十八师火速进京"赞襄复辟，保卫皇室"。

冯德麟的这个算盘打得并不怎么精明，原因是他也不看看大气候，以前袁世凯称帝全国人民都反对，袁世凯那么强势的人都因为称帝弄得身败名裂，何况仅仅只有 6000 人的辫子军张勋？果然，复辟只维持了 12 天就失败了，张勋逃进了荷兰大使馆，冯德麟则在逃回奉天途中被抓。8 月 15 日，时任民国总理段祺瑞宣布冯德麟背叛共和的罪状，剥夺了其二十八师师长、陆军中将等一切官职和勋位，冯德麟被关押在北京，成了阶下囚。

冯德麟被囚，最开心的应该是张作霖了，等于是北京帮他除去了一个劲敌。但是张作霖并没有落井下石，反而不念旧怨，积极营救，因为冯德麟的军队还在。张作霖虽然没有读过几天书，却很明白以德服人的道理。他以二十七师、二十八师以及新整编的二十九师各旅、团、营长名义，电请段祺瑞释放冯德麟，还以辽西 16 县士绅的名义向段祺瑞请愿，要求从宽处理。段祺瑞和张作霖背后都有日本人支持，且当时北京政府内部直皖之争已经很厉害，为了拉拢和安抚手握重兵的张作霖，这个面子还是要给的。所以过不多久北京政府就把冯德麟放了，理由也很荒唐，说是冯德麟参与复辟证据不足。

从 7 月 10 日被抓到 10 月 15 日释放，冯德麟被囚了三个月，这是他一生中第二次坐牢。前文已经讲过，冯德麟刚刚起家时因组建大团与俄国人作对，被俄国人流放到库页岛，自己九死一生才逃了回来。而这次完全有赖于张作霖的帮助。东北人很讲义气，尤其是他们这些从土匪窝中走出来的，更把义气看得比命还重。自此以后，冯德麟把二十八师完全交给了张作霖。而自己，在张作霖的争取下当了一个三陵守护大臣，名声好听，可以与张作霖平起平坐。事实上就一虚职，负责看护满洲入关以前的三代祖陵。1926 年 8 月 11 日，这位很有传奇色彩的同张作霖一个县城的老乡，颇有既生瑜何生亮之感的冯德麟，安安静静地病死在三陵守护大臣任上。

从危难之中施救冯德麟之后，张作霖赢得了二十八师官兵的支持，张作霖将二十八师旅长汲金纯提升为师长，自此以后，张作霖完全掌握了奉天的军政大权。

雄霸关东

解决掉冯德麟以后，奉天成为张作霖经营东北的策源地和大后方。奉天在东三省中地位排在第一，其省会所在地奉天市为东北政治、经济、文化中心。从张作霖的前几任徐世昌、赵尔巽、张锡銮、段芝贵等来看，一般奉天督军都是兼管奉天、吉林和黑龙江的军务。所以从这一点上来看，张作霖离东北王已经不远了。

张作霖还有两个对手，分别是黑龙江省督军朱庆澜和吉林省督军孟恩远。至于张锡銮、段芝贵和冯德麟，历史已经轻轻地翻过了一页，他们已不再能构成对张作霖的任何威胁了。

朱庆澜和孟恩远两人中，朱庆澜没什么威胁，因为他是个文官，虽然位列黑龙江省督军之位，但文官是没有根基的，只不过是个职务的代名词而已，只要上面一纸公文就可以撤换，所要找的只不过是个撤换的理由。真正让张作霖头痛的是孟恩远，此人手握重兵，在吉林省经营十几年，颇有根基，要对付他相当困难。这里我们先说朱庆澜。

朱庆澜，字子桥，浙江绍兴人，1875 年生，与张作霖同岁。1912 年，任黑龙江督署参谋长，1914 年，袁世凯任命其为黑龙江省巡阅使并升任黑龙江将军（即黑龙江省省长兼督军），这省长兼督军的职位，张作霖要到两年以后才取得。可见朱庆澜比张作霖资格更老，不过资格老是一回事，有没有根基就是另外一回事了。朱庆澜虽贵为督军，其军事实权却掌握在时任黑龙江省陆军暂编第一师师长许兰洲手上。许兰洲是河北南宫人，也是个外地人。袁世凯小站练兵时，许因为会武术而成为袁的贴身卫队，很得袁的信任。许因为手握重兵，以为有资本，像张作霖当初一样也觊觎着黑龙江省督军的位置。

苍蝇不叮无缝的蛋，朱庆澜和许兰洲的貌合神离，给了张作霖以绝好的机会。张作霖暗示许兰洲排挤朱庆澜，事成后保举他为黑龙江省督军。许于是制造旗人事端，鼓动旗人到处散发传单，导致警察干涉，这些旗人见有警察介入，非常害怕，就躲到了许兰洲的师部。许于是找到了反对朱庆澜的理由，以出面调解为名，暗中鼓动旗人代表联名电告北京政府，攻击朱庆澜等人。朱和许都是袁世凯信任的人，虽经袁世凯左右调和，但两人僵持的局面始终无法打破，万般无奈下，袁世凯将朱庆澜调走。

许兰洲成功排挤掉了朱庆澜，但是自己也没有捞到好处。为了安抚朱庆澜，同时也是为了处理好对俄关系，袁世凯又派了一位懂俄文的毕桂芳来担任黑龙江省将军兼巡阅使，让许兰洲担任军务帮办兼陆军第一师师长。

这个时候的许兰洲，其地位和处境倒有点像冯德麟，都是帮办，都是师长，也都有野心。冯德麟要对付的是张作霖，许兰洲要对付的是毕桂芳，相比而言，毕桂芳要好对付多了，因为毕无根基，没有自己的部队。事实也确实如此，许兰洲联合黑龙江省第一旅旅长巴英额、骑兵第四旅旅长英顺和第二旅旅长任国栋向毕桂芳施压，毕桂芳被迫宣布下野，将督军、省长等职务移交给许兰洲。应该说，这是许兰洲最接近成功的时候，如果他有张作霖那样的胸襟和策略的话，黑龙江省必然是许兰洲的，那此后也就没有张作霖什么事了，只要黑龙江省和吉林省联合起来（事实上以吉省督军孟恩远当时的处境，这种联合完全有可能），张作霖想做东北王那基本上没什么可能了。

可惜的是关键时候许兰洲犯了一个小的错误。当时巴英额、英顺支持许兰洲逼迫毕桂芳下野是有条件的，那就是你许兰洲当督军没错，兄弟们跟着你混好歹也得捞点好处吧？他们当时给出的条件是巴英额升任师长，英顺兼任镇守使。也不知许兰洲哪根筋搭错了，接管督军职务后竟然不愿履行自己当初的承诺，反而任命了任国栋为师长。也许许兰洲太有个性，不喜欢英顺和巴英额这种讲条件的人。但是作为政治家，在自己羽翼未丰之时，必要的妥协和退让无论如何都是应该有的，即使你不喜欢，你也可以先任命着，以后瞅准机会再拿掉就是了，可惜许兰洲不懂这个，不懂这个就犯了大忌了。巴英额和英顺感觉自己被耍了，一怒之下发表通电要"誓师西讨，扫清妖孽"，形成了许兰洲驻兵省城，英顺、巴英额陈兵呼兰和海伦的情况，双方均处于战备状态，一触即发，从而给了外部势力介入调解冲突的机会，而这个机会被张作霖牢牢抓住了。

从许兰洲简单粗暴的处理英顺、巴英额之事从而导致一发不可收拾的情况，可以看出当时张作霖与冯德麟相争时张作霖的英明之处，冯德麟处处挑衅，而张作霖处处委曲求全，其目的就是稳住冯德麟，避免两虎相争从而给外人以可乘之机。张作霖委曲求全以待时变的策略奏了效，而许兰洲则把大好局面搞砸了。

许兰洲与英顺、巴英额陈兵相向时，北京政府正在闹着张勋复辟的事情，无暇顾及地方。张作霖趁机主动请缨要帮政府排忧解难，他派五十四旅旅长孙烈臣急赴黑龙江了解情况。由于许兰洲与英顺、巴英额双方势均力敌，谁也没有用兵取胜的把握，又担心不服调解张作霖会帮助对方，因此都表示愿意听张作霖的。张作霖也就顺水推舟向北京政府推荐了一个人，这个人既不是许兰洲，也不是英顺或者巴英额，而是此前谁也没有想到的鲍贵卿。

鲍贵卿，字霆九，奉天海城人。一看海城两个字就知道是张作霖的铁杆老乡了。1914 年许兰洲当师长的时候，鲍贵卿任黑龙省第三混成旅旅长，1915 年升任陆军讲武堂堂长，陆军中将。1917 年 7 月，鲍贵卿在张作霖的推荐下出任黑龙江省督军兼省长。

这凭空冒出的鲍贵卿除了是张作霖的铁杆老乡外，他还是张作霖的儿女亲家，对张作霖来说，黑龙江省由他把持再合适不过。至于许兰洲，那是竹篮打水一场空，虽拥有军事实力，但胳膊拧不过大腿，面对着军事实力高出他不知多少倍的张作霖以及反对他的英顺和巴英额，那是一点脾气也没有了。而北京政府，1917 年 7 月份的北京政府是段祺瑞做主，这时已经上位的张作霖在东北举足轻重，且又跟段祺瑞背景相同（背后都是日本人），出于利益共享的关系，对张作霖推荐的新任黑龙省督军人选自是没有异议。况且该人选各方都愿意接受，从而避免了黑龙江省陷入战乱的困境，何乐而不为？

为了保持黑龙江省的稳定，张作霖借段祺瑞之手，将许兰洲的第一师调到奉天省，放在了自己的眼皮底下，从此许兰洲不作他想，安安心心地归在了张作霖的手下，成为奉军中的一支精锐。就这样，张作霖不仅顺利地拿下了黑龙江省，还收获了一支原本有可能成为对手的劲旅，这没本钱的买卖做得实在划算。

收服黑龙江省后，下一个要对付的就是吉林了，吉林是最难对付的。前文已经说过，时任吉林省督军为孟恩远，孟恩远在袁世凯小站练兵时即已投入其麾下。1907 年就开始在吉林任记名提督。1912 年，袁世凯任命其为吉林省陆军第二十三师师长。1914 年，升任镇安左将军督理吉林军务。1916 年改任吉林督军。孟恩远在吉林经营多年，已将吉林省打造成了自己的自留地，其外甥高士傧是吉林督署的参谋长，又兼师长。女婿陆承武的父亲是直系里面很有影响的陆建章，也就是说朝中有人。

但是此时的吉林省形势非常不妙。当年许兰洲一个小小的失误导致他本人阴沟里翻船，把到手的黑龙江省督军硬生生地送给了张作霖的亲家鲍贵卿。许兰洲这一送不打紧，东北的整个形势顿时逆转，原本有望形成黑吉两省联合对抗奉天的局面，如今成了黑龙江与奉天夹击吉林省的状态。诸君知道，从地理位置上看，吉林省处在黑龙江省与辽宁省（即那时的奉天）之间，从战略态势上看是腹背受敌。不仅仅如此，从中央层面来看，此时直皖之战还没有发生，掌实权的还是皖系的段祺瑞，皖系的势力正如日中天。孟恩远虽然与直系有关系，但是不仅得不到多少帮助，反而要受到中央层面皖系的打压。

屋漏偏逢连夜雨，让孟恩远最担心的事情发生了。1918 年 9 月 4 日，徐世昌当上了总统。前文说过，徐世昌当年是东三省总督，一手把张作霖扶上旧军五路巡防营统领之一，并将其部队扩编至 3500 人，成为旧军中实力最强的部队，从而为张作霖迅速崛起创造了条件。这位徐世昌总统一上任，他做的第一件事就是任命张作霖为东三省巡阅使，可见对张作霖的信任和器重。

东三省巡阅使是个什么职位，东三省巡阅使实际上就是清廷时期的东三省总督，位置在各督军之上，也就是说张作霖已经变成了孟恩远的上级，可以名正言顺的对孟恩远发号施令了。天时地利人和占尽的张作霖没有像以前对待冯德麟那样采取怀柔政策，相反，他采取的是兵临城下的威逼。1919 年 6 月，张作霖以东三省巡阅使身份，电请徐世昌将孟恩远他调，而以黑龙江省督军鲍贵卿继任，黑龙江省督军则由孙烈臣担任。

1919 年 7 月 6 日，北京政府下令免去孟恩远吉林督军职务，调孟恩远为惠威将军，这是个有名无权的虚职。面对张作霖的咄咄逼人，孟恩远的可选项已经不多。道理上，张作霖是自己的上级，还有北京政府的命令，自己不走那就是抗命，予人以口实；形势上，黑龙江与奉天对其夹击之势已成；军事上，自己的军力本就敌不过奉天，再加一个黑龙江，那是必败之局。但他在部下的支持下还是兵行险招，拒不卸任，以此看看接下来张作霖如何打算。张作霖并没有给他任何机会，他立即向北京政府请求了讨伐令，组成了吉林讨伐军，调兵向吉林进发。大兵压境之下，陷入绝境的孟恩远终于选择了妥协，在得到张作霖保全其个人生命财产安全的承诺后，交出了吉林省督军大权。其部下反抗最强烈的高士傧师长和高凤城旅长，见事已至此，只好放弃了抵抗，身着便装逃往他方。障碍扫除了。张作霖下令：将鲍贵卿调到吉林，任吉林督军；将孙烈臣调到黑龙江，任黑龙江督军。

至此，张作霖完完全全地掌握了东三省的领导权，成了名副其实的东北王。

西南王与东北王

张作霖成了东北王，与此同时，南方的广西、广东也产生了一位颇有实力的地方军阀，因其位置是南边偏西，这里姑且称之为西南王，与历史书上传统的西南王意义不同，历史书上的西南王一般指的是云南和贵州一带称雄的唐继尧，本书中的这位人物与唐继尧齐名，他的名字叫陆荣廷。诸君都知道，陆荣廷是旧桂系的首脑。为与东北王形成对应，本书仅从地理位置上加以界定，称之为西南王。之所以本书要重点提一下陆荣廷，是因为这个人跟张作霖非常相似，都是出身草根，都当过土匪，也都剿过匪，都与外国人打过交道，也都先后漂白，被朝廷招安继而委以重任，最终都成为了雄霸一方的诸侯。他们的经历如此相似，成长过程也如此相似，所以把他们对照着读一读，对于我们理解为何张作霖这样一个草根能够在那个时代脱颖而出很有裨益。

陆荣廷，字干卿，原名陆亚宋，又名陆阿宋，广西武鸣人，1859 年生。也就是说当张作霖刚刚出生的时候，陆荣廷就已经 16 岁了。在张作霖面前，陆荣廷应该算是一个大器晚成的前辈。

相比张作霖而言，陆荣廷的童年生活更加悲惨，张作霖 14 岁丧父，虽还未成年，但穷人的孩子早当家，张作霖那时已经能够到社会上独立生活了。陆荣廷不一样，他两岁的时候父亲就被村民诬为太平军而活活打死（张的父亲也是被乱棍打死的），10 岁时母亲又病死。也就是说陆荣廷无法自食其力的时候就已经成了孤儿。没人管他的温饱和死活，他只好四处乞讨，晚上到观音庙里安身，将一口空棺材翻过来睡觉。从 10 岁到 17 岁，陆荣廷就像外面没人问的野猫野狗一样胡乱地生长，尝尽了人间艰苦，期间好几次都在死亡线上挣扎，但老天还是很神奇地让他活了下来，并成就了他后来那番惊天动地的伟业。

1875 年，张作霖才刚刚出生，16 岁的陆荣廷就因为生活无着而当了土匪，与 20 多个人一起通过袭击、劫掠法国人获得枪支和财物来养活自己，因其不怕死、作战勇敢又技艺超群，渐渐成为这支队伍的首领。1885 年，法军进犯广西，陆荣廷率众投奔唐景崧的景字军，与法军作战，屡破强敌。中法停战后，陆荣廷又走向了低谷，所部被清军裁撤。陆荣廷只好重操旧业，率绿林武装继续与法国人为难。陆荣廷讲义气，守信用，对贫苦农民和小生意人不加骚扰抢劫，所以很得民心，队伍不断壮大，发展到 500 多人。

法国人实在受不了陆荣廷的骚扰，强令清廷查禁陆荣廷。清廷也缺少有效手段来对付这股来无影去无踪的土匪，广西提督苏元春和边防军统领马盛治认为难以征剿，不如改为招安，于是派人前往说服。陆荣廷因为一向不曾与清军交战，而招安则可以获得功名利禄，总比再过绿林生涯好，于是，便与其结拜兄弟桂平人莫荣新、龙州人韦荣昌等率众接受招安，所部编为一营，陆荣廷任管带。此时是 1894 年，甲午中日战争的前夜，这一年是陆荣廷人生转折的重要一年，从此他的身份由黑转白。而这一年对张作霖来说也非常有意义，因为他终于离开了高坎镇，结束了在高坎镇胡混的日子。一年以后他组建赵家庙民团，迈入了土匪大门，他的身份由黑漂白则是 8 年以后的事了。

陆荣廷被招安后，认识了在龙州苏元春提督衙门当差的柳州人陈炳焜，很快，两人结拜为兄弟，成了莫逆之交，陈炳焜、莫荣新、韦荣昌加上妻弟谭浩明以及后来招抚的林俊廷等人，成为陆荣廷日后大展鸿图的得力干将。这一点也与张作霖很相像，一个成功的枭雄背后总是站着若干结拜兄弟。陈炳焜和莫荣新后来都担任过广东督军，谭浩明担任过广西督军，韦荣昌担任过龙州镇守使，林俊廷则与孙中山的革命党人关系密切，担任过广西省长。这些当初跟着陆荣廷的兄弟后来都成为声名显赫的一方诸侯。

1907 年，陆荣廷因招抚了广西云南境内多股土匪并率兵镇压了孙中山、黄兴领导的镇南关起义，因功而升任为右江镇总兵兼广西边防督办。1911 年 6 月，在辛亥革命爆发前，陆荣廷即已升任广西提督，拥兵数十营，成为广西最大的实力派。而张作霖要到五年后，即 1916 年才升任奉天督军。

1911 年 10 月 10 日武昌起义爆发，各省纷纷响应。当时陆荣廷作为清廷要员坐镇南宁。他并没有死忠清廷，而是在辨明形势后表态赞成共和。革命党人推举沈秉堃为都督，推举他和王芝祥为副都督，他也屈身接受，从而躲过了一轮革命势力的冲击。沈秉堃和王芝祥率队北伐援鄂后，他又继任都督。就这样，广西的革命果实又落入了陆荣廷之手，辛亥革命后各省大洗牌，单纯由旧官僚重新掌权的省份只有少数几个，广西就是其中之一，从这一点也可以看出，陆荣廷能当西南王并不是偶然的，他与张作霖一样，都有着对时局的精准把握以及必要时的隐忍能力。

袁世凯上台后，陆荣廷仍然保住都督的位置。1913 年二次革命爆发，南方各省相继响应讨袁，孙中山派潘乃德动员陆荣廷，陆荣廷静观形势后予以拒绝，后来还镇压了柳州刘古香的讨袁行动，再次精准把握了时局，确保了他的地位。1915 年年底，袁世凯酝酿称帝，陆荣廷及时表态反对。1916 年 3 月 15 日，陆荣廷在柳州发布护国讨袁通电，宣布广西独立。陆荣廷宣布反袁，给袁世凯重大打击，3 月 22 日，袁世凯被迫宣布撤销帝制，但仍当大总统。陆荣廷亲率部队一万人，配合云南护国军向北洋军进攻。5 月中旬，陆荣廷部进入湖南，下旬到达衡阳。袁世凯的亲信、湖南都督汤芗铭为大势所迫，不得不宣布湖南独立，接着乘船北逃。湖南独立，使重病的袁世凯怨愤交加，于 6 月 6 日死去。

袁世凯死后，黎元洪继任大总统，陆荣廷向北京政府推荐谭延闿为湖南督军，而自己则于 1916 年 7 月 6 日被任命为广东督军。可以说，凭着对时局的精准把握，陆荣廷有效地借助了护国战争，从而控制了两广地盘，成为西南地区炙手可热的一方军阀，即本书所说的"西南王"。而本书主人公张作霖 1916 年的时候才被任命为奉天督军，他要到 3 年以后即 1919 年才成为东北王。

综观陆荣廷之与张作霖由草根而成为一代枭雄的轨迹，我们可以看出如下特点：

一是出身孤苦，受尽磨难。清末那个年代，活着是一件很不容易的事情，所以他们的父母为了生计都过早死去，对他们的成长带来了很大磨难。反过来，这种磨难又能砥砺他们的个性，养成了面临绝境而能够隐忍、适应并成功生存下去的本领，张作霖有这样的本领，陆荣廷也有。比如陆荣廷在广西革命时能以提督身份接受副都督的安排，张作霖在面对冯德麟时能一而再再而三地隐忍退让，都是这个道理。

二是投身为匪，讲究仁义。在生活无助的情况下，他们只能去做土匪，借以安身立命。但他们的土匪当得非常仁义，不但不扰民，反而保境安民，深得百姓爱戴，这也是他们后来取得机遇的一个重要原因。比如张作霖，就因为在赵家庙积累下的好名声，才能够在落难后经过八角台时受到重视，成为八角台民团首领，为今后晋身准备了条件。而陆荣廷在落山为匪后，一直都在保境安民，大多数情况下都只劫掠法国入侵者财物，成为朝廷能够招安他们的一个重要原因。

三是成功转型，由黑漂白。在投身为匪后，他们并没有把土匪作为终身职业，而是为将来早作打算。在这方面，张作霖比陆荣廷还要稍胜一筹。陆荣廷的漂白多多少少还带有点机遇因素（朝廷因觉得难以剿灭索性主动招安），而张作霖则是自己主动争取的，甚至为了招安还预先埋下了护驾增祺夫人这一伏笔。当时的东北招安要比西南严厉多了，东北主要以剿为主，除非与政府有点关系且名声又不太坏的才有可能，张作霖和冯德麟都是有人推荐才顺利招安的。招安后，他们迅速转型，参加剿匪并立下赫赫战功，由此得到朝廷信任并不断加官进爵，完成了由黑漂白的过程。

四是不言放弃，因祸得福。两人在童年和少年的成长过程中都遇到过生活无着、衣食堪忧的困境，但是他们都没有气馁，而是咬紧牙关克服困难生存了下来，这方面的例子很多，就不说了。重点说一下当土匪后。陆荣廷在招安前其实也有过一次招安的，当时是投在唐景崧的景字军里与法军作战，只不过中法战争结束后被解散了。陆荣廷没有气馁，而是重新集结队伍，最后发展到500多人，逼使清廷不得不主动招安，为自己赢得了机遇。而张作霖在赵家庙失败后也是这样，面对困境没有放弃，而是积极寻找出路，最终落脚八角台而觅得了安身立命、徐图发展的地方。

五是审时度势，善抓机遇。这方面两人都表现出了超强能力，这种能力几乎贯穿于他们成长和发展的每个过程中。比如张作霖星夜疾驰赶往奉天救驾，从而在竞争对手中把吴俊升甩了下来；再比如他不参加与他关系很好的张勋的复辟活动，甚至后期还宣布讨伐张勋，而他的竞争对手冯德麟却误判形势，从而在奉天军事势力中彻底出局等等，这每一次决策都显示了其高超的远见。相比而言，陆荣廷毫不逊色，甚至可以说他在这方面有过之而无不及，主要原因是南方的形势比北方更复杂，当时南方是全国革命的中心。孙中山、黄兴等革命党与袁世凯及其以后的北洋政府反复斗法，中心舞台就在南方尤其是在广东，这个斗争的过程一波三折。南方的各路军阀，决策时只要有一次失误就可能满盘皆输，类似的例子不胜枚举。比如当时的广东都督龙济光、湖南都督汤芗铭，以及后来的江西督军李烈钧、淞沪督军陈其美等等，都在历次斗法中相继倒台。而陆荣廷一次又一次精准地把握了时局，先是主动参加辛亥革命保住了自己广西都督的地位，后来不参加以倒袁为目标的二次革命，又一次成功保住了广西督军的地位，再后来又主动参加以倒袁为目标的护国运动，不但成功保住了广西，而且创造机遇进军广东，控制了两广，成为本书所说的西南王，创造了历史上所说的旧桂系的辉煌。这中间每一次的参加或者不参加都必须做出正确决策，只要有一次决策失误，他不但成不了西南王，广西督军的地位也早就给别人抢走了。所以，能够审时度势并善抓机遇，这是陆荣廷和张作霖这两大枭雄最大的特色。反观在斗争中败下去的比如许兰洲、冯德麟、龙济光、汤芗铭等人，都存在着误判形势从而满盘皆输的情况。

六是侠肝义胆，兄弟相帮。民国时期，即便是蒋介石这样的人物也都习惯于用刘关张兄弟结义的方法来笼络手下，稳定队伍。这种带有封建帮会性质的方法，在党派政治还没有兴起的时代，被证明是非常有效的。无论是陆荣廷，还是张作霖，都有一帮铁杆的结拜兄弟在背后帮衬着他们。如果没有这些铁杆兄弟，他们就无法把部队完全控制在自己手中，成为自己打拼江山的政治资本。前文已经说过，陆荣廷患难之中的结拜兄弟有陈炳焜、莫荣新、韦荣昌、谭浩明等人，而张作霖的有汤玉麟、张作相、张景惠、孙烈臣等人。他们兄弟相帮，终于成就大事，反过来兄弟们也都跟着沾光，一个个都成为手握重兵的能够影响历史进程的重要人物。以下我们会单开一节讲讲张作霖的结拜兄弟的故事，在讲结拜兄弟之前，我们还得看看张作霖的患难之妻。

患难之妻

张作霖的患难之妻有两位，一位是他的原配赵春桂，1895 年他还是乡村兽医的时候就嫁给他了；另一位叫卢寿萱，是 1900 年他败逃赵家庙之前嫁给他的。这两位都是在他没有发迹之前，跟着他吃过苦头共过患难的。

先讲一讲张作霖的原配夫人赵春桂。这位夫人是兄弟们口里的好嫂子。她在早期患难与共的兄弟们当中起到了很好的调节、平衡和凝聚人心的作用，可以说是功不可没。遗憾的是，在中国的历史上，不管英雄还是枭雄，也不管当初是如何的恩爱有加，原配夫人都是用来共患难的。一旦有了资本，男人们多半就有了新欢，而且是一个接一个。这方面的例子，蒋介石可以算一个，蒋介石的原配毛福梅，是父母之命结婚的，蒋介石不喜欢她情有可原，因为从来没有动过真爱；第二个是姚冶诚，系蒋介石从青楼里赎出来的，那时正是蒋介石苦闷之时，肉欲的成份可能更多些，蒋介石后来抛弃她也还可以理解；但是第三个陈洁如就不一样了，陈洁如是个大家闺秀，嫁给蒋的时候才 16 岁，是在蒋的死缠烂打并发誓永不负心之下才同意嫁给他的。陈洁如嫁蒋时，蒋还没有发迹，还只是一个跟着孙中山的小混混，直到 2 年以后蒋介石才当上黄埔军校校长，人生才有了起色，因此可以说他们是患难夫妻。陈是看着蒋由小混混而黄埔军校校长、国民革命军第一军军长、国民党中央组织部部长，直到 1926 年的北伐军总司令，陈付出了自己最美好的青春年华陪着蒋一路成长，但最后共富贵的却不是她而是宋美龄。1927 年 12 月 1 日，蒋与宋美龄完婚，不知道完婚的时候他是否还记得当初对 16 岁少女陈洁如的承诺？

啰啰嗦嗦地讲了这么多与主题无关的话，并不是想说蒋介石如何的负心薄幸，而是说明一个女人嫁给一个日后成功的男人未必是好事，往往是患难有之，富贵无之，人生真的很无奈。

张作霖的这位原配夫人跟陈洁如一样，那也是患难有之而富贵无之的。前文已经说过，张作霖离开高坎镇后当了一阵子的骑兵，官至哨长（排长）后又离开部队，回老家开了一家兽医店，被赵家庙的地主赵占元看中，将二女儿赵春桂许配给了他。在当时，以赵家和张家的悬殊身份来看，赵春桂嫁给他那是下嫁，遭到了包括赵春桂的妈妈和舅舅的强烈反对，但是赵春桂还是义无反顾地选择了张作霖。

张作霖的第一支武装靠的就是赵春桂的父亲赵占元的帮忙，那时赵家庙有一支20多人的民团，经赵占元推荐，张作霖当上了民团头目，在其势力不断扩大的时候遭到了土匪金寿山的偷袭，损失惨重。张作霖只好携带妻女率众突围，逃到了八角台。在逃往八角台的途中，身怀六甲的赵春桂在马车上生下了一个男孩，这就是后来大名鼎鼎的张学良。就这样，赵春桂跟随张作霖颠沛流离，一路辗转，什么样的苦都吃过。

由于张作霖脾气暴躁，经常因种种琐事与结拜兄弟发生争执。每当遇到此时，性情温和的赵春桂总是为大家排忧解难。赵春桂的宽厚善良，赢得了张作霖结拜兄弟的信任。久而久之，赵春桂在一众结拜兄弟中口碑极佳，众兄弟都打心眼里佩服这位善解人意的老嫂子。当年结拜兄弟张景惠就常说："大帅能成就大业，多亏我那老嫂子！"张作霖的老班底汤玉麟也称赞道："老嫂子真是贤惠，雨亭（张作霖的字）多少大事都亏了她呀！"对此，张作霖当年也心服口服："如果没有她（赵春桂），这些年我不知道要得罪多少兄弟。今后你们有什么事，可以找你们信得过的大嫂。只要她答应下来的事儿，我没有不同意的。"张作霖当年对赵春桂那也是发自内心的好，这也确实不假，就像当年蒋介石对待陈洁如一样。可惜花无百日红，随着张作霖地位的升迁，其与赵春桂之间的距离也越来越大。弟兄们可以随着张作霖的升迁而不断升迁，而赵春桂则随着张作霖的升迁越来越沦为相夫教子的家庭主妇，共同语言越来越少。最主要的是，张作霖喜好女色。1900年秋天，张作霖迎娶进了第二位夫人——卢寿萱。

1900年的时候，张作霖还在赵家庙，还处在老岳父的眼皮子底下，事业人生也没有任何起色。这个时候的张作霖怎么有胆娶第二位夫人？应该说，这又跟赵春桂的贤惠有关系了。那时男人三妻四妾的很多，赵春桂深知以张作霖的个性，绝不可能一辈子守着她一人。她知道张作霖很喜欢卢寿萱，也知道自己文化水平低，为了拢住张作霖的心，同时也免得兄弟们说自己小家子气，与其被动接受，不如主动安排。所以张作霖与卢寿萱的婚礼，倒是赵春桂一手安排的。应该说，卢寿萱这个人赵春桂是接受的。而且卢寿萱端庄美丽、温文尔雅、知书识礼，对赵春桂也非常尊重。有时张作霖陪卢寿萱多了，卢寿萱就会把张作霖推出去，让他去"陪陪大姐"，说这样不好，让她难做人。卢寿萱的尊重、谨慎、真诚的态度，让赵春桂很喜欢，两人情同姐妹。赵春桂的几个孩子都喊卢寿萱妈妈，但是对张作霖后来的几位夫人则没有这样叫过。

如果事情仅仅到此一步那就堪称完美了。两人与张作霖都是患难夫妻，一文一武，互相尊重，相得益彰。可惜的是，如前所述，张作霖后来的官越当越大，老婆也就越娶越多。而且为了娶后面更有身份的女人，为了公平起见，干脆宣布老婆不分入门的先后，都是一般的大小。到后来，年岁渐长的卢寿萱也受到冷遇，更别说差距越来越大的赵春桂了。

张作霖接二连三地娶老婆，而且再不像从前患难之交时对赵春桂和卢寿萱那样有情有义了。他整个人都变了，变得高高在上，唯我独尊。外表温和，内心刚烈的赵春桂黯然神伤，终于携带子女回到了新民府的老宅子，回到了当初他们的出发点，这里是当年张作霖一穷二白的地方，也是当年乡村穷兽医娶她这位富家二小姐的地方。她在这里安居下来，再也没有了其他想法。对她来说，你张作霖做再大的官也跟她没有关系，她只想安安静静的把张学良、张首芳和张学铭三位小孩抚养成人。

1911 年冬，赵春桂携幼子张学铭到奉天探望张作霖。多年不见，本来是应该相见甚欢的，但是晚上张学铭大声啼哭，把张作霖给吵醒了。张作霖因白天政务缠身，情绪不佳，就起身把哭闹的张学铭痛打了一顿。赵春桂由此彻底失望，第二天就回到了新民府家中。在郁郁寡欢、愁肠百结和睹物思人中，赵春桂于 1912 年 8 月 4 日去世，死时年仅 38 岁。

在赵春桂去世之前，她想得最多的是自己的三个孩子：最大的孩子张学良才 11 岁。没有了母亲护着，他们今后该怎么办？她想到了当年一起共过患难的卢寿萱。卢寿萱没有辜负赵春桂，她忠实地实践了自己的承诺，将三个孩子视若己出，倍加爱护，使孩子们在丧母之痛中却仍然感受着母爱的温暖，以至于正处于叛逆年龄的张学良，只对这位养母言听计从。在几个孩子的教育上，卢寿萱深明大义。先是主动要求张作霖安排张学良学习英语，随着国家局势的变化又说服张学良子承父业，打消了学医的想法，毅然投身行伍，并在东三省讲武堂结识了进步军人郭松龄，为日后确定正确的政治抱负奠定了基础。

卢寿萱自己的两个女儿则很不幸。张作霖出于政治婚姻考虑，将其大女儿张怀英嫁给了一个傻子，二女儿张怀卿嫁给了一个疯子。傻子是蒙古王爷达尔罕的傻儿子，疯子是后来参加复辟的"辫帅"张勋的精神病儿子。两个爱女先后跳进火坑让她无比痛苦却又无法改命运的安排，直到张学良主政东北后，才着手解除了张怀英与张怀卿的不幸婚姻。新中国成立后，卢寿萱一直与女儿张怀卿居住天津，过着清贫恬淡的生活，五十年代初，长女怀英也由上海移居天津，母女三人相依为命，与世无争，祥和安乐。1974 年5 月，这位历尽人间沧桑的老人安然辞世，享年 94 岁。

作为患难之妻，赵春桂和卢寿萱的故事十分凄婉，令人叹惜不已，大约这是几乎每一位枭雄背后难以言说的故事吧。历史总要让一些女人为枭雄的成功默默无闻地做出奉献，也总是十分绝情地把她们湮没进岁月的长河中。人们知道的，永远是宋美龄或者张作霖的五夫人寿懿这样的后来居上者，她们无比风光地走上前台的时候，前者却默默无闻地退往幕后。

流水落花春去也，一代新人换旧颜。时耶？命耶？化为蝴蝶。

五虎上将

中国古代出了个刘关张结义共同打江山的故事，后来历代土匪或者军事小团体，不管是大的还是小的，只要有点野心，都会很自然地跟着学习一下。这也难怪，在政党政治还没有兴起之前，人们确实很难找到比结拜更能体现利益一体化的方式。

当然，兄弟结拜光有利益一体化那还是不够的，也还得要有一点感情基础

汤玉麟

才行，否则今天结拜，明天翻脸。

在这方面蒋介石是典范，他先后跟阎锡山、冯玉祥、李宗仁，甚至与跟比他小那么多的张学良都结拜了，利益确实是够大的，每一个人都是响当当的跺一跺脚民国史都要抖上几抖的人物。可惜这些义兄义弟无一不是算计他的，大多数还跟他打得昏天黑地，瞅着机会背后还给他捅上一刀子。这种结拜实在太没劲了。为什么会出现这种情况？原因是这个结拜只有利益没有感情。而有些结拜就不一样了，有些结拜是感情和利益的结合体，甚至在早期阶段就只讲感情不讲利益。比如最初跟张作霖共患难的那帮难兄难弟，他们的结拜就属于只讲感情不讲利益的，因为那时实在没啥利益可讲，他们构成了张作霖起家的老班底，主要是汤玉麟、张作相和张景惠三人。到了1910年，张作霖任奉天巡防营前路统领的时候，张作霖又搞了一次八人结拜。那时他的事业刚刚处在起步阶段，急需兄弟互相帮衬，因此这次结拜是既有感情也讲利益的，信任程度没有患难兄弟那么强，他们是老大马龙谭、字溪腾，1861年生，当时的职务是奉天巡防营右路统领。老二吴俊升，字兴权，1863年出生，当时的职务是奉天巡防营后路统领。老三冯德麟，字阁臣，1866年出生，当时的职务是奉天巡防营左路统领。老四汤玉麟，字阁忱，1871年出生，当时的职务是奉天巡防前路马二营帮带。老五张景惠，字叙五，1871年出生，当时职务是奉天巡防前路马三营管带。老六孙烈臣，字赞尧，1872年出生，当时的职务是奉天巡防前路马四营管带。老七张作霖，字雨亭，1875年出生，当时的职务是奉天巡防营前路统领。老八，张作相，字辅忱，1881年出生，当时的职务是奉天巡防前路马一营管带。

张作霖入主北京后，为稳定局势，团结内部，于1927年6月

14日又搞了一次大结拜，参加人员共十二人，除第一次结拜中的吴俊升等五人外，又增加了七人，其中官职最小的是军长。从中可以看出，这次结拜带有很大的利益共同体的色彩，是典型的以利聚合的，利在人在，利亡则人消，并不是那么牢靠。这次结拜仍按年龄大小顺序：老大吴俊升，时任黑龙江省督军，第6方面军军团长。老二汤玉麟，时任热河都统，第12军军长，第6方面军副军团长。老三张景惠，北京政府国务院陆军部总长。老四张作霖，时任安国军总司令。老五高维岳，察哈尔都统，第9军军长，第5方面军副军团长。老六张作相，吉林省督军，第5方面军军团长。老七潘复，时任北京政府国务院财政部总长，拟任国务院总理。老八张宗昌，山东省督军，第2方面军军团长兼海军司令。老九孙传芳，浙江督军，第1方面军军团长。老十杨宇霆，安国军总司令部总参议，东三省兵工厂督办。老十一韩麟春，第4方面军军团长。老十二褚玉璞，第7方面军军团长。

从上面可以看出，原来结拜的8人中，有3人没有参加这次结拜，分别是马龙谭、冯德麟和孙烈臣。他们三人去哪儿了？首先说一下马龙谭。马龙谭这人不讨喜，对清朝又比较忠诚，有点儿类似于清朝的遗老遗少那种，1920年年初即被张作霖派去做奉天省洮昌道的道尹，因此虽然是第一次8人结拜中的老大，但到第二次官职太小，起不了啥作用，所以第二次就轮不上他了；冯德麟这人前文已经讲过，由于支持张勋复辟导致阴沟里翻船，已于1926年8月死在三陵守护大臣任上；至于孙烈臣，倒是实实在在的张作霖的爱将，可惜已于1924年病死于吉林省督军任上，如果还活着，铁定有资格参加这次结拜。

由于上述原因，两次结拜重合的兄弟共有五人，分别是张作霖、吴俊升、张景惠、汤玉麟和张作相。张作霖自己不算的话，再把已经去世的孙烈臣补进来，那么这就构成了张作霖的五虎上将班底，这五虎上将也是奉系军阀的老班底，而且各有各的特点，即粗野吴俊升、圆滑张景惠、勇猛汤玉麟、稳健张作相和智勇孙烈臣。我们按照张作霖与他们结识的先后顺序加以介绍。

第一，勇猛汤玉麟。

汤玉麟是张作霖认识的第一个老兄弟，也是张作霖的救命恩人，忠实于他也反对过他。如果要用一个字来概括他的性格的话，那就是一个"猛"字。任何一个团体，这种打起仗来不要命的猛将都是必不可少的，尤其是在创业阶段。当然，张作霖死后，汤玉麟的这个猛字就不够格了，变得很惜命，比如日本人打进热河他还带头逃跑，大约他的猛只是为了张作霖一个人罢。

汤玉麟绰号汤二虎，辽宁义县人，比张作霖大四岁，因此张作霖喊他二哥。他出身贫寒，没读过什么书，自幼靠打工为生，养得一身蛮力气。后来落草为寇，成为锦西红罗山的山大王，由于他好勇斗狠，力量过人，在土匪火拼中玩起命来不要命，很快在绿林中崛起。1894年甲午战争后，一些溃散的清军携带武器加入了他的队伍，使其成为辽河流域的一个大杆子（结伙抢劫的土匪）。日俄战争之际，辽西一片混乱，为了自卫，汤玉麟成立了保险队，他的保险队天不怕地不怕，比他规模大得多的土匪如果招惹了他照样被他咬一口，因此一般人也不愿意去沾惹他。

土匪不敢惹汤玉麟，却老是惹那时实力不咋样的张作霖。汤玉麟奋不顾身地救过张作霖两次：第一次是在赵家庙的时候。土匪金寿山偷袭，汤玉麟当时正好和张作霖在一起，他把张作霖年幼的女儿张首芳背在背上，带着张作霖突出重围，冲出来时只剩下八个人了；另一次是1902年年初，金寿山再次纠集匪徒袭击了驻扎在八角台的张作霖，危难之际，汤玉麟出兵相助，再次救了张作霖。从此以后，汤玉麟与张作霖合兵一处，紧跟着张作霖不离不弃了。

张作霖取得奉天省军政大权后，提拔亲信汤玉麟为第二十七师五十三旅旅长兼省城密探队司令，率部驻扎省城。此时汤玉麟与张作霖产生了很大裂痕，原因是张作霖开始启用新人。在张作霖看来，一帮老兄弟只能帮他打江山，要治埋江山那还得靠读过书的有识之士。为此，他重用王永江，任命王永江为奉天省会警察厅长，改革警务，整顿秩序，以安民心。王永江大刀阔斧地推进改革，还仿效日本的警察制度，在省城各地设立了派出所。但在省城滋事的往往是官兵，这些官兵有不少都是汤玉麟的嫡系部队。他们自恃劳苦功高，根本不把小小的警察和派出所放在眼里。于是，他们设赌开局，抢劫财物，打砸商店，欺压良民，无恶不作。王永江严格依法办事，处罚或拘禁了不少汤玉麟的人，还下令查封了汤玉麟及其军队开设的赌场，触怒了汤玉麟。

汤玉麟希望张作霖撤掉王永江，但张作霖不肯。矛盾积累越来越深，事情也就越闹越大。以前有老嫂子的时候，汤玉麟与张作霖也有过争议，但是老嫂子赵春桂能够做通双方工作。现在老嫂子已死去多年了，况且汤玉麟认为老嫂子的死与张作霖也有关系，很为她抱不平，埋怨张作霖发达后冷落了原配夫人和兄弟们。

1917年春节期间，汤玉麟等诸将宴请省内长官，故意不请王永江。张作霖见王永江没到，大为不满，质问为什么没请王永江？说我张作霖看上的人，你们总是反对。我这次用定这个姓王的啦，谁反对谁就辞职。汤玉麟不信邪，说辞职就辞职。双方发生口角,不欢而散。

应该说,看在老兄弟的面子上,张作霖对汤玉麟那是能容忍尽量容忍了。此时的张作霖位高权重,一般人谁敢当面和他吵架?也只有汤二虎了。可惜的是汤二虎不知进退,又去纠集了一些人,拟好呈文去见张作霖,要求罢免王永江,否则全部辞职。性格倔强的张作霖岂是别人能威胁得了的?他看都没看就将呈文撕了个粉碎,并破口大骂汤玉麟。汤玉麟和他对骂起来。回到旅部后,他又扬言要武力拘捕王永江。此时正是冯德麟与张作霖较量的紧要关口,一心想取张作霖而代之的冯德麟公开声明支持汤玉麟。这下子触犯了张作霖的底线了,对张作霖来说,兄弟吵吵架骂骂娘都可以容忍,但是与外人勾结性质就不一样了。用不了三五下,张作霖就分化瓦解了汤玉麟的部队。汤玉麟只好离开奉天回到新民,如同老嫂子一样,回到了当初他们的起点。

与对待结发之妻赵春桂的态度不一样,张作霖对汤玉麟实在称得上是仁至义尽。中国的古书总是说"妻子如衣服,兄弟如手足",看来是有道理的。毕竟妻子没了可以再娶,而兄弟没了就很难再找到一个合适的了。冷静下来的张作霖也有些后悔,他向汤玉麟修书一封,言辞恳切,读来很让人感动。信中说道:"人生最宝贵者,莫过于生命。昔当患难之时,誓同生死,偶以言语之差,视同陌路。我兄向重义气,今乃不念前情,不思旧雨,决心离去,此弟深为不解,亦最为痛心者。"

然而汤玉麟还是不肯回去,宁愿上山做大王。此后又投到张勋手下做了一个营务长的小官。张勋复辟失败,汤玉麟跟着成了被通缉的要犯,好不容易从北京逃出,回到义县老家,已是穷途末路,一蹶不振。关键时候还是张作霖帮了他一把。张作霖不计前嫌，亲笔给汤玉麟写了一封信，让其回来继续效力。汤玉麟立即赶赴奉天，老哥俩见面抱头痛哭。经此一事，汤玉麟明白了世上还是张作霖对他好，离开了张他啥都不是，因此对张更忠心了。此后汤先后出任第十一混成旅旅长、第十一师师长、第十二军军长，直至最后晋升为热河省都统。

第二，稳健张作相。

张作霖的第二个结拜兄弟就是张作相。用一个字来概括他的最大特点那就是"稳"，虽然在八人结拜中他的年龄排在最后，但他却是八人中最稳的，老成持重，谋定而后动，因此最让张作霖放心。张作霖后期的军政大事，在孙烈臣死后基本上都委托于他，成为须臾不可缺少的得力干将。

张作相，字辅忱，辽宁省锦州人，1881 年（光绪七年）生，比张作霖小 6 岁，是八人结拜中的老小。此人于 1901 年率 20 余人到新民府八角台投奔张作霖，与张作霖的人马合在一起，拉起了一支拥有 200 多人的保险队。张作相和张作霖并非一家，更不是亲兄弟，只是名字偶然巧合，这让张作霖很高兴，于是结拜为兄弟。1902 年清廷收编，张作霖被任为新民府游击马队管带，张作相为哨官。1912 年 9 月张作霖部改编为奉天陆军二十七师，张作相任该师炮兵团长。1917 年代任奉天陆军第二十七师步兵第五十四旅旅长，后代理奉天陆军第二十七师师长。1919 年年初，升任东三省巡阅使署总参谋长兼卫队旅旅长、奉天警备总司令，仍代理奉天陆军二十七师师长。同年秋，实任二十七师师长，晋升陆军中将。1922 年春，第一次直奉战争中，张作相兼任镇威军东路第一梯队司令，进驻永清。奉军战败，退驻榆关，北洋军阀政府趁机对张作霖撤职查办。张作霖心情沮丧，怀有下野之念，急召张作相密商后策。张作相劝张作霖不要下野，并集合各军，在榆关背城一战，使奉军转危为安。1925 年，张作相代任吉林军务督办兼吉林省长，晋升陆军上将。同年冬，郭松龄倒戈反奉，兵败被擒时，张作霖拟将跟随郭松龄倒戈的将领一律处死，参与决议的奉军将领大多赞成，只有张作相一人力排众议，分析时局，晓以利害，提出建议，最后张作霖听取了他的意见，避免了奉军内部的大残杀。1926 年张作霖下令东三省种植鸦片，以筹军饷。张作相以种植鸦片流毒太深，向张作霖陈明利害另筹饷源，才使鸦片种植没有在东北大规模铺展开来。

张作霖被炸身亡后，在时局混乱、人心不稳、日本人又窥伺在旁的情况下，张作相力排众议，坚持让张学良出任东三省保安总司令，自己甘居副职辅佐，从而安定了局势，顺利完成了张作霖的权力交接。

可以说，张作相作为张作霖的结拜兄弟，是最忠心耿耿又没有私心的一位，在一众结拜兄弟当中，他起初并不引人注意，但在张作霖的后期，他的影响却越来越大。特别是当张作霖和吴俊升被炸身亡后，如果没有张作相这位老臣在关键时候力撑危局，东北可能早就乱成一团从而给了日本人以可乘之机，东北也许早就落入日本人之手了，所以张作相可以说是功在千秋。

张作相之所以能在张作霖后期发挥越来越重要的作用，主要缘于张作霖后期时局动荡。张作霖前后两次入关到最后都是铩羽而归，及至被炸身亡，每次都关系着东北的生死存亡，因此以"稳"字为特征的张作相此时最能发挥他的作用，体现出其安定人心稳定局面的高超能力。这与汤玉麟的猛恰恰形成对比。汤之猛用于创业则可，用于守成则难，也正是因为这个原因，张作霖前期颇多倚重汤玉麟，而后期则相应减少了许多，这才引起了汤的不满。根本原因，其实都是性格所致。

第三，圆滑张景惠。

张作霖的第三个结拜兄弟是张景惠。张景惠，字叙五，辽宁台安人，是张作霖落难经过八角台时认识的。前文已经讲过，张景惠当时任八角台大团负责人，地位尚在张作霖之上，张作霖到来后他且愿让位给他而自己身居副职。终其一生，这大约是他最主要的闪光点，也因此而受到了张作霖的信任，跟着张作霖成就了自己的事业。

张景惠这人笔者不太喜欢，原因是他应了一个字，那就是"滑"。滑其实就是一种小聪明，往好的方面说是善观风向，趋利避害，往坏的方面说那就是见风使舵，见利忘义了。这种小聪明与后面我们还要说的孙烈臣的智是完全不同的。原因就是小聪明看到的是眼前而不是长远，出发点更多的是个人利益而不是团体利益。他与汤二虎的猛也不同，汤二虎的猛是没有心机的，而他偏偏非常有心机，而且是躲在暗处的心机，所以非常危险，也只有张作霖这样的枭雄才能驾驭得住。

先简单介绍一下张景惠的经历。1903 年 7 月张作霖所部接受清廷招安后，张作霖为管带（相当于营长），张景惠为帮办。1912 年任陆军第二十七师团长，1917 年升任二十七师第五十三旅旅长。1918 年 2 月劫直系军火后增编 7 个旅，被任命为暂编奉军第一师师长，同年升为奉军副总司令，作为奉军代表常驻北京。1920 年任察哈尔都统兼陆军十六师师长。第一次直奉战争中，任奉军西路总司令，失利后寓居北京，后任全国国道局督办。1925 年冬复归张作霖，为奉天督军署参议，第二次直奉战争胜利后，先后任陆军总长、实业总长。1928 年 6 月，随张作霖返奉，在皇姑屯事件中身受重伤。东北易帜后，任南京国民政府军事参议院院长。1931 年"九一八"事变后，返回满洲，任伪满洲国军政部总长、伪满洲国参议府议长、伪满洲国国务总理大臣等职。

从以上经历中可以看出，张景惠是结拜八兄弟中唯一一位投降日本人并在日本人策划支持下的伪满洲国任职的人，用老百姓的话说那就是当了汉奸。当时日本人也三番五次地策划张作相甚至汤玉麟做汉奸，尽管他们生活相当困难，但是没有一个人同意。这也可以看出张景惠由小聪明而带来的"滑"是没有底线的，对于他来说，政治是用来投机的，只要他觉得有利可图他就会做下去。就是被张作霖一直记在心里的八角台让贤之举，后人分析其中也带有很大的投机成分，原因是当时张作霖的名气比他大，为人处事也比他更上路，再加上八角台商会会长张紫云很看重张作霖，即便他不让贤，这种形势发展下去早早晚晚还是得让的。与其到时弄得不开心，倒不如立马卖个人情。应该说张景惠这次仍旧是动了小聪明的，不过这个小聪明算是动对了，让贤之举让他后来跟着张作霖受益无穷。

张作霖对张景惠的使用也很耐人寻味，跟其他武将带兵不同的是，张景惠初期是带兵的，后来就转行搞政治了，比如出任实业总长等职。看来张作霖对他圆滑适合搞政治这一点认识还是蛮透的。张作霖死后，张景惠出任伪满洲国一系列的官职，节节高升，估计那更是如鱼得水，性格特点充分发挥了出来。

第四，智勇孙烈臣。

孙烈臣这个人如果用一个字来形容，那就是"智"字，即"智勇双全、可堪大任"的意思。如果我们说张作相的"稳"字可以让张作相坐镇后方并在关键时候帮张作霖拿主意，那么孙烈臣的智字就则足以让其胜任前方任何统帅。在孙烈臣病逝之前，张作霖对他的器重超过了任何一个兄弟，每有战事，总让他在前方运筹帷幄，不予任何掣肘。人们都说东北军的小诸葛是杨宇霆，事实上，杨宇霆只是接孙烈臣班的，如果孙烈臣没有死，杨宇霆充其量也就是他的一个副手。当然，两人比起来的话，毕竟杨宇霆留学日本，喝过洋墨水，而孙烈臣土生土长且没读过几年书，杨宇霆的学识可能要远胜于他。但才智这东西不仅仅包括学识，还包括后天的努力，包括机变，包括实战，在这方面杨宇霆那就大大不如了。言归正传，我们还是简单地来介绍一下孙烈臣吧。

孙烈臣，原名孙九功，字占鳌，后改赞尧。1872 年 6 月 23 日生于辽宁黑山芳山镇老河深屯的一个染匠世家。5 岁丧父，家境贫穷，打过短工，贩过马，擅骑射，当过护院炮手。庚子年间，孙烈臣因护送盛京总督增祺而立功，留用于督军部堂任戈什。不久拨擢为中营帮带。张作霖任统领后，孙烈臣的队伍改为前路巡防营，任四营营长。随张作霖征剿蒙匪，献计献策，战功卓著，升前路巡防营帮统。1912 年，时年 38 岁的孙烈臣，任东北军五十四旅旅长（注意，此时位已在张景惠之上），后来任师长、湘东总司令、东北军副司令长官、黑龙江督军兼行省省长。孙烈臣 47 岁时，被授予陆军上将，相继出任吉林督军兼行省省长、吉林保安总司令。晚年时期孙烈臣身兼数职，疾病缠身，长期滞留奉天省城，不能脱身料理吉林军政两务，他唯恐贻误戎机，遂向张作霖提出辞呈，并保张作相为吉林督军，王树翰为省长。但张作霖未予允准，只允归故里静养。1924 年 4 月 25 日，孙烈臣病逝，终年52岁，一生无子女。张作霖闻讯亲往吊唁，抱住孙烈臣之尸体痛哭有半小时之久，其情其景真实感人。

我们说孙烈臣的"智"体现了其智勇双全、才堪大任的能力，最突出的表现就是在第一次直奉战争中。孙烈臣时任镇威军副司令。奉军战败，直系军阀吴佩孚挥师北上，张作霖处境千钧一发之时，孙烈臣率领一支孤军出锦州，独挡榆关之要冲，扼守九门口数十昼夜，临阵督战，抵住直军进攻，稳定了东北三省之局势，才赢得了后来直奉两系讲和的条件。讲和时，孙烈臣代表奉系，与直系代表王承斌会谈于天津英国军舰上，侃侃而谈，有勇有谋，不落下风，达成了为奉系赢得喘息之机的停火协议。从这以后，张作霖闭关自治，整军经武，设立东三省陆军整理处，任命孙烈臣为统监，张作相、姜登选为副统监，张学良为参谋长，开始全面整训部队，举办军校，培养军事骨干，并筹划建立空军，建立东三省第一座兵工厂。奉军力量于是开始增强，为第二次直奉战争的胜利准备了条件。

第五，狂野吴俊升。

五虎上将里面，吴俊升是最后一个认识张作霖的，也是唯一一位与张作霖做到了不求同年同月同日生，但愿同年同月同日死的结拜兄弟。吴俊升，字兴权，辽宁省昌图县人，祖籍山东历城，1863年10月进入辽源捕盗营，当上骑兵。1912年，满族王公勾结日人，策动"满蒙独立"，吴俊升率领所部给其以沉重打击。1921年吴俊升任黑龙江省督军兼省长。1924年，第二次直奉战争，吴俊升任第5军军长。1925年郭松龄反奉，吴俊升任讨逆军总司令，兼左路军团司令，击败郭松龄部队。1928年北伐战争张作霖失败后，吴俊升前往山海关迎接张作霖返奉，于当年6月

4日，在沈阳皇姑屯与张作霖同时被日本人炸死，卒年65岁。

吴俊升是五虎上将中年龄最大、资历最老的，凡事张作霖都得敬让三分。此人行事风格简单粗暴，所以笔者用一个野字来概括他。其人之野到了十分率性随意的程度，甚至杀人也取决于他的好恶程度。他的督军署内设有土匪刑讯室。每逢抓到所谓"土匪"便亲自审讯，将其打得皮开肉绽后再问话，严刑拷打下诬良为盗，很多无辜者被折磨致死。但也有一些硬骨头咬紧牙关不肯认罪，吴俊升反而大为佩服，不管有罪无罪统统宣布无罪释放。

吴俊升对土匪十分憎恶。1923年8月3日，他以会议为名，将前来归降的大小土匪头目52人全数屠杀，然后又率领卫队团、骑兵团、炮团将降匪所驻营地团团包围，用机枪扫射，将降匪800余名尽数击毙，惨不忍睹。

吴俊升性格里面具有多样性，一方面他对整顿吏治毫不容情。比如1923年6月，吴俊升出巡查实系列贪腐案件，将克山县城警察所长金某撤押，将海伦陈旅长免职，在拜泉县将某营长枪毙。有某营军士强取民间马鞭一个，被其枭首示众；有某营号兵讹诈四百吊钱被枪毙。照这样看来吴俊升应该是好官了，军纪严明而且不扰民，但其实又不是这么回事，郭松龄兵败被杀，吴俊升纵兵在沙岭堡强奸、抢劫、杀人，该堡女人不够，则轮流交替强奸，其罪行令人发指。

从以上情况可以看出，吴俊升确实是个很粗野的人，杀与不杀，扰民还是护民全凭其一己之念，十分随意。因此其治黑龙江八年，百姓多苦之，传言其用人取决于两个要素，即：武将唯亲，文官唯钱。他的主要精力都用在了维护统治和搜刮钱财上。

但就是这样一个老百姓不太喜欢的粗野之人，自1922年第一次直奉战争之后，摒弃一切想法跟定了张作霖，再无二心。1924年郭松龄滦州兵变，逼得张作霖准备下野之时，吴俊升千里救急，从黑龙江率领骑兵包抄了郭松龄的后路，这才转败为胜，扭转了战场形势。所以尽管吴俊升有种种不是，张作霖却对他信任有加。张作霖二次入关之时，把留守大后方的重任就交给了吴俊升，可见张对吴的信任。

3

逐鹿中原

张作霖统一了东北，接下来他的目标是什么？那就是入关，逐鹿中原。入关需要理由，如果弄出太大的动静成为全国目标那就不好了；最好能够做到水到渠成，不显山不露水。这个机会马上就来了，那就是张作霖统一东北后一年左右发生的直皖战争，这场战争让红极一时的皖系退出历史舞台，而让奉系从偏安一隅的东北进入了中原腹地。当然，要说直皖战争就要说一说它的前因后果，接下来我们就介绍一下直皖战争前的形势。

府院之争和直皖之争

1916 年 6 月 6 日，袁世凯在全国人民的一片反对声中死去。彼时南方由蔡锷发起并得到革命党人广泛支持的护国战争正如火如荼地进行。袁世凯一死，这护国战争的目标顿时就没有了，下一步该怎么走？南方在思考这个问题的时候，北方也在思考这个问题，这个问题就是谁继任袁世凯之后留下的大总统空缺？

南方的意见不统一，革命党人希望孙中山继任，因为民国开国总统就是孙中山，由孙中山来继任那是名正言顺的；但南方的军事实力其实是掌握在唐继尧和陆荣廷等地方实力派手中，他们暗地里并不希望孙中山上台，况且孙中山上台北方也不会同意。南方的意见不统一，北方的意见也不统一，原因是袁世凯留下的北洋军阀分成了两大派系，即以段祺瑞为首的皖系和以冯国璋为首的直系，谁上台另外一方必然不服。这样一来，总统继任问题就难产了。

关键时候，福将黎元洪的好运气来了。南方北方一合计，大家都能接受的就是时任副总统的黎元洪，对南方来说，他是武昌起义的都督，可以代表南方的利益；对北方来说，他是袁世凯指定的接班人，且黎是前清重臣，与革命党人离心离德，又无兵权，利于掌控。就这样，黎元洪糊里糊涂地就当上了中华民国的大总统，他宣布恢复《临时约法》和国会。7月14日唐继尧通电撤销护国战争南方所组织的领导机构军务院，7月25日孙中山所领导的中华革命党也发出通告，宣布停止一切军事行动，护国战争宣告结束。

书至此处，不得不提一下黎元洪，这个人的运气不是一般的好。想想有些人为了当个督军那是殚精竭虑、绞尽脑汁到最后仍不可得，比如前文说过的冯德麟、许兰洲等人。而这个黎元洪压根儿就没有想过要当督军，但却在1911年10月的辛亥革命中被革命党人强行扶上了湖北军政府都督的大位。他不想当这个都督，还躲到了床底下，结果愣是被人从床底下拖出来，拿枪逼着才只好苦恼不堪地当了。革命党人当时的意思是借他的名头，毕竟那时他是前清驻扎在武汉的新军协统，把他抬出来有利于策反更多的湖北新军倒向革命，也对坚决镇压革命的反动势力造成很重的打击。果然，当时的湖广总督瑞澂本来准备组织兵力反扑的，一看新军协统黎元洪都起义了，以为大势已去，遂仓皇逃走，从而为武昌起义巩固胜利成果赢得了时间。因此，可以说黎元洪被推为武昌首义的都督既有戏剧性的一面又有必然性的一面。

黎元洪糊里糊涂地参加了举世震惊的武昌起义并成为革命党的都督，之后又在南北和谈袁世凯当总统时糊里糊涂地当上了副总统，用迷信的说法那是祖上烧了高香几辈子修来的福气。这还不算完，接下来袁世凯死了，让无数人觊觎的总统宝座居然也要他来当了，而且当时的民国还只有他能来当，别人当都不行，看来运气来了那是挡也挡不住。

不过黎元洪的这个总统当得并不舒服，原因是实权被国务总理段祺瑞控制着。段祺瑞自认是袁世凯之后北洋军阀的继承人，只是因为自己资历不够，才推了个黎元洪来过渡过渡的，岂会给他真正实权。黎元洪很郁闷，决定不能只是当个盖盖章的总统，一定要起到实际作用，这就引起了府院之争。府院之争持续了差不多一年左右，张勋率领辫子军5000余人以调停的身份进京，驱逐了黎元洪，宣布清帝复位，但是复辟只维持了12天即被段祺瑞率兵镇压。

1917年7月17日段祺瑞恢复国务总理之职。段借用张勋的力量把黎元洪赶走后就不愿意让他再回来了，此时为了收拾局面，段拉拢直系的冯国璋，选举冯为大总统。府院之争由此转为直皖之争。

1918 年 10 月冯国璋总统任期期满，由于冯有直系军事实力，在总统任期内并不满足于做一个盖章总统，直接与段就解决南北分裂方式等问题上作对，段不想让冯继续出任总统，于是以解决直奉争端为由，约定两人共同下野。冯国璋下野后老老实实地返回了河间故里，并于 1919 年 12 月 28 日病逝；而段祺瑞下野后通过安福系继续操纵国会，选举徐世昌继任大总统。在段看来，徐是北洋大佬，资格在冯和段之上，易于为大家接受。最主要的是，徐世昌无兵权，掌控起来比较容易。但是徐世昌也不是个省油的灯，他是个老官僚，虽无兵权，却很懂得在直皖之间找平衡，同时也着意扶持第三方势力，即张作霖的奉系。诸君知道，徐世昌在东北主政期间，对张作霖有知遇之恩。在徐世昌或明或暗的支持下，东北的奉系迅速成长为直、皖之外北洋军阀的又一支重要力量。

时间到了 1920 年，直皖之争已经到了剑拔弩张的程度。当时徐世昌提名的国务总理为靳云鹏，但是靳在直皖两系斗争中，处境艰难，左右不是，被迫提出辞职。1920 年 5 月，直系吴佩孚率兵北上，威逼京师；6 月，皖系徐树铮从西北边防返京，调动皖军积极备战。直皖双方摩拳擦掌，战争大有一触即发之势，手无尺寸之兵的徐大总统只好电召张作霖入京调停。

1920 年 6 月 19 日，张作霖春风满面地出现在北京东车站。张的到来，引起了直皖两系的争相邀好，谁都知道张作霖倒向谁谁就有可能在战争中取胜。张作霖表面装作调停人身份，其实心中早就打好了算盘，他的选择是支持直系反对皖系。前文已经说过，段祺瑞在张作霖统一东北、驱逐吉林督军孟恩远的过程中支持了张作霖，没有功劳也有苦劳吧？那为什么张还要舍段而支持直系？

一个原因是 1920 年的大总统是徐世昌，徐世昌很不满意皖系操纵政府的做法，有意让直系把皖系赶走，以便恢复大总统的实权。而徐世昌此人对张作霖是有知遇之恩的，如果排除其他因素，仅从个人感情上进行选择，张作霖当然是选择徐世昌的。另一个最重要的原因就是皖系实力太强了，直接掌控着中央政权。当时的总体实力是皖系老大、直系老二、奉系老三。老三如果支持老大，那老二灭了后下一个就是自己，唇亡齿寒的道理张作霖还是懂的；但如果老二老三联手把老大推翻了？由于老二和老三实力相近，那么双方共管局面就会出现。历史也确实是按照后一种模式进行的。

可惜皖系始终没有明白这个道理，刚开始他们还真的以为张作霖会保持中立。皖系重臣徐树铮亲到廊坊车站欢迎，并建奉天会馆作为张作霖的行馆，张作霖不买面子，住自己的北京奉军司令部。张在北京见人的顺序先后是徐世昌、靳云鹏、段祺瑞，而对于段祺瑞的灵魂人物徐树铮，即使是徐树铮亲自前去拜访，他竟然也避而不见。

徐树铮，字又铮，号铁栅，人称"小扇子"。安徽省萧县官桥镇醴泉村人，自幼聪颖过人，才气横溢。3 岁识字，7岁能诗，13 岁中秀才，17 岁补廪生，有神童之称。1901 年，徐树铮弃文从武，

徐树铮

到济南上书山东巡抚袁世凯，陈述经武之道，未得赏识。后被荐为段祺瑞记室。1905 年，被保送至日本陆军士官学校步兵科就学。1910 年，学成回国，在段祺瑞的部队任清朝第六镇军事参议。1911 年任第一军总参谋。

1914 年 5 月，徐树铮任陆军部次长，年仅 34 岁，成为次长中最年轻的。袁世凯称帝时，徐看清形势而力劝段祺瑞抵制，从而为段在袁死后出任国务总理打下了基础。1917 年，徐策动了张勋赶走黎元洪的"张勋复辟"事件，随后又策划了讨伐张勋的"讨逆军"行动，两次策划，均显现出了其高超的掌控能力。第二次府院之争中，徐树铮出任陆军次长兼西北筹边使，他假借参加第一次世界大战为名，向日本借得巨款，编练"参战军"，为皖系扩兵争雄。

从以上可以看出，徐树铮这个人的确很有才气，但他也有一个致命的弱点那就是恃才傲物，胸襟也不太宽广，加上徐树铮任西北筹边使，正在积极编练军队，让直系非常恐慌。此时直系的首领是曹锟，其灵魂人物为吴佩孚。吴佩孚主张要反段祺瑞，必先反徐树铮，而要反徐树铮，需先夺其兵权。因此于 1920 年 7 月 1 日发布了《直军将士告边防军、西北边防军将士书》，将矛头直指安福系和徐树铮，而没有把段祺瑞及西北广大将士列为目标，缩小了打击面。这一计策收到了奇效，全国舆论居然一边倒地反对徐树铮。

全国反对，舆论成熟，徐世昌也就顺坡下驴，利用这个机会发布命令，调徐树铮为威远将军，免去西北筹边使一职，所部归陆军部接收。

表面上看动的只是徐树铮，与段祺瑞无关，但是段祺瑞不傻，没了军队，仅靠地方上的皖系势力支持，在这么多反对力量面前那是很难玩得转的。1920年7月5日，段祺瑞以边防督办的名义，命令边防军紧急动员，做好开战准备。

在开战之前，有一个人还需要解决，这个人就是张作霖。前文说过，皖系一直以为张作霖立场中立，进京只是为了调停。张作霖也确实为调停做了努力，但这个努力的结果就是要裁撤徐树铮，撤消边防军。这样的结果有等于无，而且由张作霖说出来那就是形同逼宫。再加上张作霖对徐树铮态度也不太好，徐树铮已经起了疑心，认为张作霖已经与曹锟等走到了一起。事实上徐树铮的判断是对的，此时的张作霖已经决定跟直系站在同一战线了。

徐树铮对张作霖起了杀心，表面上还装作若无其事，邀请张作霖去段祺瑞的驻地团河开会，张作霖不知是计，欣然前往。会议进行中，徐树铮以接电话的名义，把段祺瑞叫出来，要他下令把张作霖扣起来，但是段祺瑞不忍下手，十分犹豫，回去开会时被张作霖看了出来。张作霖直感到大难临头，于是借出恭的机会偷偷溜走。到达车站时，已是半夜一点，此时又得到靳云鹏密报，知道乘火车走会被人半途截下，于是改乘货车赶往天津，这才幸免于难。

张作霖逃脱后，徐树铮顿足长叹说："大事去矣！"大约此时他已感觉到直皖交战凶多吉少了。

两个秀才的较量

直皖要交战了。

从交战双方来看，皖系主将是徐树铮，而直系主将是吴佩孚，说白了，这场涉及几十万人的战争，到最后就是这两个人之间的较量。

两个人都是书生。

为什么说两个人都是书生？前面已经介绍过徐树铮，大家知道他考过秀才，秀才就是古代的书生。这还不是最紧要的，关键是他的性格还带着书生气，太刚，不圆通，且恃才傲物，自视很高，除了段祺瑞，天下没人放在他的眼里。此外，书生一般都有所谓以天下为已任的理想，徐树铮理想有之，但是实现理想的方法欠妥。那些年徐树铮喊得最多的就是"武力统一"。当然他的出发点是好的，那么大一个国家，乱糟糟的西南割一块、东北割一块，统统不听中央的号召，那成什么样子？一定要统一，方式就是使用武力，使用武力就得编练部队。所以他就去西北编练部队了。应该说他的想法也没什么不好，关键是方法操之过急。武力统一的口号一喊，全国大小那么多军阀，哪一个心里不惦量惦量这四个字的含义？惦量完了，发现徐树铮跑西北训练军队了，这个军队一旦训练出来，还有自己的活路？所以直系曹锟一喊出反对徐树铮的口号，全国一致支持，意见出奇的统一，这是徐树铮的悲哀。书生意气啊，这书生意气最是误国，结果非但武力统一没有实现，国家反而更乱，军阀混战也因为徐树铮的失败而蔓延到了全国。以前段祺瑞还能掌控局势，这后来就是八仙过海，各显神通了，中国陷入了长达十余年的军阀混战之中。

再说吴佩孚，这个人也是秀才。我们来看一下他的履历。

吴佩孚，字子玉。山东省蓬莱县人，祖籍江苏常州。1874 年生，6 岁读私塾，9 岁做文章，22 岁时考中登州府丙申科第三名秀才。1898 年，吴佩孚投天津武卫左军聂士诚部。1901 年 2 月考入开平武备学堂步兵班，即后来的"北洋武备学堂"。1906 年任北洋陆军曹锟部管带，1912 年 9 月吴佩孚出任中央陆军第三师第六旅炮兵团团长，驻南苑。1917 年 7 月，任讨逆军西路先锋，参加讨伐张勋复辟。同年孙中山组成护法军政府，段祺瑞派曹锟、张怀芝带兵南下讨伐，吴任第三师代理师长兼前敌总指挥。1919 年 11 月吴与西南地方当局结成反段军事同盟。12 月冯国璋病死。曹锟、吴佩孚继承了直系军阀首领的地位。

相比于徐树铮而言，吴佩孚更是一个本色的书生。毕竟徐树铮虽然有书生的抱负和书生的清高，但其心狠手辣，为达目的不择手段，让人不大喜欢。而吴佩孚就不一样了，他既有书生的抱负、书生的清高，更有为很多人所称道的书生的品性。比如吴佩孚以"四不主义"闻名于世，即："不住租界、不积私财、不出国、不纳妾"，而且终身坚守，从未破例。特别是"不住租界"，其含义就是不借助外国人的力量，这一点在军阀混战的民国难能可贵。当时有多少外国人拼命地拉拢他，都想赔本武装他的部队，但他一概拒绝。只要他不那么"坚持原则"，稍微通融一下，稍稍借助一下外国势力，那么他本人的命运乃至北洋集团的命运，就极有可能发生根本性的改变。毕竟当时与他对垒的各方势力，背后或多或少都有外国势力的支持。只有他铮铮铁骨，不肯在国家民族利益上稍稍让步，哪怕仅仅是眼前的口头的也不肯，让外国人既敬又恨。其实民国时期，包括日、美、英、俄等国都希望与吴佩孚合作，他的机会很多，只要他点一下头，中国的历史就得重写了。但是吴佩孚就是吴佩孚，他的书生个性永远是那么的棱角分明。

眼下，民国时期两个颇负盛名的秀才或者说书生为了各自的理念就要在战场上见面了，他们之间较量的高下如何？

首先，从形势上看。徐树铮占有绝对优势，因为北京政权操控在段祺瑞手里，其实等同于操控在徐树铮手里，而吴佩孚充其量也就是地方势力。以中央对地方，无论资源调度还是发号施令等方面都占有主动。徐树铮充分利用了这一主动，逼迫徐世昌总统下令免去吴佩孚陆军中将及所得勋位勋章，交陆军部依法惩办，吴佩孚所率第三师由陆军部接收。在这方面可以说徐树铮大获全胜。

其次，从军力上看。直皖冲突时，徐树铮已在西北筹边使任上干了一年多时间。这西北筹边使比张作霖的东三省巡阅使职权还要大，西北各省如内蒙、新疆、甘肃、陕西等文武官吏均受其节制，隐然形成了与张作霖相对应的"西北王"之势头，只不过根基还不太稳。一年多时间里，徐树铮兢兢业业，励精图治，编练了3个师总人数近4万人的西北边防军，通过日本借款为3个师武装了步枪12.5万支，山炮、野炮544门，其装备在当时全国陆军中是最好的；除这3个师外，徐树铮可以动用的还有陆军第九师、第十三师和第十五师。反观吴佩孚，其直接率领的只有一个师，不过这个师长期征战大江南北，镇压过武昌起义和护国运动，战斗力非常强；加上他从湘南撤防带过来的王承斌、阎相文、肖耀南3个混成旅，外围还有曹锟和张作霖的一些部队，虽然总兵力也不少，但是与徐树铮比起来还是要差许多。当时支持直系的号称有八省同盟，但是只不过叫得凶，临到参战时却不见影子。当然，皖系也有一些支持势力，临到参战时也没有来。这样双方投入战场上的兵力十万余人，兵力上皖系占优，但战斗力上是直系占优。总体来说，双方在军力的对比上基本持平，皖系稍占上风。

再次，从舆论上看。整个社会舆论是明显不利于徐树铮的。吴佩孚大战前，特别重视并开展了舆论战，先后发表了《吴佩孚出师讨贼通电》、《吴佩孚宣布段徐罪状通电》等檄文，把直皖之战宣传成是反对日本走狗之战，说段、徐二人用日本人的钱编练军队、认贼作父、大卖国权等等，并说自己是为讨贼救国而战，为中国民族而战，这样就使直系在舆论上占据了主动。诸君不要小看舆论，恰恰相反，舆论非常重要，徐树铮就因为小看舆论而导致此战最终失败，主要原因可能他当时并没有明白，其实想想也简单，因为舆论可以影响军心，从而影响军队的战斗力。事实上，后来皖系之所以失败，败的不是战场，而是军心。所以从这方面看，吴佩孚占据绝对优势。

最后，从盟友上看。直系争得了张作霖的支持，而皖系不但没有拉拢住张作霖，反而在最后一刻因为要谋杀他而把他深深得罪了。7月9日，张作霖返回奉天，即发表了《张作霖派兵入关通电》、《张作霖揭破段派阴谋通电》等，明确表示要率兵入关，扶危定乱。因此在盟友的支持上，皖系也是处于下风的。

通过以上四个方面的比较，直皖两系总体上还是比较均衡的，按道理谁想赢也不会赢得那么轻松，但是事实大跌眼镜。从1920年7月14日至19日，直系仅用了6天时间就把皖系打垮了，而且这一仗皖系败得很惨，辛辛苦苦编练的边防军被直奉两派瓜分，皖系从此在中国舞台上基本消失了，即使还有一点小势力，也得仰人鼻息，掀不起什么大风浪。

在双方实力都比较均衡的情况下，一方能够战胜另一方，很大程度上就是取决于主帅的临场作战能力了，在这方面，直系吴佩孚体现出了较高的技战术水平。

1920 年 7 月 14 日晚，直皖战争正式爆发。皖军以西路（北京至保定的京汉铁路沿线）为主攻方向，由段芝贵指挥曲同丰的边防军第一师、陈文运的边防军第三师第五混成旅，刘询的陆军第十五师以及陆军第九师两个营、第十三师辎重营等，部署于涿州、固安、涞水以北，企图沿京汉路南下，首先夺取保定，然后继续南进。直系组织的"讨逆军"，以吴佩孚为前敌总司令兼西路总指挥，将其主力第三师及第二、第三混成旅部署在易县、涞水、涿州、固安以南一线，抗击皖系的进攻。14 日夜，吴佩孚亲率其第三师的第五旅，企图出奇不意地直捣团河，捉拿段祺瑞，因机密泄露，段一面急调援兵，一面逃回了北京。吴佩孚捉段计划落空后，便指挥部队在琉璃河、涿州一线面对皖军的进攻，避其锋锐，主动撤出高碑店，并将其所部分为三路：以固安为中路，涿州、高碑店为西路，廊坊、杨村为东路，固守待机，阻止皖军南进。同日，东路皖军在总指挥徐树铮指挥下的西北边防军第二混成旅、边防军第三师两个团，陆军第九师由梁庄、北极庙一带向杨村以曹瑛为总指挥的东路直军阵地发起进攻，直军在铁路桥架设大炮，向进攻的皖军发炮轰击，双方一时胜负未决。

16 日，驻防天津的日军护路队出动帮助皖军，强迫直军退出铁路线 2 英里以外，直军防线被打开了一个缺口，西北边防军乘虚而入，直军不支，遂放弃杨村，退守北仓。就在战场形势朝着有利于皖军方向发展，直军已经岌岌可危的时候，一个意料不到的因素出现了，它迅速扭转了战场形势，造成了皖军的迅速溃败。

这个意料不到的因素是直皖之战中的胜败手，而这个胜败手就是由吴佩孚创造的。就在徐树铮率领东路直军猛扑杨村扩大战果的时候，西路直军在撤出高碑店后，忽然由吴佩孚亲率其中一部分精锐，采取侧翼迂回的战术突然向涿州、高碑店之间的松林店实施突击，直捣东路边防军前敌总指挥部。毫无戒备的东路边防军前敌总指挥部曲同丰与司令部全体高级将领于 17 日全部被生俘。向高碑店一线进攻的皖军因失去指挥而迅速退回，导致直军乘胜攻占涿州，并向长辛店方向攻击前进，战场形势由此逆转，西路指挥段芝贵在兵败之后，只身逃回北京。18 日，直军进占琉璃河。20 日，直军大队进至长辛店和卢沟桥，将溃散的皖军基本肃清。

东路的迅速失败影响到了西线，使西线军心动摇，加上奉军第 27、28 师数千人抵达天津投入支援直军的战斗，皖军纷纷溃退，见大势已去，徐树铮只好于当晚逃回北京，东路战事也以皖军的失败而告结束。

分析直皖之战，可以看出双方当时的安排大致是东路皖军曲同丰对直军主将吴佩孚，而西路皖军主将徐树铮对直军将领曹瑛。吴佩孚采取诱敌深入并反抄后路的战术生擒了皖军东路前敌总指挥曲同丰，从而成为这场战争胜败的关键手，导致西路皖军即使占了优势也无济于事从而败退。

其实，按一般常理，即使曲同丰被擒，由于他也只是前敌总指挥，其后还有段芝贵压阵，倒也不至于导致东路一败涂地的。到底出现了什么情况导致东路的不可收拾？这就是前文所说的舆论战起到了作用。由于前期的舆论宣传，皖军包括曲同丰在内都觉得为了维护卖国贼徐树铮而战实在没有什么意思。胜的时候军心倒还算稳定，一旦遭受挫折，这军心哗啦一下就散了。特别需要提一下的是曲同丰，这位极品在被擒之后立马倒戈，竟然发出通电劝告西北边防军"共起讨贼"，当然这贼指的是自己以前的顶头上司徐树铮。曲同丰这样一个高级将领被抓后竟然马上翻盘，连一个小时的忠诚度都没有，这也说明舆论战对人的影响该有多大。由于曲同丰甘愿降敌，其他皖系将领看到这种情况也都无心恋战，不想卖命了，于是兵败如山倒，皖军全线崩溃。

1920 年 7 月 19 日，段祺瑞通电辞职。直、奉两军的先头部队于 23 日开进北京，分别接收了南、北苑营房。24 日，徐世昌派王怀庆为京畿卫戍总司令以代弃职逃走的段芝贵。至此直皖战争宣告结束。直奉两系控制了北京政权。

在中国的历史上，直皖之战因规模不大，持续时间又短，并没有引起多少人注意，研究这场战争的人少之又少。但笔者却对这场战争看法不同，原因是直皖之战是袁世凯死后历史给予中国的一次极好的统一机会。徐树铮高举武力统一的旗帜，整军经武，积极备战，如果功成，则由辛亥革命建立的民主共和政体有望确立，中国很可能走上民主共和的和平发展之路。可惜功亏一篑，最后却毁在了一个小人物曲同丰手上。历史在这里给大家开了一个玩笑，中国从此陷入了旷日持久的军阀混战之中。

奉系进京与直奉斗法

直皖战争还涉及到第三个书生，那就是奉系的杨宇霆，这人也做过前清秀才。杨宇霆在两个秀才的较量当中没有起到什么作用，但在奉系入关这一攸关全局的战略决策中却起到了重要作用。当时奉系不少人都反对入关，主张休养生息，管好东北的事就行了。杨宇霆大力主张入关，并给张作霖分析了入关的种种理由。张作霖本来就是个颇有野心的人，杨宇霆的意见很合他的心意，这时徐世昌在北京被直皖之争弄得不可收拾，电邀张作霖入京调停，机会来了，这一千载难逢的机会被张作霖牢牢地抓住了。前文已经说过，张作霖先是进京调停，与直系结成了同盟。后来直皖战争爆发，他也就顺理成章地入关了。奉军入关以第二十七师师长张作相为先锋，其后陆续西进，以军粮城为中心，集结于天津、北仓附近，约有7万余人。直皖战争中，奉系除了给皖系较大的精神压力外，实际参战的部队不多，并没有给直系帮什么忙，但在直系胜利后抢夺胜利果实时，奉系却迅速地填补了皖系失败后留下的空间。皖系的边防军及武器装备全部被直奉两系瓜分，其中奉系获得的武器装备尤其多，实力得到了迅速提升。吴佩孚辛辛苦苦打赢了直皖之战，却不得不面对胜利果实被人瓜分的现实，心里那个郁闷啊。相比而言，张作霖没什么损耗就轻轻松松地实现了入关的战略目的，而且武器更新了，部队也扩充了，油水那是捞得盆满钵满。可以说，张作霖是直皖战争中赚得最多的人。

张作霖得益，徐树铮就倒霉了。直奉两系都不喜欢徐树铮这个人，皖系战败后徐树铮被全国通缉，捉拿他的赏金从3万元一路涨到10万元。徐树铮只好逃亡，先从天津逃到上海，后来上海也待不住了，只好逃到日本，即使到了日本也还得提心吊胆地提防刺客暗杀，实在是徐这个人当年结的仇怨太多了。徐1925年最终还是死于冯玉祥之手，也是因为当年徐风光时以铁血手段镇压了冯玉祥的舅舅陆建章，而陆建章对冯玉祥有知遇之恩，冯的起家离不开陆建章的帮助，所以冯玉祥对陆建章十分感激，也因此对徐树铮怀恨在心，趁着徐树铮下台后找个机会就把他给杀掉了。

除了徐树铮倒霉外，还有两个倒霉的人，一个是段祺瑞，一个是徐世昌。

段祺瑞的倒霉是显而易见的，没了武力支撑的段就像没了牙的老虎，任人宰割。当时直系的吴佩孚就明确要求惩办祸首段祺瑞，查抄祸首财产，将其幽禁于汤山。只不过徐世昌为平衡派系力量，不想直系发展太快，所以联合奉系保段祺瑞，理由是段"三造共和"，"有殊勋民国"。张作霖也不同意惩办段祺瑞，因为张参与倒皖活动的目的主要是反对徐树铮武力统一，现在目标已达到，好处也沾了不少，就顺带做个顺水人情。由于张作霖的坚持，段这才免去了牢狱之灾。

徐世昌的倒霉在于原以为赶走了皖系，就可以堂堂正正地当他的大总统了。没想到前门送走一只虎，后脚就跟来了两头狼。直系和奉系，哪一个他都惹不起。关键是直系和奉系的意见还经常不一致，为了利益他们常常争来抢去，都要大总统徐世昌秉公办事。但是徐世昌无论怎么秉公，都要得罪其中的一方，他要在这两派之间找平衡，实在难过得很。好在两派谁也压不过谁，只好来个"直奉共管"了，这"直奉共管"也只有通过徐世昌才能实现，在当时的中国，除了徐世昌外，还真找不出第二个合适的人来干这差事。

直奉共管其实也就是直奉斗法，只不过斗而不破，时间大约是从1920年7月份一直持续到1922年4月份的直奉战争。这期间双方在徐世昌的平衡下斗智斗力，此消彼长，直到平衡最终被打破。

　　直奉斗法最先体现在地盘上。皖系倒台，原来皖系控制的地区就出现了权力真空，特别是皖系的老家——安徽，这个省份的督军原来是倪嗣冲，他一直是段祺瑞的铁杆支持者。当年冯国璋做总统时，在北京斗不过段祺瑞，就想南下回到南京后再斗，没想到车过安徽，硬生生地被倪嗣冲给挡回了。倪的胆量和对段的支持由此可见一斑。那为什么这次直皖之战倪嗣冲没有好好表现一下？原来凡人都奈何不了一个"病"字，直皖战争之时，安徽督军倪嗣冲已经病入膏肓，心有余而力不足了。等到皖系战败，段祺瑞倒台，这天下就变成别人的了。无论是直系还是奉系，都对倪嗣冲的安徽督军之位虎视眈眈。1920 年 9 月 16 日，倪嗣冲被免去安徽督军职务。张作霖趁机推荐自己的儿女亲家张勋出任安徽督军，后又推荐另一儿女亲家鲍贵卿担任。但是无论张作霖推荐谁，直系一概反对。最后实在没有办法，徐世昌调停用别的利益换取张作霖放弃了这个要求，安徽仍由原来倪嗣冲的旧部人马张文生、倪道烺等统领。

　　直奉斗法的另一个地盘是江苏省。江苏省本来属于直奉之外的另一中间势力李纯掌控。李纯当时是苏、鄂、皖长江三督的首领，又兼任苏皖赣巡阅使，但天有不测风云，这位本可以制约直奉两派的实力人物，忽然于 10 月 11 日开枪自杀，留下了苏皖赣巡阅使以及江苏督军的实缺。张作霖赶忙抬出张勋来接任这个位置，直系曹锟马上抬出比张勋更有影响力的北洋元老王士珍，最后王士珍因为口碑更好、资历更老而胜出。

　　直奉斗法的第三个地盘是两湖，即湖南和湖北。当时湖北督军王占元被任命为两湖巡阅使，负责管理这片地区。这王占元能力不咋地，地位居然在吴佩孚之上，与曹锟的直鲁豫巡阅使和张作霖的东三省巡阅使平级。正所谓"君本无罪，怀璧其罪"，王占元手握两湖肥缺，谁都眼红，偏偏他还管不好，出了大乱子，这就给了别人以可乘之机。1921 年 5 月份是王占元无比风光的时候，也是他倒霉的开始。5 月 6 日，他受总统徐世昌之邀到北京与曹锟、张作霖一起参加会议，人称四巨头会议，共同讨论政治分赃问题，捞了不少好处。但就在这个时候，湖北发生兵变，前前后后发生了 20 余次，湖北人民掀起了驱王自治运动，给正在北京开会的王占元泼了不少冷水。王占元 6 月份回到武昌后，这冷水泼得更凶了，其直属部队居然也在武昌发动兵变，此时湖南的湘军就以"援鄂"为名，企图占领湖北。王占元四面楚歌，万般无奈之下向吴佩孚求救。吴佩孚有了出兵的理由，于是急派第二十五师师长萧耀南为援鄂总司令。萧耀南进到汉口后却驻足不前，坐观王占元失败。之后再以平叛为由，轻轻松松地收复了湖北。于是北京政府下令，任命萧耀南为湖北督军，吴佩孚为两湖巡阅使，就这样两湖地域落到了直系吴佩孚手上。张作霖对此十分不满，但一方面鞭长莫及，另一方面人家师出有名、平叛有功，也实在找不到反对的道理。他只好什么都不说，就说自己累了，要辞掉北京政府任命的蒙疆经略使一职。北京政府也不是傻瓜，当然知道张作霖的意思了，给他一百个胆也不敢真的准许辞职。为了平衡，就把热河这块地方送给张作霖了。1921 年 10 月 1 日，北京政府任命张作霖所部第二十八师师长汲金纯为热河都统，而把原热河都统姜桂题调到中央，任有职无权的陆军检阅使。

从上述情况可以看出，在抢地盘的较量中，张作霖处在下风，没有占到多少便宜，但接下来在安排总理人选时，张作霖则是占尽了上风。也许张作霖很懂得以退为进，在争地盘时牺牲一点没有关系，因为自己的实力还不够向中原腹地挺进，纵使得到了也很难保住。而内阁总理这一中枢核心岗位就不一样了，它关系着财经权和人事权，能不能把自己的人放上去至关重要。

最先放上去的是靳云鹏。诸位知道，靳云鹏在直皖之战前就当过总理，只不过因为与皖系搞不好关系而辞职。如今皖系倒台，靳云鹏官复原职那是名正言顺的事情，直奉双方自然无话可说。除此之外，这靳云鹏与各派关系很不一般。靳云鹏与张作霖是儿女亲家，与曹锟又是拜把兄弟，与直系的吴佩孚、王占元还是山东老乡。不过结拜之类到底还是赶不上儿女亲家，加上张作霖又挺会做人，因此靳云鹏组建的这个新内阁慢慢地倒向了张作霖一边，引起了曹锟和吴佩孚的不满。

按道理说，直系反对的就应该是奉系支持的，何况人家靳云鹏对奉系也确实不错，在他任上还顶着直系的压力把热河划给张作霖了。但是张作霖不这么看，一方面他觉得靳云鹏帮是帮，但帮得不彻底，特别是在任命吴佩孚为两湖巡阅使这件事上弄得他很不高兴；另外一方面，靳云鹏又因为财政资金入不敷出弄得各部队的军饷都发不出，导致大家都反对他，张作霖也没必要为了靳云鹏而跟大家作对，他正好可以趁机把自己更喜欢的人扶上台，这个人就是梁士诒。

梁士诒这个人大家可能了解不多。他 1869 年生，广东三水人。21 岁中举人，25 岁登进士，先后出任过铁路总局局长、总统府秘书长、交通银行总经理、财政部次长、国内公债局总理以及安福国会参议院院长等职，是一位与中国金融财政密切相关的人。张作霖推他做总理，也有解决当时全国财政困难、军费紧张的意思。但是这个人因为有安福国会的背景，而安福国会以前一直是支持徐树铮的，所以直系对这个人坚决反对。梁士诒也知道，自己想做内阁总理，必须打通吴佩孚这个关节。所以梁士诒向吴佩孚表示，直系如果支持他上台，那么他上台后将着力解决直军的欠饷问题。当时北京政府已经欠直系 300 万元，正为军费发愁的吴佩孚也知道此人有很深的财政金融背景，因此才勉勉强强同意他上台试一试。

这样，1921 年 12 月 25 日，受张作霖一手扶持的梁士诒内阁走马上任了。这个内阁不仅没有太多办法来解决直系的欠饷问题，反而在张作霖的要求下对原属于皖系的战犯进行赦免，第一批赦免了段芝贵、曲同丰、陈文运等 6 人。对于张作霖来说，对这些人进行赦免，有利于拉拢皖系及安福系的残余势力；而对于直系来说，这些人都是吴佩孚战场上的敌人，如此赦免等于否定其胜利意义，影响直系的军心，因此吴佩孚非常生气。

梁士诒内阁上任后做的第二件事情就是向日本借款，对于梁来说，向日本借款估计也是为了兑现对直系的承诺，解决直系欠饷问题。为了方便与日本人沟通，梁士诒启用了 1919 年五四学生运动中被全国人民唾骂的曹汝霖和陆宗舆两人，由两人出面向日本借款 1000 万日元，梁以为这个举动直系应该是不会反对的，没想到一下子捅了马蜂窝。正为北京政府赦免皖系战犯而生气的吴佩孚以此为借口，直指北京政府卖国投敌。刚好此时日本政府同意借款的条件被人泄漏了出来。日本的条件非常苛刻，就是要中国向日本借款赎回胶济铁路，并将该路改成中日合办，聘用日本人为车务长及会计长等等。吴佩孚抓住这一事件大做文章，今天一篇通电，明天又在报纸上弄一篇文章，将梁内阁贴上了卖国的标签。全国人民一片哗然，梁内阁才刚刚成立半个月处境就已经非常艰难了。

对于社会舆论，梁内阁可以不管不顾，反正脸皮厚，没关系，你怎么骂是你的事，我只来个韬光养晦就行。吴佩孚一看光骂不行，得要有实际行动，于是联合苏督齐燮元、鄂督萧耀南、陕督冯玉祥等六省督军联名上书徐世昌，要求立刻罢免梁士诒。为了给徐世昌增加压力，吴佩孚还授意鄂督萧耀南召开高级军官会议，部置北上驱梁军事行动。徐世昌无法，只能于1922年1月25日任命外交总长颜惠庆暂代总理之职，梁士诒在国务总理任上，仅仅当了28天。

由此可见，在国务总理这一职务上张作霖与吴佩孚斗得有多凶。张作霖虽然抢得了先机，两次都安排了自己的人，但两次都被直系咄咄逼人地赶下了台。加上吴佩孚这个人本身就让张作霖难以接受，其当师长时就很被张作霖看不起，认为一个小小师长竟然可以威胁中央政府，等到北京政府任命吴为两湖巡阅使时，张作霖更是气得不行，认为与吴佩孚平起平坐有失身份，一度还想把东北巡阅使这个职务给辞掉。

不过气归气，冷静下来的张作霖还是充满了智慧。他知道光靠气是解决不了问题的，因为直系势力强大，单靠奉系一支很难对付，所以他一心一意地拼凑反直联盟。在准备不充分的情况下，他对吴佩孚采取了容忍的办法，悄悄地形成了南方的孙中山、北方的张作霖以及残余皖系段祺瑞的三角联盟。即便三角联盟形成了，他也不敢轻言战事，而是在等待时机。

这时，孙中山决定北伐给了张作霖底气。孙中山在革命屡遭挫折以后，于1919年10月改组中华革命党为"中国国民党"。

1920 年 8 月，孙中山命令援闽粤军回师广东，陈炯明率部于 10 月 28 日攻克广州。11 月，孙中山重回广州，重组护法军政府，任命陈炯明为广东省长兼粤军总司令。1921 年 5 月 5 日，以孙中山为非常大总统的中华民国政府在广州宣告成立。孙中山在就职宣言中公开宣布要"戡乱图治"。1921 年 6 月至 8 月，民国政府所组织的粤军西征广西取得重大胜利，摧毁了旧桂系的老巢，旧桂系各部相继溃败，陆荣廷通电下野。陆荣廷是支持直系的，此次粤军西征等于是剪除了直系的一个同盟，而且孙中山在西征之后号召所辖各军"于平桂之后，再做一番工夫，以统一中国"。1921 年 12 月 14 日，孙中山在桂林召开军事会议，会议决定分兵两路北伐，李烈钧率滇、赣各军为第一路，进取赣南、鄂东；许崇智率本部粤军为第二路，与湘军会合，出湖南直趋武汉，两路军队共约 4 万人；其他滇、黔、川军则分别由各辖区进发，与湘南各军相策应，总人数号称 20 万。

孙中山在两广的胜利以及决定北伐让张作霖有了把握。在张作霖看来，如果南方孙中山组织北伐，再加上北方奉军的进攻，那么吴佩孚率领的直军将成腹背受敌之势，取胜的把握就比较大了。因此他一改容忍态度，对直系变得日益强硬起来。1922 年 3 月间，他以换防为名，调动大批奉军入关。3 月 8 日，曹锟的弟弟曹锐到奉天为张作霖祝寿，借机谈到军政大事，张作霖提出了三个条件：一是吴佩孚专任两湖巡阅使，不再兼任直鲁豫巡阅副使；二是直军退出京汉线北段；三是被直系逼走的梁士诒销假复职，复职后让他自动下台。

公平地说，直系首领曹锟并不希望直奉开战，因为他也没有必胜的信心，所以他一开始是主和的。曹锐带回来的三条意见并没有影响直系什么利益，也不会伤筋动骨，因此他倾向于接受。但直系此时的核心人物吴佩孚则坚决反对。1921年4月3日是吴佩孚的49岁生日，吴佩孚以此为契机遍邀全国直系11个省的大小军阀500余人，齐集洛阳商讨对奉作战问题。与会各位均表示"拒奉愿归吴佩孚指挥"，彼时曹锟的弟弟曹锐也在场，他看到此情此景，知道战事已经很难避免了，他还想最后努力一把，想让吴佩孚去保定听一听曹锟的意见，但是吴佩孚铁了心要反奉，不肯再听任何不同意见了。

会后，吴佩孚加紧调兵遣将，命作战力最强的所部第三师由宜昌北调，萧耀南第二十五师由湖北北上，王承斌第二十三师调往保定，张福来第二十四师调往郑州，冯玉祥第十一师赴洛阳应援。直系各部集中在长辛店、保定、石家庄、郑州一带，总兵力约12万人。

与此同时，张作霖也没闲着。从4月10日起，奉军络绎不绝地开进关内。奉军派出的兵力计有三个师，十个混成旅，三个骑兵旅，各部主要驻扎在马厂、静海直到德州一带，共约12万人。张作霖将入关奉军改名为镇威军，自任总司令，孙烈臣为副总司令，杨宇霆为参谋长。

本来有意调和的直系首领曹锟见事已如此，知道回天无力，直奉开战已是在所难免。由于曹锟与张作霖是儿女亲家，所以张作霖一再问他是亲家亲，还是部下亲，意在离间其与吴佩孚的关系。但真的到了开战时候，曹锟还是记得自己直系首领的身份，无论如何也要优先保持直系内部的团结，所以他最后打电报给吴佩孚说："你就是我，我就是你。亲戚虽亲，不如自己亲。你要怎么办，我就怎么办。"身边幕僚觉得这说得太不文雅了，曹锟摆摆手说："不要改，就这样发过去吧。"

就这样，最后一线调停希望也没有了，直奉大战到了一触即发的程度。

第一次直奉大战

大战之前，奉军的安排是将入关部队分为东、西两路。西路由张景惠担任总司令，司令部设在长辛店，下辖三个梯队：第一梯队由张景惠兼司令，辖张景惠的第一师、陈锡武的骑兵第一旅；第二梯队由邹芬任司令，司令部设在西苑，辖邹芬的第十六师、鲍德山的第六混成旅；第三梯队由郑殿升任司令，司令部设在通县，辖郑殿升的第二混成旅、牛永福的第九混成旅、赵恩臻的第十混成旅。东路以张作相为总司令，司令部设在落垡。下辖三个梯队：第一梯队由张作相兼司令，辖张作相的第二十七师、张作涛的第五十六旅，出廊坊，奔武清；第二梯队由张学良任司令，辖张学良的第三混成旅、蔡平本的第四混成旅、郭松龄的第八混成旅，出霸县，向保定；第三梯队由李景林任司令，辖李景林的第七混成旅、阚朝玺的第一混成旅，由马厂奔大城。此外，许兰洲的骑兵兵团配合李景林左翼，活动于大城和青县之间。

从以上布置来看，奉军以精锐部队张学良等部进攻保定，当时保定是直系活动中心，体现了张作霖威逼保定以震慑直系的战略目的，但张学良所部兵力太少，仅三个旅，兵力不足在后来战场上体现了出来，使得张学良在初期取得胜利后未能乘胜进逼，在直系不断增援的情况下转胜为败，错失良机。

此外奉军的布置还存在一个致命缺点，那就是任命邹芬为西路第二梯队司令，这邹芬所辖的第十六师原为王廷桢的部队，也就是由老直系冯国璋掌管的清廷禁卫军拆分而成。清廷禁卫军原本由旗人组成，对清室无比忠诚，但在袁世凯威逼清帝退位时受了欺骗而未发一枪，心里窝了一肚子的气。好在冯国璋还算守承诺，到哪儿都让由原清廷禁卫军改编而来的第十五师、第十六师跟着，没有遣散它。冯国璋死后，这两支部队就归了北京政府，此时北京政府由皖系掌控，在直皖战争中第十五师反水，成为皖系战败的原因之一；这次轮到第十六师了，因为他们本来就是在皖系失败后被奉军收编的，对奉军也没啥忠诚度。清廷灭亡了，官兵们普遍不知道为谁而战，相较而言还是对直系要好一点，毕竟他们的老上司冯国璋是直系的人，所以战事稍有不利，他们就临阵反水。事后证明，邹芬的第十六师成为第一次直奉战争的胜败手，可惜张作霖当时并没有察觉这一潜在危险。

针对奉军的安排，直军将其部队分为东、中、西三路。西路司令孙岳，率董政国第十三混成旅、孙岳第十五混成旅进攻长辛店，张锡元的第四混成旅为预备队；中路以王承斌为司令，率所部第二十三师的第四十五旅及第三师的杨清臣第六旅，由霸县进攻信安；东路以彭寿莘为司令，率所部第十四混成旅及张国熔第二十六师的一个旅进攻白洋桥。另外，冯玉祥率第十一师及胡景翼暂编第一师、靳云鹗第八混成旅出师河南，监视与奉系有勾结的赵倜，张福来第二十四师等部则为援军。

1922年4月27日，第一次直奉大战爆发了。吴佩孚亲自率领西路直军张福来第二十四师、董政国第十三混成旅向奉军驻守的长辛店发起正面进攻。而孙岳第十五混成旅则绕过长辛店右侧，从侧翼向奉军猛攻。奉军在长辛店配有重炮二十一门，他们充分发挥了大炮的威力，四个小时发射炮弹一万余发，直军伤亡累累，但还是攻下了长辛店，张景惠、邹芬挥师向东北方向退走。正在此时，张作霖、杨宇霆派来的援军到了，他们料定张景惠斗不过吴佩孚，所以派汲金纯挑选第二十八师精锐部队3500余人赶赴长辛店接应，有了这支生力军，张景惠第一师、邹芬第十六师又杀回了长辛店。直军董政国、孙岳部刚刚占领长辛店，还没来得及部置防务即遇到了奉军反击，被迫撤退。4月29日拂晓，奉军将直军一直赶到了琉璃河。

接下来双方又在琉璃河展开大战。奉军假作不支，董政国、孙岳率部过河追击，结果被奉军在窦店以北打了埋伏，直军损失较大，逃回窦店。这时，吴佩孚派出一个团在大灰厂附近故作疑兵，张景惠怕直军两面夹击，于是下令再退，直军衔尾猛攻，张景惠又退到了长辛店，紧接着退往卢沟桥。紧要关头，张作霖派出的齐恩铭第五混成旅以及一支骑兵赶到，奉军发动反击，将直军驱回长辛店。

双方在长辛店不断拉锯的时候，东路也展开了激战。4月27日拂晓，直军东路由彭寿莘统率的张国熔第二十六师向驻扎在静海的奉军李景林部发动进攻，被奉军打退，张国熔撤回大城。29日，奉军东路总司令张作相亲自来攻，张国熔不支，率部西撤任丘。任丘是保定的屏障，不容有失，为此，吴佩孚急命王承斌第二十三师增援任丘，奉军张作相、李景林部虚晃一枪后退去，转而攻击牛驼镇之彭寿莘第十四旅，占领了牛驼镇，与鲍德山第十六混成旅攻克的固安形成了掎角之势。张学良率领第三、第四两个混成旅由静海北上独流，占领了津西要地胜芳后，猛攻直军重要据点霸县，于5月1日攻克霸县，奉军形势一片大好。

5月2日，直军中路王承斌率领的第二十三师第四十五旅及第三师第六旅向固安和霸县挺进，占领了慈茶埠，截断了固安和霸县之间的联系，张学良不敢怠慢，急调两个旅协同张学良、郭松龄第三、第八两个混成旅反攻，直军渐呈不支之势。这时吴佩孚为保住慈茶埠，采取了围魏救赵的策略，他急调直军精锐第三师第十二旅去攻永清，又在奉军援救永清的路上布下了张锡元的第四旅和李鸣钟的第二十一旅。张学良获知永清告急，从有限兵力中抽出1200名敢死队驰援永清，结果陷入了张锡元和李鸣钟布下的重围中，悉数被歼。张锡元和李鸣钟乘胜进军。由于慈茶埠失陷，张学良担心被直军包围，只好紧急撤退，直军在后拼命追击，津西要地胜芳重新落入了直军之手。

从以上情况可以看到，作为东路的开路先锋，张学良由于兵力不足，面对直军的精锐第三师和第二十三师两支部队的猛攻能够全身而退已实属不易，张学良在东路牵制了直军的精锐，那么在西路无论是兵力还是装备均明显占优势的张景惠就应该捡便宜了，可惜的是西路张景惠未能将数量上的优势变成战场上的胜势。

5月3日，西路也发生了逆转。此时奉军西路有张景惠第一师、邹芬第十六师以及先后增援的汲金纯第二十八师、齐恩铭第五混成旅、郑殿升的第二混成旅、牛永福的第九混成旅以及察哈尔骑兵旅，而直军仍然是开战时候的张福来第二十四师、董政国第十三混成旅以及孙岳第十五混成旅，实际上用于进攻的则只有董政国旅以及孙岳旅。在长辛店拉锯形成僵局的时候，处于核心位置的奉军第十六师反水了，身受重伤的师长邹芬无力约束部下，只好跟着投降，导致长辛店和卢沟桥的奉军有被直军分割包围的危险。在此要命时候，吴佩孚又投入了关键的张锡元第四混成旅和李鸣钟的第二十一旅，给奉军形成了最后的致命一击。张锡元旅和李鸣钟旅打了一个时间差，在击退张学良之后星夜兼程赶到丰台至南苑一线，从侧背攻击仍在坚持的郑殿升旅及牛永福旅。

于是西路全线溃退。张锡元旅乘胜追击，当日追到杨村。西路奉军大败，被缴械者3万余人，总司令张景惠带着几个卫兵只身逃回北京，他知道对奉军失败负有重大责任，不敢回奉天，此后就一直寓居北京直至第二次直奉大战。

5月4日，苦等援兵不到的永清被直军攻克，此时西线长辛店已经大败，战局发生了逆转，东路总司令张作相下令全线撤退。等直军张锡元旅由杨村追到奉军大本营落垡时，已经人去城空，奉军已经撤到了军粮城。张作霖看到大势已去，便匆匆赶回天津，下达了总退却令，随即逃往滦州，奉军交替掩护，逐次退往关外。第一次直奉大战以奉军的彻底失败而告终。

综观第一次直奉大战的整个过程，此时的"土匪"张作霖还远不是"秀才"吴佩孚的对手。抛开直奉两军的士气以及作战能力不谈，单从技战术安排上就显示出了吴佩孚的高超水平：比如在西路以极少兵力牵制奉军大部分兵力，而在东路以精锐部队形成局部优势；比如在东路还采取了诱敌深入、分割包围和围点打援等战略战术；再比如对直系精锐张锡元旅的使用上，吴佩孚就已经体现出了后来毛泽东同志所总结出来的运动战技巧。该旅在击退张学良和击溃张景惠两处均起到了关键性作用，而前后时间只差一天，这一天就是该旅从张学良处运动到张景惠处的时间差。反观张作霖，战术死板，还停留在当年剿匪时代所擅长使用的猛打猛冲阶段。对大炮的使用也没有科学控制，坠入了吴佩孚的计谋之中，在吴佩孚的诱使之下开头几天就把炮弹打光了，等到后期直系主力压上时却面临无炮可用的窘境，从而给吴佩孚率军突破取胜造成了良机。

张作霖在北方的迅速失败超出了国人的想象，他败得是那么快，以至于前后只有6天。他自己失败不打紧，大不了退往关外以后卷土重来就是了，关键是他的迅速失败还害苦了一个人，这个人就是南方的孙中山。

第一次直奉大战爆发时孙中山很高兴，按照他的设想，奉系好歹是北方称霸一方的诸侯，即使落败至少也能撑个两月三月的，如果这时他从南方举兵北伐，那么直系一定抽不出兵来与他对抗，北伐大业可成。前文已经讲过，孙中山于1921年年底就召开了军事会议，部置了号称20万人的北伐方案，一直没有北伐就在于要等张作霖一起行动。4月27日直奉战争爆发，孙中山深感这是联合奉、皖军阀夹击直系的千载良机，必须立即出兵策应。1922年5月4日孙中山下令北伐，任命李烈钧为北伐军总司令，许崇智为总指挥，提出"受国民之托，树立共和，惩治邪恶，民治发达"口号，分兵三路，直取江西。但是还没等到北伐军进入江西境内，张作霖就已经完全失败了，南北联手夹击直军的计划化为泡影。孙中山心里那个苦啊，只能用一句话形容，那就是造化弄人。明知没了奉系的支持北伐殊无胜算，但孙中山已经没有退路了，北伐只能硬着头皮进行。6月16日，留在广东的陈炯明部队对孙中山的总统府和住处粤秀楼进行炮击。孙中山事先得到消息登上永丰舰，率海军讨逆，并电令北伐军回师靖乱。8月9日，北伐军回师失利，孙中山把他好不容易才在两广积累下来的本钱输得干干净净，只身一人逃往上海，北伐失败。

第一次直奉大战亏得精光的除了南方的孙中山，还有河南省督军赵倜。赵倜这人本来与张作霖暗中联系，但直奉大战爆发了很多天他都迟迟不敢出兵。5月4日，正当奉军由胜转败之时，他却突然出兵了。原因倒不是他特别仗义，而是他的消息来源有误。这一天他得到消息说是吴佩孚在前线已经战死，又得到5月3日的过时消息说是奉军攻占了霸县，正在逼近保定，于是他据此判断直军必败，为了抢夺胜利果实，他赶忙下令其所属赵杰、宝德全等部直袭郑州。然而战机已失，奉军于5月4日急转直下，全线溃败。5月5日，吴佩孚在京津战场胜负已定的情势下，命直军第十一师师长冯玉祥为讨赵总司令，率直军第十一师、第二师第二十一旅等部向郑州发动进攻。5月6日晨，赵军二十个营先敌发起冲锋，迫使直军后撤，并进据黄河铁桥。直军几次发动进攻，均未奏效。中午，直军增兵第八混成旅、第四十旅全力进行反攻。经过1昼夜战斗，直军于5月7日晨攻破黄河铁桥，进据郑州。赵倜率残部向中牟退却。直军伤亡2000余人，赵军伤亡1000余人。5月7日，冯玉祥立即命令直军分三路向中牟展开追击。中路为直军第十一师，由郑州、洛河出发；左路为第二十五混成旅，由原武、阳封（今河南原阳县）出发；右路为第八混成旅，由新郑、兴店出发。当日午夜，直军完成对中牟的包围。此时，张作霖的奉军已完全战败，正向山海关紧急撤退——消息传来赵军更无斗志。5月8日上午，直军向被围困于中牟的赵军发起总攻击，全歼守军。之后乘胜直驱开封，歼灭赵军残部。至此，赵倜在河南的所有部队被肃清，河南全境为直军所占领。北京政府旋即任命冯玉祥为河南督军。

第一次直奉大战张作霖输得很惨，奉军死伤 3 万余人，被俘 4 万人，军费损失 3000 余万。最要命的是军队士气全无，直军紧追不舍，如此危局如何渡过难关？

困难时候，总有兄弟相帮，以前做土匪的时候是那不要命的汤二虎，这回事业做大了，汤二虎不行了，那又会是谁在危难中之中撑持张作霖一把，这个人就是孙烈臣，时任镇威军副总司令兼吉林省督军。

孙烈臣力撑危局

我们还是从山海关说起。

1922 年 5 月份的山海关，残阳如血，溃兵如潮。

5 月 5 日，张作霖率部仓皇奔赴滦州，建立临时指挥部。

5 月 6 日，李景林率残部放弃杨柳青，匆忙后撤，因有铁路帮忙，得以顺利撤到山海关，而张作相部则是溃不成军。

与此同时，奉军的主力张学良第二梯队已全部交由郭松龄指挥，由于当时深入敌军腹地太深，一时间很难撤回，面临着被直军包围歼灭的危险。郭松龄率部抢渡永定河，军队刚刚渡过一半，直军王怀庆率领的第十三师赶到，情况相当危急。郭松龄沉着指挥，以一部控制河口两岸高地，大军急渡过河，用了一夜时间，全军安全通过。赶至滦州时，望眼欲穿的张作霖与张学良父子出门相迎，喜极而泣。因郭松龄所率领的第二梯队乃奉军精锐，只要没有受到重创，张作霖就可以稳定局势，以图东山再起。

军事上惨败的同时，北京政府又给了张作霖致命一击。5 月

10日，顶不住直军压力的徐世昌不得不下令裁撤东三省巡阅使，免去张作霖本兼各职，听候查办。同时任命黑龙江省督军吴俊升为奉天督军，冯德麟为黑龙江督军。直系此招看似平常，其实却比军事上的打击对张作霖威胁更大，因为直系此招是在挑动奉系的内斗。值此风雨飘摇之际，吴俊升和冯德麟会不会为了自身利益而抛弃张作霖？毕竟历史上这样的事情太多了。如果后院起火，张作霖那就永远没有翻身的机会。

前文已经说过，当年吴俊升和冯德麟两人也想做东北王，而要做东北王必须先拿下奉天督军一职。为了奉天督军，两人都先后成为张作霖的对手，尤其是冯德麟还曾经跟张作霖斗智斗力甚至差点动武，后来张作霖因为种种机缘加上心机当上了东北王，他们望尘莫及也就不作他想了，如今机会来了，按常理都会动心的。

但是他们最后都没有接受北京政府的任命，原因何在？原因就是张作霖的心腹把兄弟孙烈臣此时坐镇奉天。关内打得翻江倒海的时候，孙烈臣以镇威军副总司令兼吉林省督军的身份牢牢把持着奉天军政大权。当时孙烈臣已在吉林督军任上干了一年多，吉林督军之前他干的是黑龙江省督军，可以说对三省军政都颇有影响。虽然吴俊升此时任黑龙江省督军，可是有孙烈臣坐镇奉天，面对这个前任吴俊升即使有心也得惦量惦量到底有多少成功的把握，值不值得冒这个险？几番权衡之下当然还是效忠张作霖的好。至于冯德麟，此时已担任三陵守护大臣五年之久了，没有了军队的支持，冯德麟即使有心那也是无力的。

但是异常情况还是发生了，那就是北京任命吴俊升为奉天督军时，吴俊升给北京回了一电，内容是："徐大总统钧鉴：俊升材具粗劣，一向追随雨帅，黑疆之寄，已感陨越是惧，况其他乎？惟政府之命是从。"这个电文内容很矛盾，前面部分好像是说要追随雨帅（即张作霖），因此不担任奉天督军，后面部分又要唯政府之命是从，那就是愿意听政府的话当奉天督军了。虽然吴俊升后来解释说那句"唯政府之命是从"不是他的意思，而是他的参谋长应善一擅自加上去的。我们姑且不对吴俊升的真实想法去做判断，就算真的如他所言是应善一加上去的，那至少也说明黑龙江省督军府内存在着要吴俊升去当这个奉天督军的势力，这个势力大到可以公然违背吴俊升的意思，当然，吴俊升默许这种行为的可能性也是有的。事实上，当时小河沿吴公馆内，车水马龙，人声鼎沸，吴的一帮幕僚都在弹冠相庆，忘乎所以，以为奉天督军已是囊中之物了。只不过吴俊升还算冷静，他要静观形势的发展和实力的对比，因此没有急于表态。即使后来迫于无奈表态了，也表了个如上文所述的谁也看不懂的态。

关键时候，孙烈臣没有让吴俊升或者说吴俊升部属的幻想持续多长时间，吴俊升通电发出的第二天，其参谋长应善一从吴公馆南面右侧甘露门出来时，被人迎面打了三枪，当场死亡。此次刺杀无论是地点的选择还是人物的选择都颇见功力，体现了杀鸡骇猴的效果。果然，事后吴俊升马上解释说电报后面的那一句话是参谋长应善一加上去的，真是坏人有恶报，这家伙被人打死了。

也许今天的我们无法想象当年的这一枪有多么重要。可以毫不夸张的说这一枪起到了安定人心和稳定局势的作用。它向人们表明，无论张作霖胜也好败也好，奉天始终是张作霖的奉天，东北始终是张作霖的东北。这关键的一枪发出后，那些乘乱起哄的、见风使舵的、坐等机会的、见缝插针的、谋取私利的，统统安静了下来。5 月 15 日，冯德麟发出通电："北庭乱命，免去张巡阅使本兼各职，并调任德麟等署理督军等语……德麟对此乱命，拒不承认，合电奉闻。"不久后，吴俊升匆忙赶赴山海关谒见张作霖，表示他对张作霖的忠心与支持。东北后方大基地终于安定了下来，这里面孙烈臣在危急之时力挽狂澜的作用功不可没。

事后查明，刺杀应善一的人是奉天督军署的副官高金山，但是谁也不敢声张。吴俊升编了个理由说是应善一逛窑子得罪了人，被地痞流氓打死了，此事就这样不了了之。野心勃勃的应善一可真算倒霉到了家，死得毫无价值不说，还被人盖上逛窑子争风吃醋这样的恶名，死后也不得翻身。

后方局势安定，接下来就是前方了。直军前敌总指挥彭寿莘率部近 6 万人一路紧追奉军不舍，5 月 19 日进占滦州，渡过滦河。此后沿京奉铁路，经鞍山、留守营、北戴河、南大寺、秦皇岛，向山海关方向攻击前进。奉军退到了山海关，后面就是东北大后方，已经退无可退了。

此时张作霖虽然损失惨重，前前后后损失兵力 7 万余人，但是精锐还在，他又陆续从东北各地调集人马，不久山海关一线兵力又达到七万人。为安人心，5 月 25 日张作霖返回奉天，危急时刻任命孙烈臣为前敌总司令，杨宇霆为参谋长，负责坚守山海关一线。

孙烈臣不负重托，他将奉军精锐张学良部（辖第三、第四、第八共三个混成旅）摆在山海关一线，临山据险固守。此时张学良部由郭松龄指挥，将大炮、机枪等重武器隐蔽在山上凿沟之中；凿沟之前为战壕，步兵隐蔽其中；战壕前设木尖桩子与电网，电网之前又设雷区。6月10日凌晨4时，直军向山海关奉军阵地发起攻击，未能攻破奉军阵地。9时，奉军组织敢死队向直军发起反冲锋，直军被迫后撤。6月11日起，奉军继续居高临下进行全线反攻，至6月18日，直军伤亡4000余人而无任何进展。除山海关外，直军还在九门口一线展开对奉军的攻势，希望突破奉军防线进军关外，防守此处的是孙烈臣部下陆军步兵第二独立团，面对直军优势兵力坚守要冲前后达七昼夜，终于为后面直奉和谈赢得了时间。

山海关激战正在进行的时候，张作霖非常担心战场会再次失利，如果导致全线崩溃，那时东北就很难保住了。为保存实力，审时度势之下，张作霖采取了降低身价的策略，他不惜派使者至保定卑词求和，要求曹锟看在儿女亲家的份上罢手言和。据内部透露，使者代表张作霖向曹锟说："求三哥给留个体面（曹锟排行在三），留碗饭吃，我一定将所有部队撤出关外，决不侵占直隶省寸土。"曹锟接受了议和，派总司令王承斌驰赴秦皇岛主持和议。6月18日直军全权代表王承斌、彭寿莘，奉军全权代表孙烈臣、张学良，在秦皇岛海面英国克尔富号军舰上签订了停战条约，以榆关为两军界线，19日起奉军撤出关外，直军除酌留一部驻防榆关外，大部都撤回原防。

轰轰烈烈的山海关争夺战至此划上了句号，奉军退回关外，休养生息。对张作霖来说，大败之后还能保住东北立足之地，那是不幸中的万幸。相比此前的直皖之战，皖系所有部队全部缴械改编，再无争雄之力。相比南方孙中山的北伐，孙中山败后两广尽失，只身一人逃往上海，那更是输得干净彻底。而张作霖虽然失败了，但其精锐尚在，东北地盘也未丢失，只要好好总结反思，卧薪尝胆，还会有东山再起的时候。

张宗昌借机崛起

第一次直奉战争倒霉的人不少，除了张作霖是当事人战败以外，还有前面讲过的孙中山和赵倜，这两人倒霉得更彻底，索性连立足之地也没有了，其恓惶程度远超张作霖。当然，第一次直奉战争也有受益者，除了直系吴佩孚等人以外，还有一个不属于直系而属于奉系的，居然也在这场战争中大受其益，这个人就是张宗昌。

张宗昌这人在历史上口碑不好，但运气出奇的好。1928 年张作霖组织了 12 个人结拜，他也是其中之一，排行老八。只不过这次结拜带有很强的功利性质，与张作霖以前老兄弟的结拜完全不一样，所以也没有多少实际意义。

这里先简单地介绍一下张宗昌的简历。

张宗昌，字效坤，1881 年生于山东掖县。张宗昌早年随父制作喇叭，后来闯关东，到过东北的营口、哈尔滨等地。挖过煤，淘过金，修过路，当过镖手，还在海参崴的华商总会当过门警小头目，学会了几句俄语。辛亥革命爆发后，他率土匪百余人来到烟台，投靠山东民军都督胡瑛，后任上海光复军团长。1913 年二次革命时，张宗昌在徐州背叛民军，投靠北洋系的冯国璋。1916 年春，张宗昌被袁世凯收买，派自己手下的营长程国瑞暗杀了正在上海策动反袁的陈其美。不久他就被冯国璋提升为旅长以及侍从武官长等职。1918 年任江苏第六混成旅旅长，参加对南军作战。1920 年，升任暂编陆军第一师师长，驻守江西袁州。1921年，被江西督军陈光远排挤，兵败江西，所部被遣散。没了军队，张宗昌孤身一人到北京，想投靠曹锟，由于张宗昌声誉实在太差，遭到嫉恶如仇的吴佩孚强烈反对，只好远走奉天，投靠奉系张作霖。张宗昌的投奉，并没有让张作霖特别感兴趣，加上他在东北军中又没有什么战功，所以只给了他一个宪兵营长的职务。不过张作霖是个有心人，当别人处境不利时，常常能够施以援手，因此在张宗昌最落魄潦倒的时候仍然待之以礼，拿出足够的经费，供其吃喝玩乐，每天还跟他称兄道弟，让张宗昌感觉很受尊重。因为这个缘故，张宗昌后来坐镇一方，手拥十几万雄兵时，天不怕地不怕，对谁都不放在眼里，唯独对张作霖服服贴贴，由此也可见张作霖的用人之道。

1922 年 5 月份，第一次直奉战争张作霖败退山海关时，秀才吴佩孚又在他后院放了一把大火。这火是从哪儿来的？我们又得再提一提前面已经提过的原吉林督军孟恩远的事了。孟恩远当年被张作霖从吉林逼走的时候，其外甥高士傧担任师长，他非常不甘心而有意一搏，最后在南北两边大军压境、北京政府下令免去孟恩远职务已经成为事实的时候，才不得不远走他方。眼下，报仇的机会来了。

1922 年 5 月 26 日，黑龙江绥芬河山林游击队司令卢永贵宣布独立，这是吴佩孚派人深入到吉林省策反的结果。为了加强策反的效果，吴佩孚通过北京政府，在宣布张作霖为叛逆的同时，任命原吉林省师长高士傧为奉吉黑三省讨逆军总司令，准备里应外合，前后夹攻，一举拿下东三省。

高士傧率领的卢永贵这支队伍，虽然人数不多，只有 2000 来人，但一来是受北京政府委派的，名正言顺，可以争取更多的军心民心；二来高士傧是吉林省的老师长，在吉林省活动多年，有很多的人脉关系，此时正值张作霖战败之时，许多人都在静观形势，并不愿意与高士傧开战。因此高士傧由绥芬河西进，一路畅通无阻，未遇任何抵抗，反而沿路吸收了两股胡匪，缴械了中东五路及一面坡的驻军，声威大壮之下，部队扩充很快。5 月 27 日，该部即已占领海林。

此时的张作霖与孙烈臣正为前方战事焦头烂额，实在抽不出更多兵力来剿灭后院的这把火。紧急关头，张作霖想到了张宗昌，此人当过师长，又在黑龙江和吉林两省活动多年，对当地情况非常了解。最关键的一点是，此人肯定与高士傧、卢永贵没有任何瓜葛，因此不用担心临阵反水。当时张作霖处境艰难，所兼各职均被北京政府免去，而吉黑两省官兵多与高士傧有或多或少的关系，张作霖派他们去还真是有点不放心。

应该说，真是老天帮助张作霖，给张作霖送来了这么一个最符合条件的张宗昌。反过来说，也真是老天帮助张宗昌，让他千里迢迢地从江西跑到东北，没过多久就捡到了这么样一个大机遇。当然，这个机遇似乎是专门冲着张宗昌一个人去的，给了其他任何人都未必抓得住，这倒真是应了一句话，在最合适的时间最合适的地点出现了最合适的人。原因是什么下面会提及。

张宗昌就这样临危受命了，带了一营宪兵和张作霖给他另外准备的 200 多支别烈弹出发了。这其实是一招险棋，带有赌博的性质，以如此少的兵力去剿高士傧那么多的部队，换了谁都不会觉得是机遇，不但不是机遇，简直就是前去送死。但张宗昌素来就是亡命之徒，他还真把这件事做成了机遇。张宗昌能够办好这件事也不是他有多厉害，而是事有凑巧。卢永贵手下的中下级头目中，有许多竟然就是张宗昌以前的患难同乡，不是黄县就是掖县人。他们当年与张宗昌一起在北满修过铁路，同在一个锅里吃过饭，同在一个屋檐下睡过觉。听说对方是当年讲义气的张长腿带队，卢永贵的部下哗啦一下都转投到张宗昌这边来了，卢永贵哪里约束得住，只得败退到高士傧处。形势顿时逆转，高士傧始料未及，本来吴佩孚是让他到吉林来挖张作霖墙脚的，没想到墙脚还没来得及挖，自己的墙脚倒先给张宗昌挖了。刚刚归顺的那两股胡匪眼看形势不妙又趁机作乱，结果把个高士傧害得啊，这位前吉林师长还没怎么来得及展现他的作战艺术，部队就溃散得差不多了。1922 年 6 月 3 日，高士傧、卢永贵逃到中俄边界的珲春，准备进入俄国时，其部下一位姓乌的营长也倒戈了，将两人抓起来送给了张宗昌，没过两天，张作霖下令将两人就地枪决了。可怜自以为盖世英雄的高士傧，窝窝囊囊地死得实在是糊涂，也是命该如此吧，他辛辛苦苦地从天津而秦皇岛而海参崴而绥芬河，就为了前来送死以成就另外一个人，实在是冤啊，只能说张宗昌是他命里注定的克星。

张宗昌糊里糊涂地剿杀了高士傧，对他来说好像也没花什么功夫，但对于张作霖来说意义就不一样了，后方的大隐患消除，从此不用担心腹背受敌，实在是大功一件。因此张作霖立即任命张宗昌为吉林省边防军第三旅旅长，并兼绥宁镇守使及中东铁路护路副司令。他借机收编了高士傧和卢永贵的败兵以及地方红胡子，兵额大大超过编制。他的第三旅下设三个团，团长一个是跟随了他多年并暗杀了陈其美的程国瑞，另两个分别是许琨和褚玉璞，这许琨和褚玉璞以后均声名显赫，成为影响民国史的重要人物。

时来运转的张宗昌好运不断。1922年冬，因为列宁领导的十月革命取得胜利，沙俄残余部队不断败北而逃往中国境内，仅到五站的白卫军就有一万多人，枪马甚多，这支武装整个儿地被张宗昌接收了过来，计有步枪8000多支，机关枪50多挺，大炮17门。张宗昌还从他们当中选了一个顾问，又挑选有技术的人组成了工兵队，设计了以后在战场上横行无敌的铁甲车。有了这支洋人武装，张宗昌实力大增，从此张作霖对他另眼相看，委以重任，成为奉军中的大将之一。以后出关作战，张宗昌坐镇山东，出任直鲁豫联军总司令，率部与国民党北伐军大战，成为威震一方的大军阀。张宗昌能够取得如此地位，究其源头，除了老天送给他一次又一次的机遇以外，也跟张作霖的帮助与支持分不开。

在中国近代所有的军阀中，张宗昌要算名声最差的一位，人称"三不知将军"：不知道自己有多少枪，不知道自己有多少钱，不知道自己有多少姨太太。第一个"不知"，是说投奔他的土匪流寇太多，全凭投靠者自己报数，报一千增加一个团，报一万增加一个师，部队总是在扩军，确实没法统计得清，也因此军纪最坏，全无节制。第二个"不知"是说他的统治最不讲规矩，各种捐税和摊派，几乎每天都有，搜刮程度无人能及。其他军阀或多或少都要顾及乡土情谊，而他对自己的家乡也一样下黑手。第三个"不知"是说他荒淫无度。张宗昌随身"携带"的小老婆有名分的就有40多人，随身出门总是一队马弁一队姨太太。每次逛窑子，看上的就带回去做老婆，租间房子塞进去，派个卫兵守着。过了两天忘记了，卫兵开溜，姨太太没有生活来源，只好重操旧业。有好事者逛窑子就会说：走，跟张宗昌老婆睡觉去！张宗昌知道了也不以为意。

张宗昌还公然在大街上劫色。1926 年张宗昌进驻北京，在大街上抓了一妙龄少女回去做姨太太，没料想这女孩是当时的北洋军政府第二号人物王士珍的亲侄女，张宗昌不管这些，玩弄了一个星期才送回。清朝某王公之儿媳在东安市场购物，正好被张宗昌撞到，张宗昌亲自动手将该女抢到府中。王公的儿媳自然千娇百媚，张宗昌舍不得放，一定要收她做有名分的姨太太，后经不知多少人求情才放了。张宗昌如此胆大妄为，王公国戚、军政要人都无可奈何，更别说普通老百姓了。那时唯一一个能制他的也就是张作霖了，这从另一个侧面也印证了张作霖的过人之处。

直系内斗与奉系整军经武

第一次直奉大战以直系的全面胜利而告终。秀才书生吴佩孚短短五年时间，由直系的一名小团长而师长，由师长而两湖巡阅使，先后平定两湖，打败皖系，击溃奉系，实现了直系独掌北京政府的局面。赫赫武功让吴佩孚声名鹊起，成为 1922 年至 1924 年中国的最强者。是时，吴佩孚掌握着直系最多的兵力，拥兵数十万，虎踞洛阳，其势力影响着大半个中国。人们普遍看好吴佩孚的前途，当时中外势力争相与其交好，普遍认为吴佩孚"比其他任何人更有可能统一中国"。志得意满的吴佩孚也确实以统一天下为己任，走上了另一个秀才——当年的皖系徐树铮武力统一中国的老路。只是徐树铮当年没能实现的愿望，在吴佩孚手上能够实现吗？

环顾宇内，当时的中国有两股势力影响着他的统一。第一个就是刚刚被他打败的张作霖，虽然战败，但仍保有东三省相当的实力。第二个是南方的孙中山革命政权，也以武力统一为己任，不过刚刚战败，其所据有的两广地区在 1922 年还处于各种势力重新洗牌和组合的阶段。其他还有一些皖系残余及云南、四川等地方势力，均构不成大的威胁。

相比以上势力而言，此时的直系正处于巅峰阶段，其直接管辖的省份包括直、豫、鄂、苏、皖、赣、闽七省，间接管控的省份包括鲁、晋、陕、甘、湘、热、察、绥八省，合计 15 省在直系势力控制之内。

如此势力，再加上吴佩孚的才干，直系要想一统中国倒完全有可能。可惜的是，吴佩孚声名越高，对其直接上司曹锟的影响也就越大。曹锟这人无甚大才，但有一个好处就是能容人，吴佩孚这种锋芒毕露、刚正耿直的个性如果遇到的不是他，早就给人踩下去了，哪里还会有后来的表现机会？但是再大的容量也有一个尺度的，再加上吴曹两人的部下各有私心，从中挑拨，因此逐渐形成了以曹锟为首的保定派和以吴佩孚为首的洛阳派。直系内争，铸成了以后失败的命运。

曹锟、吴佩孚之间的貌合神离，一方面是吴佩孚功高震主，一方面是曹锟左右都不成材。北洋有一个习惯，做到督军，人人都可以称"帅"，做到督军以上的就称为"大帅"。直奉战争以前，可以称为大帅的，只有张勋、曹锟、张作霖三人，后来吴佩孚声望渐高，便也称起大帅来。水涨船高。吴佩孚做了大帅，曹锟遂改称为老帅以示比大帅高一等。

吴大帅在保定发号施令时，曹老帅却被冷落一旁，凡是到保定来的人，都只知有大帅而不知有老帅，因为大帅答应的话就算数，这当然让曹锟有点不舒服。比如吴佩孚着眼于全国统一大局，高举法统重光大旗，执意要迎接黎元洪复位总统。而曹锟因为自己想当总统，所以不太赞成。黎元洪上台前，派金永炎到保定，就只是和吴佩孚密谈，也根本没去理睬曹锟。类似事件很多，曹、吴之间自然就有了裂痕。

总统问题增加两人的鸿沟，当时曹锟身边的亲信有曹锐、边守靖（直隶省议会议长）、王毓芝（秘书长）等人。曹锐因为吴佩孚看不起他而不能继续做直隶省长，其他人也各有私利，因此他们挑拨曹锟说吴佩孚之所以不愿老帅做总统，是他自己想做总统，黎元洪只不过是个挡箭牌，过渡过渡而已。也难怪他们有这样的想法，当时吴佩孚的呼声很高，远远盖过了曹锟。

黎元洪于 1922 年 6 月 11 日入京复任总统，任命吴佩孚的秘书孙丹林为总统府副秘书长兼内务部次长。孙丹林不太会做人，经常拿吴大帅来唬人。言下之意是只听吴大帅的，至于理不理曹老师没什么关系。还有交通总长高恩洪，财政总长董康两人都属于洛阳派，且是吴大帅左右的红人，他们遇事也只请示吴，可是绝不理会曹。所以曹锟及保定派上下对这三人都极不满意。6 月 17 日，财政总长董康和交通总长高恩洪到保定来见吴佩孚，正好这时吴和曹在"光园""聊天，光园是曹的地方，董、高两人竟请曹锟先退席，要跟吴单独谈话，曹气冲冲地走了。董、高二人密报的是曹汝霖在交通总长任内经手的 2000 万元没有底账，有贪污之嫌，曹是在报纸捅出来后才知道的。

以上一些事例说明了两点：第一，吴佩孚虽然光明磊落，一切以国家利益为重，但由于书生个性，沟通不畅，行事做人又不太注意方式方法，尤其是在老帅声威日降之时未能体会老帅处境，从而导致老帅日益不满。第二，各自属下为私利而争。其实，所谓保定派原本是直系王承斌等实力派人物组合的，老帅起初也并不赞成，只是吴佩孚的手下太过张扬，逐渐让老帅及曹锐等人倒向了保定派。

保洛之争最直接的后果就是驱黎倒阁运动和曹锟贿选上台。1923 年 6 月 8 日至 14 日，在王承斌等人的策划下黎元洪被迫离开北京并交出总统大印。10 月 10 日曹锟依靠贿选当上总统。表面上看直系的老帅当了总统，好像直系势力更强更大。事实上这两件事做得都很不得人心，特别是曹锟贿选上台更是遭到了全国反对，南方日益强大的国民党革命政权（此时孙中山已改组国民党）和东北张作霖集团因此找到了对抗或讨伐中央的口实。而民心尽失也导致了直系内部思想混乱、军心不稳和派系倾轧的情况，后来原属直系的冯玉祥能够成功发动北京政变，导致吴佩孚第二次直奉战争的全面失败，追究起根源来都在于此。

当然，驱黎倒阁运动和曹锟贿选上台，就吴佩孚来说内心都是不支持的，因为他很明白这两件事都会使直系成为全国围攻的靶子，但是他又不能表现出太多的反对。前文已经讲过，保洛之争的症结就在于吴佩孚风头盖过了曹锟，如果他明确反对，岂非更加让人以为他吴佩孚自己想当总统？岂非更加让曹锟与他之间的裂痕增大？那时不用别人来打，直系内部自己就先打了起来。深明个中道理的吴佩孚毫无办法，只能潜心练兵以迎接即将到来的第二次直奉战争。作为杰出的统帅，吴佩孚深知这场战争迟早要来。

直系内斗的同时，东北的张作霖则在卧薪尝胆，整军经武，大刀阔斧地推进改革，以实现奉军复仇和进军关内一统江山的梦想。可以说此时的直系和奉系，一个在走下坡路，一个在走上坡路；一个不断内斗消耗实力，一个厉兵秣马日益强盛。因此，即将发生的第二次直奉战争，其结果已经不言而喻了。下面说一说张作霖的整军经武。

在整军经武之前，张作霖要做的第一件事就是统一思想，安定军心。1922年5月10日北京政府下令免去张作霖本兼各职后，张作霖统领东北的合法性遭到了质疑，导致东北一时之间群龙无首，思想比较混乱，军心也不稳。为解决这一问题，张作霖打出了当时西南军阀所流行的"联省自治"招牌。5月20日，东三省议会宣布联省自治，表明了对张作霖自任奉军总司令的支持。5月26日，张作霖、孙烈臣、吴俊升联名通电："自五月一日起，东三省和西南及长江同志各省一致行动，拥护法律，扶植自治，促进统一。"6月上旬，奉天省议会与吉黑两省的代表会议，正式推举张作霖为东三省保安总司令，孙烈臣、吴俊升为副总司令，并正式宣布东三省"联省自治"，从此张作霖即以东三省保安总司令的身份继续统领东北，解决了名不正言不顺的问题。

1922年7月，张作霖的整军经武计划开始实施，张作霖将奉军最高指挥机关改为东三省保安司令部，司令部下设陆军整理处，孙烈臣兼整理处总监，张作相、姜登选为副监，张学良为参谋长。这个陆军整理处是整军经武的最高执行机构，一应人事调整和升迁均由此处决定。从陆军整理处构成上看，新旧两派都有，但实际上负责具体执行的是姜登选、韩麟春以及参谋长张学良，此三人都是新式正规军官学校毕业的新派人物，由于新派掌握了改革的实权，这就为奉军迅速推进军队的近代化奠定了基础。

新派能够顺利推进军队改革的近代化，主要源自于张作霖和孙烈臣的坚定支持。1922年第一次直奉战争，以奉军张景惠等为代表的旧派军队在长辛店作战，人数众多而结果惨败；而以张学良、郭松龄等为代表的新派三、八旅军队虽败而未溃，是插入敌军腹地最深又能成建制安全撤回的部队。特别是在山海关阻击战中，直军满以为可以乘胜而一举攻破山海关，占领东三省，但却遭到了三、八旅的顽强抵抗。三、八旅王升文团在山海关石门寨一线以劣势兵力对抗直军优势兵力，团长阵亡而且全团官兵伤亡过半，但无一人退后半步，阻止住了直军攻势，稳住了整个奉军的阵脚。这一切被在前线担任前敌总指挥的孙烈臣看在眼里，因此张作霖、孙烈臣都有意让整军经武的大事放手由新派操作，这样就逐步形成了新的整军指导方针，即：依靠新派力量，裁汰军纪不严、为非作歹且不知悔改的胡匪或行伍出身的官佐。因此此次整军，对曾经跟随张作霖一起打江山的旧派弟兄们影响很大。好在裁汰及惩处是以第一次直奉大战失败进行问责为理由的，这帮老弟兄们也无话可说。

整军的第一项工作就是杀人立威。规定在战争中凡临阵退缩、贻误战机和焚烧掳掠者一律枪决，据此将第六混成旅旅长鲍德山、第二十七师第一〇六团团长阎玉成、第十混成旅第一团团长许益三判处枪决，立即执行。一个旅长和两个团长的当场枪毙，对军队震动非常大，此后整军谁也不敢像当年汤玉麟那样凭老资格闹事了。

第二项工作就是裁撤淘汰。首先就是撤掉一批指挥不力、能力不佳者，这批人中有第二十八师师长汲金纯、第二混成旅旅长郑殿升、第九混成旅旅长牛永福、骑兵独立第一团团长朱益清以及吉林省军队中的第二混成旅旅长张九卿、第三混成旅旅长成明、第五混成旅旅长李庆禄等人，这些受到处分的军官遍布东三省，计有一个师长，13 个旅长和 3 个团长。当然，对受到撤职处分以后表现好的，如原吉林省第七混成旅旅长李桂林、原黑龙江省第三混成旅旅长巴英额等根据表现重新任命为旅长，原炮兵独立团团长吉兴还升为旅长。在整顿将领的同时，还对士兵进行了整顿，本着"兵在精而不在多"的精神，大量裁减老、弱、病、残、劣的士兵，总计裁减 6.9 万人。

第三项工作就是选贤任能。在裁汰惩处一批将领的同时，又大量引进新式军事人才，不仅在东三省招揽，还派人到京津沪宁汉等地，广招各类新式军事人才，比如航空、航海、炮术、军医、兵工等方面，均给予高待遇；另外就是大量引进军事学校优秀人才，相当重视日本陆军士官学校、北洋武备学堂、保定军官学校等军校毕业生。全军各师旅的参谋长和各团掌管教育的中校团副，全数由军校学生出身的人充任，其中保定军校各期毕业生最多。以后遇有团营长出缺，一般都由各部队的参谋长、团副以及讲武堂的教官和队长调充。当时北洋军阀都喜欢行伍出身的人带兵，独有奉军与此不同，很多学生出身的人都直接带了兵，部队整体军事素养得到了迅速提升。

经过整编后的奉军，由原来的 5 个师压缩为 3 个师，即第一师、第二十七师、第二十九师，李景林、张作相、吴俊升分任师长。另有 27 个混成旅和 5 个骑兵旅，大体上每旅 3 个团，每团 3 个营，每营 3 个连，每连 150 人。整编后的奉军有 17 万人，人数减少了，但军队的素质却有了很大提高，整个军队朝气蓬勃，焕然一新。

在对陆军进行整编的同时，张作霖还建立了空军和海军。第一次直奉战争中，就是因为直系空军在长辛店上空投掷重磅炸弹，从来没有见过这种阵势的张景惠吓得率先退却，加上邹芬16师倒戈，这才导致了奉军的溃败，张作霖对此印象深刻，所以全力加强空军建设。至1925年，东北空军已拥有50多架飞机，60多名飞行员。至于海军，也是因为第一次直奉战争败退山海关时，遭到依附直系的海筹、海容等军舰从秦皇岛海面的大炮轰击，以至于部队白天都不敢行军，夜车也不敢开灯，张作霖平安返奉后下决心要建立自己的海军，首先建立了东三省航警学校，又先后购买改造了两艘2500吨级的废商船，分别命名为镇海和威海军舰；第二次直奉战争后，通过东北海军创始人沈鸿烈的巧妙周旋，终于将直系所拥有的渤海舰队接收了过来，到1928年，张作霖已拥有两支舰队。第一舰队辖有海圻、海琛、镇海、威海、同安等军舰，以海军少将凌霄为舰队长，驻防青岛；第二舰队有永翔、楚豫、江利、定海等军舰，以袁方乔为舰队长，驻泊长山岛。就这样，东北海军成为全国最强的两只舰队之一。

此外，张作霖还积极加强兵工厂建设，由杨宇霆一手操办，设立了兵工学校，筹建了枪弹厂、枪厂、炮弹厂、火具厂、铸造厂等等，特别是枪弹厂，到1924年第二次直奉战争时，已经能够日产步枪弹15万发，年产大炮150门，炮弹20余万发，步枪6万余支，轻重机枪1000余挺。

从以上情况可以看出，张作霖的整军经武，无论是军事人才的引进和培养、部队战斗力的提升，还是空军海军建设、枪弹等后勤保障等方面都有了质的飞跃，从而为张作霖进军关内，入主中原提供了雄厚的军事及物质保障。

第二次直奉大战

第二次直奉战争的起因是江浙战争。当时，张作霖为了对抗直系势力，与反直系的南方孙中山革命政权以及皖系残余势力结成了反直系三角同盟。前文说过，皖系在直皖战争后一败涂地，除了还剩下一个浙江督军卢永祥以外基本上什么都没有了；而孙中山的革命政权，在第一次直奉战争中惨败后，几经周折，又于1924年年初打垮了陈炯明，重新建立了广州大本营。从当时情况看，反直系三角同盟中最弱的一环是卢永祥，偏偏卢永祥因为历史遗留原因还控制着上海这一富庶之地，这让属于直系的江苏督军齐燮元垂涎三尺，一直在寻找机会把上海这块土地要回来。机会终于来了。1924年卢永祥接纳了由赣入浙的闽军臧致平和杨化昭部，把他们改编为浙江边防军4个师1个混成旅。在卢永祥看来，身处直系包围之中，必须扩充自己的兵力才能够自保。但在直系看来，此举具有明显的挑衅意味，也让周边其他省份失去了安全感。因此，苏、皖、赣、闽四省联合起来，于1924年9月3日爆发了以讨伐卢永祥为目的的江浙战争。

本来，直奉之间还保持着一种弱势平衡。尽管双方都把对方当做最大的强敌，但由于谁都没有必胜的把握而不敢轻启战端。再加上直奉之间也有一些和平的因素，比如张作霖与曹锟还是儿女亲家，曹锟贿选总统事先也征询了张作霖的同意。尽管张作霖对吴佩孚不感冒，但曹三哥的面子还是要给的。此外，奉系的张景惠也是一个很强烈的主和派，他长期驻留北京，对通融双方关系也起到了一定作用。因此，如果没有什么特别情况的发生，第二次直奉战争不会这么快就到来。

但是江浙战争改变了一切。江浙战争关系着反直三角同盟的命运，张作霖无法坐视不管，否则何以立信于人？今后谁还敢跟他张作霖结盟？因此 9 月 4 日张作霖即发表致曹锟通电，严厉斥责直系不守信用，破坏和平。9 月 4 日晚间，张作霖在大帅府召开旅长以上紧急会议，决定出兵讨伐曹吴，组成镇威军。同一天，南方的孙中山在广州大本营召开筹备北伐会议，决定北伐，迁大本营于韶关，任命谭延闿为北伐军总司令，督率各军分路进入江西、湖南。

第二次直奉战争冯玉祥倒戈后天津会议合影

即使此时，战争也并非不可避免。因为变起仓促，双方均没有做好立即打仗的准备。所以从 9 月 4 日以后的十天里，双方都是在进行电报的争吵和协调。直到 9 月 13 日朝阳寺事件发生，这件事将关系本来就十分紧张的直奉双方推进了火坑。朝阳寺事件成为第二次直奉战争直接的导火线。

朝阳寺是当时热河省朝阳县的一个乡镇，临近奉天省北票、义县等地。彼时，朝阳镇守使龚汉治派有步兵一营驻守该地。1924 年 9 月 19 日晚，该部突然被奉军包围并遭歼灭。镇守使龚汉治当即将事变发生经过分别电告北京政府、洛阳总部及滦州驻军第十五师。于是，直奉两军均开始采取紧急军事行动，第二次直奉大战的序幕由此拉开。十分奇怪的是：战争发生后双方竟然都指责对方率先发难。双方因此相互攻击，莫衷一是。

真正的原因是什么？真正的原因既不是奉系，也不是直系发动了朝阳寺事件。而是前面我们已经说过的张宗昌。这张宗昌好好的干吗要策划这起事件？这要从当年张宗昌的地位和处境说起。当年张宗昌平定了高士傧之乱，收编了大量部队，被张作霖任命为旅长。当时张部所处绥芬河一带，地处中俄边境，土地肥沃，人烟荒芜，很适宜种植罂粟。张宗昌所部纪律松弛，军饷匮乏，无以为生，于是就干起了种植鸦片、贩卖毒品的勾当。一时之间受到各方责难，声誉日下，成为众矢之的。1923 年，奉军在西丰县举行秋季大演习，张宗昌旅奉调参加。当时，各方均谣传张部在演习中如果成绩不佳，有可能遭就地缴械、遣散或改编。此后，由于张旅演习成绩优良，幸免于难，得以保存下来。演习结束后，张宗昌部奉命移驻北票、义县一带。张宗昌及部属虽然暂渡险关，但均已成为惊弓之鸟，人人自危，急切盼望直奉战争再起，需要大量部队，这样才会有生存之余地。如果能够进军关内，找到落脚之地，不仅生活安全不用担心，而且还有福可享。正是在这种思想指导下，张宗昌和部将褚玉璞二人密谋策划了朝阳寺事件，并对外诡称直军首先袭击了奉军。而张作霖本来就对江浙战争十分不满，正好借题发挥，一拍即合。于是，对北方政局产生极大影响的第二次直奉大战，就这样拉开了序幕。

朝阳寺事件发生在 9 月 13 日,但奉军真正大规模向山海关和热河方向移动时是 9 月 15 日。当天,张作霖派遣六路大军近 15 万兵力向关内进发。第一军司令姜登选,副司令韩麟春,率第二师、第五师攻击山海关、九门口一线;第二军司令李景林、副司令张宗昌,率第一师、第二十三、二十四、二十六旅向热河北路的朝阳、凌源、冷口一线进军;第三军司令张学良,副司令郭松龄,率第四师、第五、十九旅攻击山海关、九门口一线;第四军司令张作相,副司令丁超,辖 5 个旅在锦州做总预备队;第五军司令吴俊升,第六军司令许兰洲这两军主要以骑兵为主,负责热河北路的防务兼驰援。

奉军大规模出动很有些出乎直军的预料,所以他们反应比较慢,直到 9 月 17 日曹锟才任命吴佩孚为讨逆军总司令,王承斌为副总司令兼直鲁后方筹备总司令。9 月 26 日,吴佩孚召开"四照堂会议",正式组成讨逆军,将直军分为三路:第一路以彭寿莘为总司令,陈兵于山海关正面,做主攻部置,与奉军精锐姜登选、韩麟春及张学良、郭松龄部对抗,下辖第 3 师,第 9 师,第 14 师,第 15 师,第 23 师,第 24 师,第 1 混成旅,第 12 混成旅,第 13 混成旅,第 14 混成旅,河南第 26 军(实有一个师),第 1 旅,第 2 旅。总计兵力约为十五万人。其中,第 3 师、第 14 师、第 15 师的战斗力最强。第二路以王怀庆为总司令,出朝阳以牵制奉军,与奉军李景林部对抗,下辖第 13 师及胡景翼师,总兵力约有四五万人。第三路以冯玉祥为总司令,由古北口出赤峰以绕击奉军后背,下辖第 11 师及张之江、李鸣钟所属各部,总兵力约有七八万人。吴佩孚还任命了张福来任援军总司令,布置在前面三路大军之后,计有十路援军,由陕、豫各省地方部队组成。此外，还任命杜锡珪为海军总司令，温树德为副司令，向辽东海湾活动。空军组成4队，分驻北戴河、滦县、朝阳和航空处，合计飞机70余架。

从以上排兵布阵可以看出，秀才吴佩孚确实善于用兵，在直军兵力占尽优势的情况下，三军安排重点突出，后援布置层次分明，体现了一定的纵深度。尤其是在对冯玉祥第三路军的使用上，体现了其善用奇兵的战略战术。吴佩孚让冯玉祥各部出古北口然后从赤峰侧击奉军腹地，使奉军陷入腹背受敌的窘境，如果这个计划能够得到贯彻实施，那么张作霖就是有三头六臂也难逃失败的命运。但是这种情况到最后也没有发生，原因是什么？原因是民国赫赫有名的"倒戈将军"冯玉祥开始了他历史上最有名的一次倒戈。从前线古北口一直倒到了北京，直接把坐镇后方的曹锟给倒掉了，相当于掏了直系的老窝。这次倒戈的成功对于冯玉祥意义重大，从此他成为独霸西北的一方诸候，并最终发展成为20世纪30年代与蒋、阎、桂齐头并进的四系军阀之一。而对吴佩孚来说，冯玉祥的倒戈，使他武力统一中国的梦想也像徐树铮一样彻底失败。中国又丧失了一次统一的机会，重新陷入了无休无止的军阀内斗之中。

其实，历史上最有名的"倒戈将军"还不是冯玉祥，而是冯玉祥的下属石友三。该君大概从冯玉祥那儿学到了精髓，首先拿自己的老师冯玉祥开刀之后，一发不可收拾，连着倒了五六个主子，民国最有名的军阀包括冯玉祥、蒋介石、阎锡山、张学良甚至后来的共产党，统统被他倒了个遍，到后来没人相信他也不敢收留他了，他实在倒无可倒，只好去投靠了日本人，最终被原西北军高级将领高树勋诱捕并活埋了，估计要是活到抗战胜利后，这日本人铁定也还是要被他倒的。

冯玉祥的倒戈也并不是一开始就想倒的。他其实是个骑墙派，做好了倒的准备，但具体倒还是不倒要看风向，看时机。当年河南省督军赵倜倒戈就是看错了风向，以至于弄得满盘皆输。冯玉祥绝对不会做这样的傻事，所以他的第三路还是奉命向古北口开进了，但却陈兵古北口一线不动，丝毫也没有与彭寿莘第一路形成南北夹击之势。非但不夹击，还跟张作霖商量好彼此守住防线不打，来了个你好我好大家好的默契。张作霖最怕的就是冯玉祥在他腹地上插上一刀，现如今冯玉祥主动示好，岂有不照单全收的。就这样，张作霖暂时没有了心腹之患，于是倾尽主力到山海关一线去打彭寿莘。这彭寿莘苦啊，等于一路直军接了人家两路的奉军，本来兵力占优，这一下子兵力也不占优了。好在彭是吴佩孚的嫡系猛将，兵来将挡，水来土掩，愣把个山海关守得严严实实。双方在山海关不足 15 里的战线上反复冲杀，展开了极为残酷的拉锯战，其战事之惨烈，为之前的战争所罕见。特别是重炮、重机枪、地雷、飞机轰炸的使用，更是大大增加了伤亡率。在前沿阵地姜女庙的争夺中，双方甚至展开了大规模的白刃战，死于刺刀之下的竟有两千余人，也是近代战争史上极为罕见的。

奉军在山海关正面无法取得突破后，便转到侧面要地九门口进行攻击。让人很意外的是，直系同样重兵把守的九门口要塞，居然被奉军很轻松地攻破了，从而成为整个战局的转折点。九门口这么小小的一个地方有这么重要吗？其实不是它本身有多么重要，关键是九门口的失守，让坐镇北京的吴佩孚匆匆赶往前线，并调作为预备队的直军精锐第三师第六团以及第六旅前往增援，从而给了时刻关注战局发展的冯玉祥以倒戈的机会，这才是最致命的。当时冯玉祥按兵不动主要是因为他心中有两个可选项：如果战场形势不利于奉军，那么他将倾尽全力帮助直军夹攻奉军，从而夺取东三省，成为东北王；如果战场形势不利于直军，那么他将回师北京倒戈，推翻曹锟，把持中央大权。两个方案中，后一个效果更好，得益更多，但风险也更大，因为吴佩孚一直留守北京，他不敢冒这个险，毕竟秀才吴佩孚不是那么好对付的，所以他才要静观形势那么长时间。

如此关系全局的九门口之战到底是怎么回事？为什么轻轻松松地就被奉军夺去了，这就要从直军内部矛盾说起了。当时守卫九门口的是直军第十三混成旅，该旅是直军的一支精锐部队，在第一次直奉战争中立下大功。旅长原为董政国。曹锟就任总统后，调派第九师师长陆锦任陆军总长并兼任总统府军事处处长。陆锦所遗第九师师长一缺，由第十三混成旅旅长董政国升任。董任师长后，又调第十三混成旅第一团团长刁鸿图升任第九师步兵旅旅长。而原第九师步兵旅旅长冯玉荣，则调充第十三混成旅旅长，该旅第一团团长则由该团第一营营长升任。曹锟这样的安排是有原因的，说白了，就是想夺第九师的权。第九师当时直属中央，是前任总统徐世昌培养的唯一一支忠于他的部队。曹锟继任总统后，当然要动这支部队的脑筋了，这才有第九师师长陆锦调任陆军总长，第十三混成旅旅长董政国升任第九师师长、第九师步兵旅旅长冯玉荣调任第十三混成旅旅长等情况。这个计策对于控制两支部队确实是成功的，但在战场上却产生了问题，即新任十三混成旅旅长的冯玉荣指挥不动部队，其手下张、杨两团长以冯非直系宿将，根本不把他放在眼里，经常与冯玉荣产生龃龉。第十三混成旅奉令开到九门口、荒山口前线后，张、杨二团对旅长更是多方要挟和掣肘，不听指挥。

10月6日午后6时，张团在九门口、杨团在荒山口分别遭到奉军攻击。两个团长都向旅长告急，要求增派援军。而冯玉荣在分配任务时，又没有控制预备队，因此无兵可派。但是张团长不理解，以为冯玉荣要在战场上借刀杀人，于是很气愤地率领卫兵先行离开战场，准备向彭寿莘告状。此时战斗非常激烈，奉军无法得手。奉军中有一个士兵是九门口人，知道有条小路可以爬上山头。于是奉军派了一个排绕道爬至张团阵地右后方山头上，从其背后鸣枪射击。张团的一个营长以为后方有变，急忙派人报告团长，而团长此时不在，众部属以为团长率先逃跑，于是全线动摇，纷纷溃逃。张团既已从九门口阵地退出，荒山口杨团亦随即放弃阵地向石门寨方向撤退。至此，九门口和荒山口两个重要据点相继失守。旅长冯玉荣退至石门寨后，一筹莫展，又接到彭寿莘的严峻命令，实感无法完成恢复阵地的任务，又恐为军法不容，随即吞食大量鸦片，自杀身亡。奉军乘胜进击，占领了石门寨。

消息传到北京后，坐镇后方的吴佩孚终于动身亲赴山海关督战了，并将自己保留为预备队的第三师第十团、第六旅调往前线增援，收复了石门寨一线，稳住了防线。奉军无法在山海关方向突破，就向两翼即南面的沿海一带和北面的三道关一带进攻。在沿海一带，奉军姜登选的部队在经过三天三夜的激战后，阵地上尸体堆积如山，7000奉军只剩下3000人，无力再战；在三道关，奉军郭松龄派了三个旅的兵力前去进攻，并相继拿下第一、第二道关。但是吴佩孚亲临二郎庙进行就近指挥，并调来第三师第十团、第二十四师、第二十六师和第二十六混成旅进行反攻。奉军在直军的追击下溃败，双方又回到了之前的对峙。至此，直奉双方激战月余，双方各有进退，势均力敌，成了僵持状态。

冯玉祥回师倒戈

战场形势成了僵持状态，此时冯玉祥的态度就成了战争胜败的关键手，犹如楚汉相争时韩信的态度一样。韩信隶属刘邦，助刘邦则汉胜，助项羽则楚胜。冯玉祥是属于直系的，按其份内职责应当助直军攻赤峰而兵临锦州，如此张作霖必败。但是冯玉祥没有这样选择，他已经与皖系段祺瑞以及第二路军副司令胡景翼取得了联系，倒戈计划已经箭在弦上，不得不发了。在回师倒戈之前，冯玉祥还做了一件事，他向曹锟建议说，王怀庆第十三师开赴前线后，北京防务空虚，最好调孙岳第十五混成旅前来拱卫首都。曹锟没有察觉到冯玉祥的阴谋，立即电召孙岳部至京。而孙岳此时已经是冯玉祥的人了。曹锟对拱卫首都的部队没有详加审查，而轻率地引狼入室，这也是冯玉祥得以倒戈成功的一个关键。

对冯玉祥其人，吴佩孚也不是没有提防的，只不过他用错了人。当时他委托直系大将王承斌监督冯玉祥，王承斌其实是知道冯玉祥阴谋的，只不过因为保洛之争，王承斌对吴佩孚早有意见，因此并没有把这个秘密告诉吴佩孚。他当时以为冯玉祥倒戈只是倒吴佩孚，冯玉祥自己也是这么说的。因此王承斌很想借冯玉祥之手剪除吴佩孚，以取代吴佩孚在直系中的地位。皮之不存，毛将焉附？可惜王承斌没有明白这个道理，白白葬送了好局。

10 月 19 日，冯玉祥在滦平召集了倒戈会议，与会者有鹿钟麟、李鸣、张之江、邓宝珊等人以及胡景翼的代表，各位将领一致同意回师倒戈。于是冯玉祥做了如下安排：

命令鹿钟麟率第二十二师自密云县秘密回京，会同孙良城、张维玺两个旅一起到北苑，再与蒋鸿遇旅汇合后入城；命令李鸣钟旅自古北口直趋长辛店以截断京汉、京奉铁路交通，防止吴佩孚沿京汉、京奉铁路运送兵力；通知胡景翼部自喜峰口南进占领滦州、军粮城一带，截断直军归路；命令张之江、宋哲元旅自承德返京，以增加倒戈后防守力量；派员联络热河都统米振标，以争取一致行动。

10月22日，鹿钟麟率部抵达北苑，与蒋鸿遇、孙良城、张维玺会商后，即于当晚8点出发，12点抵达安定门，把守城门的孙岳命令士兵打开城门。由于有孙岳旅的暗中配合，倒戈部队基本上没费什么功夫即占领了北京全城。10月23日，总统府卫队及曹士杰旅均被解除武装，并由冯玉祥、胡景翼、孙岳等联名发出主和通电。

10月24日，冯玉祥对已成光杆司令的曹锟提出了三个条件：第一，下令停战；第二，免去吴佩孚本兼各职；第三，自动退位。曹锟身在人家屋檐下，没有任何可以谈判的条件，只得一一照办。不过此时曹锟心里面还存着一线指望，那就是正在前线的吴佩孚回京救驾。

吴佩孚在知道北京政变的消息后果然决定回京救驾，他把前线作战任务交给张福来主持，自己率领直军的精锐第三师、第二十六师各一部约万人乘车回救北京。关于回京这一举动，当时直军中反对的比较多，认为冯玉祥既然倒戈了，那一定会在回京的路上部下重兵，倘若不胜，那就要面临灭顶之灾。因此有人建议倒不如保存实力，将部队撤退到津浦路，控制住这条线，以与南边的豫、苏、浙各省直系势力靠拢，转入进可以攻，退可以守的有利形势。应该说，这条建议非常有价值，当时南方的苏浙战争刚刚以直系的全面胜利而结束，各军士气正旺，如果吴佩孚采纳了此条建议，完全可以东山再起。

关于南方的苏浙战争，作为第二次直奉大战的诱因，它先于第二次直奉大战爆发，也先于第二次直奉大战结束，这里简单地介绍一下它的过程。1924年9月3日，直系江苏督军齐燮元率5个师另5个旅近4万人，分两路向皖系卢永祥军占据的淞沪地区进攻：主力3个师另5个旅，沿沪宁铁路两侧钳击淞沪；另两个师守溧阳、宜兴，相机进攻长兴。9月7日，卢永祥命令第二军乘齐军主力进攻淞沪之机，向宜兴发起攻击，占领宜兴以南之蜀山、湖㳇等地。齐燮元从淞沪前线调兵回援，卢军进攻受挫，两军形成对峙。吴佩孚急令鄂、豫、鲁等地调兵援齐，又令福建督军孙传芳率闽、赣联军2万余人，于9月中旬由闽攻浙。防守仙霞岭的卢军一部倒戈，孙部直入江山、衢县（今衢州）。卢见大势已去，于9月18日离开浙江赴沪，并令第二、第三军大部撤至淞沪地区固守。9月下旬，齐与各路援军全力进攻淞沪，至10月13日先后占领青浦、嘉定等地。卢永祥被迫出走日本，所部被直系收编。10月14日，齐军进占上海，战争结束。

苏浙战争在第二次直奉战争进行到三分之二的时候就已经结束了，当时直奉双方正处于互有进退、势均力敌的胶着状态。因此苏浙战争中直系的全面胜利对于鼓舞直军的士气是很有帮助作用的，也意味着吴佩孚有充足的援兵可调。战争的天平那时从总体上是倾向于吴佩孚的，即使10月23日冯玉祥发动了北京政变，只要吴佩孚应对得当，采取上文所说的退保津浦线，与豫、鲁、苏等地联成一体的防御方针，由于直军没有遭到大的损失，那么它就仍然是当时国内最大的军事势力，完全有能力也有机会卷土重来。可惜吴佩孚当时没有这么做，而是选择了一条明知山有虎，偏向虎山行的道路。不明白吴佩孚为什么要这样，以他的军事才干，应当明白何种军事战略对他最为有利。据说是因为吴佩孚极其忠义，一定要回援曹锟，体现自己的忠心不二；又有人说吴佩孚过于自大，瞧不起冯玉祥，一向没把冯玉祥放在眼里。不管哪种说法，我都认为是有一定道理的，原因就在于秀才吴佩孚的书生个性——不离不弃，宁折不弯，这两条就已经决定了吴佩孚必然回师北京。

10月26日，吴佩孚到达天津，将他带来的部队开往杨村布防，对冯军采取守势。同时急电苏、浙、鄂、豫等省部队来援，要求齐燮元、孙传芳的部队由津浦路北上，萧耀南、李济臣的部队由京汉路北上，两路再加上自己这一路，一共三路大军夹攻北京。如果计划得以落实，这仍然是一条不错的军事方案，即以山海关彭寿莘的前线部队挡住奉军，彭寿莘素来勇猛，守住防线十天半月应该没有问题；而萧耀南是自己的嫡系，孙传芳善于作战，加上自己三路围攻，兵力也占优，冯玉祥确实抵挡不住。但是这一方案最终也没有落实，原因是吴佩孚没有想到的一个人浮出了水面。这个人就是以前被他推翻的皖系首领段祺瑞，虽然无兵，但影响却非常大，他早就料到了吴佩孚可能会有这一手，因此在吴佩孚回师之前就派人做通了山东督军郑士琦和山西督军阎锡山的工作。山东郑士琦于11月1日宣布中立，出兵沧州、马厂，并炸毁韩庄的铁路桥，使津浦线暂时不能通车；山西阎锡山也出兵石家庄，截断京汉路的交通，使京汉线无法增援。

上述情况还不是最要命的，最要命的是滦州的失守。这滦州是直军山海关军队的后方大动脉，滦州失守就等于切断了山海关和天津之间的交通线，堵住了直军的归路。前文已经讲过，冯玉祥安排胡景翼部来攻占滦州，但滦州何等重要，仅凭胡景翼部是无法实现这一目标的。但是没关系，胡景翼部已经不是胡景翼部了，它还包括奉军的张宗昌部和李景林部。我们前面已经说过，直军的第二路是以王怀庆为总司令，米振标为副总司令的，其下属军队就包括胡景翼师，这胡景翼一撤，加上米振标暗通冯玉祥，热河防线顿时就出现了大漏洞，基本上张宗昌和李景林部没费多少功夫就随着胡景翼一路南下，三路大军在直军后方搅了个天翻地覆，10 月 28 日，张宗昌部占领滦州，正在山海关前线作战的直军顿时军心焕散，土崩瓦解；31 日，奉军占领了山海关和秦皇岛。归路已被切断的直军退无可退，十几万人全被奉军解除武装，缴获的枪支弹药堆积如山。至此，吴佩孚就是再有通天本领也无力回天了。

十几万直军被歼，大大鼓舞了冯玉祥军队的士气，从 10 月 31 日到 11 月 2 日，冯军面对吴佩孚带到杨村的一万多精锐部队，以优势兵力不间断地进攻，逐步占领了杨村和北仓，吴的司令部被迫移到军粮城。这时奉军张宗昌部又倒过头来与冯军一起对吴佩孚形成东西夹击之势。11 月 2 日晚，穷途末路的吴佩孚被迫乘军舰由塘沽逃离，自此直军主力悉数被歼，直系也从权力高峰一下跌了下来，从此一蹶不振。这场战争实现了南方革命势力孙中山先生所主张的各个击破方针，为后来国民革命军举兵北伐创造了条件。

这里还要提一提 1924 年 9 月份孙中山的北伐，孙中山为配合张作霖而出兵江西、湖南，以牵制直系孙传芳部和萧耀南部，但吴佩孚策动广州商团联合陈炯明部叛乱，为巩固大后方，孙中山北伐军只能紧急调回平叛，故未对第二次直奉战争产生任何影响。

孙中山抱病北上

第二次直奉大战以奉军的全面胜利而告结束，奉军终于一雪前耻，可以顺理成章地再度入关了。但是再度入关并不表明张作霖可以顺理成章地入主中原，至少还有三股势力阻碍着他这一目标的实现。第一股势力就是盟友冯玉祥，在直奉大战中烧了一把火，此刻占据着北京，把持着中央政权，又顺应民心提出了主和的口号，天时地利人和占尽；第二股势力是南方的孙中山革命政权，此时孙中山已经在广东站稳了脚跟，召开了中国国民党第一次全国代表大会，通过了党纲、党章，重新解释了三民主义，同时创办了黄埔军官学校，两广行动也即将统一。一个新兴的国民党政权正在诞生之中，它已经与中国共产党合作，提出了"联俄、联共、扶助农工"三大政策，不久的将来它将要发动北伐战争；第三股势力是南方的直系残余，这股势力以孙传芳为首，他刚刚在苏浙战争中打败卢永祥，号称五省联军总司令，实力不可小觑。

三股势力中，最需要解决的是直系残余，这将在下一节中讲到。而在解决直系残余前，北京的政权由谁做主则是首先需要明确的，此时曹锟政权已经下台，北京政权一直空着，所以需要赶快定下来。

于是第二次直奉战争的胜利方——冯玉祥、张作霖和段祺瑞坐下来商讨这个事情了。冯玉祥是从直系分化出来的，虽然占据着北京，但实力跟张作霖比还是要差很多，以前直系老大曹锟和吴佩孚也只能跟张作霖斗个平局，如今这分化出来的一支更加不能和张作霖比了。冯玉祥也明白这个道理，所以他并不推自己的人上去，而是推出了皖系段祺瑞。段祺瑞确实是个很合适的人选，头上顶着"三造共和"的美名，这次又是冯奉之间的第三方，有身份有名气却最没有实力，谁都很放心，对张作霖也还有过几次帮助，加上他们都是亲日派，在对日本的关系上是一致的，所以张作霖没有理由不同意。

至于南方的直系残余，他们原来的领袖曹锟和吴佩孚倒台了，必须马上推出一个新的领袖来，但是北京政府不是他们说了算，无论是冯玉祥还是张作霖上台，对他们都是不利的，因此段祺瑞上台是最合适的。毕竟段和他们都是北洋一系，段是北洋元老，多多少少还是会维护北洋利益的。所以在拥段的事情上，反倒是南方直系残余最积极。1924 年 11 月 10 日，南方直系实力派齐燮元、萧耀南、孙传芳、周荫人等 10 人在南京联名通电，拥护段祺瑞出山以收拾大局。11 月 12 日，冯玉祥、张作霖分别拜访了段祺瑞，表示愿意服从段祺瑞的指挥。11 月 15 日，张作霖、卢永祥、冯玉祥、胡景翼、孙岳联名通电拥戴段祺瑞为中华民国临时执政。

段祺瑞上台了，面对咄咄逼人的张作霖与冯玉祥，他只能搞平衡。他对长江流域的直系残余寄予厚望，因此想方设法尽力维护，以培养抗衡张、冯的第三方势力，也幸亏段的苦心维持，这才使奉军南下一再推迟。

11 月 24 日，中华民国临时执政府在北京成立。段祺瑞就任"临时总执政"，这临时执政相当于以前的总统和总理两个职务合二为一，权力还是比较大的，不过权力到底大还是不大，最终取决于张作霖和冯玉祥。

此时，张作霖和冯玉祥的关系已经非常紧张了。特别是冯玉祥，由于实力较弱，感觉特受委屈，憋了一肚子的气。从第二次直奉战争抢夺胜利果实时候开始，冯玉祥就一直在憋气。这个气主要是从张作霖部下大将李景林那儿来的。11月10日段、张、冯开会期间，李景林竟然突然动作解除了天津以北之北仓冯玉祥部第三、第四两个混成旅的武装，理由是这两个旅是吴佩孚直系之残余，冯知道消息后非常震惊。11日，还是这个李景林，把冯玉祥任命的直隶督理王承斌第二十三师以及孙积孚的第二十师缴械，王承斌被迫躲入天津租界并辞职。12日，李景林授意直隶省议会，以直人治直为借口，推举李景林为直隶保安司令并继承王承斌省长职。这样，直隶地盘完全归奉系所有。其实，李景林的所为，都是张作霖暗中布置的，要不然李景林哪有这个胆。经过这一番折腾，李景林、吴光新部共补充了4个混成旅，总兵力已达到7万多人，分布在天津及津浦、京奉两线，对北京形成了强而有力的高压。冯玉祥因为实力远远不及张作霖，对李景林的上述举动只能采取苦忍待机的策略。

冯玉祥苦忍待机，他待的是什么机？那就是南方孙中山革命政权，他已经看到了这个由孙中山重新组建的国民党政权的欣欣向荣，知道这是一支完全可以借助的力量。所以早在10月25日即冯玉祥倒戈之后的第三天即电请孙中山北上主持大计。10月27日，孙中山分别电复冯玉祥、段祺瑞，答应立即北上。孙中山之所以答应北上，是因为他认为自己和张作霖、段祺瑞合作多年，有一定的来往基础。前文已经说过，张作霖两次与直系大战，南方孙中山都策应了北伐，只不过因为内部根基不稳，北伐进行到一半就被迫回师平乱，所以没起到多少帮助作用。但张作霖对此表示理解并且很讲情义。第一次直奉大战中输得最惨的其实是孙中山，他北伐策应未成，南下平乱又被陈炯明打败只好单身逃往上海。孙中山落难之时，张作霖说："孙先生是文人，带兵是为难的。我不求他别的，只要他对国家大计多想办法，这帮家伙让我用武力来收拾他们。"并在自己战败之后财政也十分窘迫的情况下托人带给孙中山10万元生活费。后来又在孙中山重返广东重新组建国民党时又捐助了50万元。基于以上种种，孙中山认为此次北上定可促进全国的和平统一。

当时孙中山已经重病在身，但这是1912年他被迫辞去中华民国临时大总统之后，北洋军阀第一次邀请他出面主持大局。对于这么一个不用武力就有可能实现和平建国的机会，孙中山不想放弃，于是他抱病北上。当时南北之间的陆上交通（长江流域一带）被直系势力截断，因此孙中山只能走海路。1924年11月13日，孙中山携宋庆龄乘永丰舰北上，途经香港、上海、日本，沿路提出了"召开国民会议"和"废除不平等条约"两大号召。12月4日，孙中山到达天津，欢迎场景十分壮大，各界团体100多个，群众一万余人前来欢迎。12月31日，孙中山抱病由津入京，受到北京各界群众10万人的热烈欢迎。大家都对孙中山北上主政抱有很大期待。

然而此时段祺瑞已经执政，张作霖下属李景林部已经从天津进驻北京，其第一军进驻丰台，第二军进驻马厂，冯玉祥在张作霖步步紧逼下以退为进，宣布解除兵权，部队交给国家，自己下野到北京西郊天台山去休养。当然，部队交给国家是不可能的，休养也只是做做样子。但至少说明，两派的弱势平衡已经被打破，冯玉祥没有太多办法，相反张作霖则处于顺风顺水的时候，他眼瞅着北京政权正一步步地滑向自己手中，这个时候哪肯再让孙中山这个刺儿头来把事情搅黄？尤其是孙中山明确提出"废除不平等条约"以及"联俄、联共、扶助农工"三大政策。前一项"废除不平等条约"，张作霖在心里是欢迎的，但认为目前阶段行不通，到处嚷嚷非但于事无补，反而四处树敌，招致各国反对，所以他劝孙中山心里想想就行了，其实谁都想把不平等条约给废了，关键是时机未到。后一项"联俄、联共、扶助农工"三大政策，张作霖老大个不认可，当时的俄国已经是列宁领导的布尔什维克掌权，基本上在中国的所有西方列强都很仇视这个共产党政权，联俄联共意味着要跟西方所有列强作对，张作霖既不敢也不愿。所以他还通过汪精卫来做孙中山的工作，让孙中山放弃上述主张，并且说只要孙中山放弃了，那么他愿意追随孙中山，做孙中山的一名卫队长。但是对于孙中山来说，"废除不平等条约"以及"联俄、联共、扶助农工"三大政策，是他在国民党内定下的基本方略，且俄国为他建党建军提供很大帮助，他当然是不会同意张作霖建议的。正在双方讨价还价的时候，孙中山的病情急剧恶化，1925 年 1 月 26 日被确诊为肝癌，转入北京协和医院接受手术。2 月 18 日移至行馆接受中医治疗，1925 年 3 月 12 日 9 时 30 分，孙中山因原发胆管腺癌转移到肝部而逝于北京协和医院，享年 59 岁。弥留之际，他提到国事的遗言是："和平……奋斗……救中国。"孙中山逝世后，段祺瑞、张作霖为其举行了国葬。

张作霖大军南下

北京政府的事情初步摆平之后，接下来张作霖的目标就是南方直系残余了，但是段祺瑞为保持力量均衡，并不同意对江浙直系用兵。而在南方直系残余通电拥护北京政府之后，张作霖一时也找不到合适的借口南下征讨，所以事情就这么拖了下来，一直拖到1924年的12月份。这时一个变量出现了，这个变量很快就被张作霖名正言顺地利用了。要把这个变量说清楚，事情还得从原浙江督军卢永祥说起。我们知道，苏浙大战江苏督军齐燮元与浙江督军卢永祥争抢上海地盘，结果卢永祥战败逃亡日本。没过几天，冯玉祥发动"北京政变"成功，电告卢永祥从速回国。卢永祥是皖系，政变后皖系领袖段祺瑞重新上台，卢永祥的好运气来了。果然，回国后没多长时间，段祺瑞就任命其为直隶督办。就段祺瑞来说，他想拥有自己的实力，就必须控制武装，而卢永祥是其坚定而忠实的嫡系，让卢永祥占据直隶地盘，自己说话也有底气。但这下子捅了马蜂窝了，因为这个直隶督办的任命，段祺瑞并没有跟张作霖商量，而是自作主张，先下手为强。

大家知道，这个直隶督办奉系早就虎视眈眈了，李景林费尽九牛二虎之力才从冯玉祥手里把直隶地盘抢过来，就等着北京政府一纸任命了，如今任命的却不是他。李景林那个火啊，坚决不服从段祺瑞的命令，他有兵有枪，只要张作霖不发话，段祺瑞奈何不了他。张作霖当然不会发话了，事情陷入了僵局，段祺瑞只能再找张作霖。对于张作霖来说，他要的就是这个效果，南下征讨的机会终于来了。

张作霖公开为皖系军阀卢永祥鸣不平，说卢永祥原本是江浙富庶之地的督军，如今却被人逼得无处可待了。因此他提议把苏皖两省地盘划给卢永祥掌控，如果南方胆敢不从，他就派兵护送，一应经费开支全由他承担。对于这个方案，段祺瑞和他的心腹吴光新以及卢永祥反复商量，认为这个方案可行，不费一兵一卒而唾手可得两省地盘，非常划算。尤其是对卢永祥来说，与其做一个有名无实的直隶督办，还不如南下复仇来得痛快。于是段祺瑞下令罢免江苏督办齐燮元，任命卢永祥为苏皖宣抚使兼江苏督办，王揖唐为安徽督办。同时任命李景林暂行署理直隶督办，任命奉系大将阚朝玺署理热河都统。后面两人的任命，是作为张作霖南下帮助夺取地盘的回应。

1924 年 12 月 12 日，张作霖、卢永祥、张宗昌、李景林、吴光新等人在天津召开会议，决定由卢永祥率兵南下，张宗昌担任先锋。

这个张宗昌就是前文说过的臭名远扬的"三不知"将军，他借着第一次直奉大战迅速崛起，然后又在第二次直奉大战中捞得盆满钵满，成为发展最快的部队。当时张宗昌在滦州截住直军退路后，直军已经陷入了奉军包围，冯玉祥北京政变消息又在军中传开，直军高级将领纷纷脚底抹油，部队迅速土崩瓦解。因此张宗昌没费吹灰之力，就收编了直军精锐部队彭寿莘部六七万人，所遗大炮、机关枪、枪支弹药全被张宗昌收缴。人的运气来了真是挡都挡不住，张学良、郭松龄在山海关外与彭寿莘部对抗四十余天，死伤无数，半点好处也没捞着，而张宗昌赶过来不到两天就把所有胜利成果接收了。不仅如此，完成收编后张宗昌掉头西进，一路追赶张福来溃兵，先后经过芦台、昌黎、军粮城，直到天津附近，直军抛弃的武器、弹药、粮袜、被服无数，毫无战斗力的溃散部队及散兵游勇到处都是。张宗昌沿途收集，不断扩大自己的队伍。到第二次直奉大战结束，张宗昌的部队膨胀了七八倍以上。于是张宗昌将手下褚玉璞、许琨、程国瑞、王栋、毕庶澄等部队，均扩编为三团制的旅（相当于师），另外，令钟震国、方振武各编一个两团制的旅。至此张宗昌已经坐拥雄兵十几万，几乎可以与张作霖齐平了。

眼下，张宗昌的机会又来了。张作霖要南下，选中的部队是张宗昌。为什么要选张宗昌？一来张宗昌有这个实力；二来张宗昌并非张作霖的嫡系，十几万部队放在京畿附近毕竟有些不放心；三来南下意味着开战，开战就有风险。而对于张宗昌来说，十几万部队要生存，这就需要有地盘，因此他比张作霖更急切地需要南下。

张宗昌的好运气再次来临，这位混天混地的混世将军不知道前辈子积了什么德，好运气那是接连不断。本来以为南下要遭遇很强的抵抗，没想到一路通行无阻。徐州本来驻有陈调元的一个师，没想到这陈调元当年与张宗昌一起在冯国璋手下混过，那时陈调元是南京宾兵司令，而张宗昌是江苏第六混成旅旅长。张宗昌出手大方，一应吃喝嫖赌全由张宗昌负责，张宗昌还给陈调元买了一个上海名妓做姨太太，两人由此结下了深厚的友谊。听说是当年的老朋友张宗昌大军南下，陈调元赶紧大路敞开，把徐州拱手送给了张宗昌。徐州既下，南京的门户就打开了。

接下来要看孙传芳的态度了。孙传芳在苏浙之战中坚定地站到了江苏督军齐燮元一军，还率领五省联军帮助齐燮元打败了卢永祥，这一次卢永祥卷土重来，孙传芳会再次帮助齐燮元吗？孙传芳第一反应是要帮助，因为自己现在占领浙江，前任浙江督军卢永祥在张宗昌的护驾下来到家门口了，岂非要抢自己的地盘？与其坐以待毙，不如联合齐燮元起而抗之。因此孙传芳致电段祺瑞明确反对奉军南下。为先下手为强，孙传芳决定先将上海抢到手里，1925 年 1 月 11 日，孙传芳与齐燮元组成江浙联军，齐自任江浙联军第一路总司令，孙任第二路总司令，齐孙南北两路对进，时镇守上海的淞沪护军使张允明部纷纷溃散，齐、孙联衔占领上海。

为了分化齐孙组合，段祺瑞就势任命孙传芳为浙江督办，以宽孙传芳的心，表示卢永祥目的只在江苏，无意南下浙江。同时宣布上海永不驻兵，亦不再设军事机关。这样，孙传芳因为上海不驻兵，自己的地位也有了明确说法，态度缓和了不少，缺少了孙传芳的支持，齐燮元独木难成林，根本不是张宗昌的对手。张宗昌利用白俄军的铁甲车开路，很快南下占领江苏省内的镇江、丹阳、常州、无锡、苏州，先头部队到达上海。齐燮元内外交困之下只好通电下野，张宗昌率军进入上海，与孙传芳部南北对峙。齐燮元之败军第六师、第十九师投靠了孙传芳，增强了孙传芳的实力。

为了解决南下奉军与孙传芳之间的问题，段祺瑞的代表吴光新、张作霖的代表张宗昌、孙传芳的代表王金钰在上海举行会议，商定孙军退往松江，奉军退往昆山，为此签订了新的《江浙和平公约》。但是孙传芳依约退至松江后，张宗昌以没有地盘驻军为由，依然滞留上海花天酒地，这个地方张宗昌很喜欢，他想赖着不走了。

请神容易送神难，张宗昌借着护送卢永祥南下到达上海后就不走了，怎么办？这个瘟神待在这里，浙江的孙传芳不安，新任江苏督办的卢永祥也不安。卢永祥眼下还是光杆司令，兵没有一个，张宗昌对他的威胁最大。万般无奈，为了保护自己的嫡系爱将，段祺瑞只好任命张宗昌为苏皖鲁三省剿匪总司令，以徐州为其驻地。张宗昌不太愿意，徐州怎好跟上海比？但是这次把张宗昌从上海调往徐州的事情，段祺瑞已经征得了张作霖的同意，张宗昌可以不听段祺瑞的，但不敢不听张作霖的，没有办法，张宗昌只好移兵徐州了。

作为把张宗昌调离上海的交换条件，张作霖以苏人治苏为由，把自己的秘书郑谦推荐为江苏省长，没有办法，段祺瑞只得照准。这样，江苏督办是卢永祥，掌军权；省长是郑谦，掌行政。在当时全国所有各省中，都是督办权力大，基本上督办说了算，省长也就是跟跟风、办办事的，但是江苏不一样。卢永祥是依靠奉军的势力做江苏督办的，自己没有军队，原本寄望着南下江苏接管齐燮元的第六师和第十九师，没想到这两师投靠了孙传芳。四个月前自己在浙江的部队又都被孙传芳消化得差不多了，指望他们前来投诚那也是痴心妄想。就这样，一个光杆督办面对一个有奉军全力支持的大帅秘书，其结果可想而知。军政大权基本上都落在郑谦手里，奉军进苏的部队，卢节制不了，也根本调不动。卢想培养自己的嫡系部队，那也行不通，因为财政大权控制在郑谦手里，没钱怎么培养？

张宗昌退出上海和江苏南部后，1925 年 4 月，北京政府任命其为山东军务督办。这样，其部队继续北撤全部进入山东境内。江苏在名义上算是完全归卢永祥所有了，但是别急，张宗昌前脚刚走，张作霖后脚就派了姜登选过来。1925 年 5 月 21 日，奉军大举入关，姜登选率部进入上海，派邢士廉为上海戒严司令。郑谦的后台更硬了，毕竟以前张宗昌还是奉军的非嫡系部队，这姜登选却是嫡系中的嫡系，与郑谦关系又好，因此奉系对江苏的控制有增无减。日子实在太艰难了，卢永祥好歹也做过一方诸侯，如今有事无事都要向人家请示汇报，没有半点主权，实在太窝囊了。6 月下旬，卢称病辞职，终于把自己的苏皖宣抚使和江苏督办职务交了出来。与此同时，安徽督办王辑唐也因为兵少而驾驭不住省内局势，跟着宣布辞职。这样，在张作霖派兵护送卢永祥南下之后的 7 个月左右，苏皖两地全都落入了奉系之手。段祺瑞此时方才明白，自己为了卢永祥闹腾来闹腾去，开罪了直系不说，还把本来用于牵制奉系的齐燮元赶跑了，苏皖两省也送给了人家。合着自己的折腾只是为他人作嫁衣，人家不但不感谢你，你还得去感谢人家，真是赔了夫人又折兵。但是没有实力支撑的段祺瑞只好忍气吞声。

段祺瑞愿意忍气吞声，有一个人却不愿意了，这个人就是孙传芳。前文说过，孙传芳原本跟奉军约好各自撤出上海。张宗昌撤出了，但是姜登选又进来了，还带来了一个邢士廉的第二十师。1925 年 8 月份，北京政府继任命李景林为直隶督办、张宗昌为山东督办之后，又根据张作霖的建议任命杨宇霆为江苏督办、姜登选为安徽督办。这个任命很有问题，它引起了奉系的内部之争并直接导致了奉军在南方的失败，这是后话，不提。这里只提这个任命带给孙传芳的恐慌，那就是奉系势力步步为营，从东北沿着海岸线一路发展到了江南，下一步目标是谁不言而喻。与其坐以待亡，不如起而抗之，所以孙传芳下了决心一定要打一场反奉战争。

孙传芳要反奉，消息传给张作霖，张作霖却不信，认为三五年内奉军不打别人已经够可以的了，谁长了豹子胆还敢打他？持此观点的还包括张作霖的总参谋长杨宇霆，这个人当参谋长当腻了，想试试当督军的滋味，江苏督军任命下来后，他就不带一兵一卒的到江苏走马上任了。他以为凭奉系的实力没人敢反抗。当时的情况，江苏境内有身为江苏军务帮办的陈调元的第四师、白宝山的第一师、马玉仁的第三师以及郑俊彦的第十师，奉军则有丁喜春的第八师，驻南京，邢士廉的第二十师，驻上海，浦口一带还驻有隶属于郭松龄的第二步兵旅，这个步兵旅名为旅，其实辖三个步兵团，为一个师的建制，是奉军的精锐。而且陈调元早就要求将其所部编入奉军序列，所以陈部也算半个奉军了。从上述情况来看，奉军实力也并未占弱势，如果笼络得当，苏军完全可以为奉军所利用。张宗昌在的时候，就很好地利用了陈调元来控制苏军，以至于卢永祥根本无从插手。张宗昌这个人口碑不好，但待人接物却很有一套，杨宇霆在这方面实在差得太远。历史证明，杨宇霆这个人当参谋可以，当督军还真的不行，他差点给张作霖带来了灭顶之灾。

浙奉战争

物极必反，民国多少次战争都证明了这个道理。直皖战争时徐树铮执掌天下，面对的只是一个直系师长吴佩孚，结果惨败；等到吴佩孚执掌天下时，面对的是偏居一隅的手下败将张作霖，结果惨败；现在因果循环要落到张作霖头上了，他面对的只是直系残余孙传芳——一个小小的浙江督军，压根儿就不在一个重量级上，所以从一开始张作霖就没把他当回事。张作霖不把孙传芳当回事还情有可原，毕竟他远在天津，对情况不太了解。而作为深入前线的大将杨宇霆没把孙传芳当回事就太不应该了。事实上，此公非但看不起孙传芳，而且对所有江浙皖势力都没怎么放在眼里。

跟徐树铮、吴佩孚一样，杨宇霆也是前清秀才，所以书生的脾气也是有的，而且因为张作霖的宠信，他比前两位更加高调和志得意满。杨宇霆到南京就职时，军务帮办陈调元以及江苏的绅商过江到车站欢迎。杨宇霆盛气凌人，一见面就说江苏弄得太糟，军不像军，政不像政，弄得大家都下不了台。到了督署门口，只许他的车子进入，其他的包括帮办陈调元等也只能在门外下车。大家憋了一肚子的气。杨宇霆就职后，各师长需重新委任，陈调元、白宝山、马玉仁、郑俊彦等前来谢委，杨宇霆高高在上，模仿张作霖的口吻说："你们好好地干吧。"一副主子对奴才的模样，各师长均觉得受到了侮辱，他们摸不清杨宇霆到底是怎么想的，各自担心自己的前程，因此心里都欲去之而后快。所以说，张作霖用杨宇霆为江苏督办实在是个败笔，这个地方急需能笼络各方的人坐镇，而杨宇霆却恰恰相反，四面竖敌。当时姜登选曾经说过这样的话："江南的情形是很复杂的。邻葛（即杨宇霆）的手腕不够灵活，而气焰太高，应付不了江南的局面。江南的局面让我去应付，比邻葛要好得多"。

其实，当初张作霖安排的江苏督军并不是杨宇霆，而确实是姜登选，安徽督军安排的是郭松龄。这个安排是合理的，因为姜登选为人正直、诚恳，待人接物也比较低调，跟孙传芳又是老同学，关系也还可以，如果他当了江苏督军，估计后面浙奉大战不一定会爆发，至少不会发生得那么快。如果这样，那后面的包括郭松龄兵变、姜登选之死乃至郭松龄之死等等都不会发生。也是天意如此，偏偏张作霖快要通过北京政府任命姜登选的时候，杨宇霆突然横插一脚，态度坚决地表示他想去江苏当督办。张作霖很信任杨宇霆，心肠一软，也就同意了。这样一来，原拟任江苏督军的姜登选只好改任安徽督军了，原拟任安徽督军的郭松龄就什么也没捞着。这让在第二次直奉大战中立下大功的郭松龄心里

很不是滋味，觉得张作霖偏心，赏罚不公，因为在郭松龄看来，
杨宇霆这人也就要要嘴皮子，手无尺寸之功，偏偏身居高位，狐
假虎威，实在讨厌得很。郭松龄也是偏脾气，认死理，一怒之下就
把驻浦口的第二步兵旅调回了冀东，招呼都不跟杨宇霆打一下。郭
部这一走，奉军留在江苏和上海的部队就只剩两个师了，胜负的天
平发生倾斜。本来就对杨宇霆不满的江苏部队心态就发生了微妙的
变化，这是后来孙传芳能够顺利拿卜江苏的主要原因。

奉军轻敌和内耗的同时，孙传芳却在励精图治，积极准备与
奉军决一死战了。为了让战争的胜算更大一些，他北联冯玉祥，
中联岳维峻，制订了一个"联冯结岳"的战略计划。1925 年 4
月，他同冯玉祥结拜为异姓兄弟，形成了孙冯同盟，冯玉祥答应
孙如对奉军发动进攻，他将在西北作出挺进北京的作战姿态，以
牵制奉军。5 月，河南督办岳维峻表示如孙攻打奉军，他的部队
就以攻打山东相策应。10 月 7 日，孙传芳秘密邀请皖、赣、苏、
闽、浙五省代表到杭州开会，会议的主旨是"拥段反奉"，五省
代表共推孙传芳为五省联军总司令，周荫人为副司令。会后，孙
传芳封锁消息，各部向苏浙边境的太湖秘密集结。

浙奉大战即将开打了，此时奉军是什么形势？如果画一张由
北到南的地图，我们就可以看到，奉军呈一字长蛇状由东北蜿蜒
到江南，自黑龙江而起，经吉林、奉天、热河、直隶、山东、安
徽至江苏。这种一字长蛇状最容易受攻击，因为直隶的侧边是冯
玉祥的西北部队，他出兵就可以截断直隶，使奉军后路切断。同
样，山东的侧边是河南，岳维峻出兵也可以威胁山东。如此险恶
形势，有"小诸葛"之称的杨宇霆难道看不出来？他不是看不出
来，而是认为在奉军的积威之下，没人敢串联反对他们，他的如

意算盘打错了。

1925 年 10 月 15 日，孙传芳在杭州自封为"浙闽苏赣皖联军"总司令，当天宣告就职。分兵五路：第一路司令为浙军第一师师长陈仪；第二路司令为北洋军第八混成旅旅长谢鸿勋；第三路司令由孙传芳自兼；第四路司令为北洋军第二师师长卢香亭；第五路司令为浙军第三师师长周凤岐。后援部队为北洋军第十二师、第三十混成旅、第四旅。

孙传芳向以用兵神速机敏见称，此次讨奉从 10 月 10 日开始调动军队，不到五天即已尽赴前线。而奉军希望和平，居然迟迟没有准备。10 月 14 日，眼看大军倾压在即，为保存实力，杨宇霆和江苏省长郑谦电告奉军二十师师长兼上海戒严司令邢士廉，限一天一夜将二十师全部由上海撤出，退守苏州和常熟。邢士廉遵照杨的命令于 15 日全军撤退。当晚孙军即进占龙华，16 日孙军第一路陈仪、第二路谢鸿勋主力由沪杭路抵沪，沿沪宁路前进。卢香亭的第四路军则由长兴进占宜兴，邢士廉节节后退，18 日退至丹阳、镇江之间。孙部第一路、第二路自上海而苏州而无锡而常州与第四路会师前进。18 日邢士廉军殿后部队曾与孙军战于丹阳，入夜邢军不支而退。19 日晨孙军抵镇江，20 日孙军卢香亭、谢鸿勋部抵南京下关，谢部渡江向浦口进发。孙传芳本人 17 日晨至上海，19 日到常州，20 日下午抵南京下关，21 日晨凯旋入南京。

孙传芳进兵能够如此神速，与杨宇霆战术布置失误有很大关系。战前杨宇霆狂妄自大，未作任何准备。战时又惊慌失措，因担心冯玉祥在北方抄自己的后路而盲目急退。这样做的后果有三条：第一就是部队没怎么抵抗就损失惨重。急退影响军心，进而影响摇摆不定的人的立场。江苏境内陈调元及郑俊彦等人本来就对杨宇霆不满，这下看见奉军急退，于是趁乱打劫，奉军第八师丁春喜部在 18 日退兵的时候糊里糊涂地就被苏军陈调元的第四师及郑俊彦的第十师勒令缴械，丁春喜亦被俘。如果杨宇霆不是急退，而是有组织的掩护后撤，就不会出现这样未发一枪即被人缴械的窝囊情况，而且可以为奉军赢得在北方组织防御的时间。第二就是极大地鼓舞了孙军的士气，反过来影响了奉军的军心。打仗最重要的就是军心，本来孙军是以决死之心来挑战张作霖的，没想到奉军这么好打，基本上兵不血刃地就从上海打到了南京，然后渡江一直追到山东附近。对奉军而言，基本上是一路溃逃，好不容易逃到张宗昌的地盘上才能喘口气。张宗昌在山东组织防御，但此时士气已经大受影响，且组织防御的时间也比较仓促。第三就是直接促使了苏军四个师的反水。前文说过，苏军有陈调元的第四师、白宝山的第一师、马玉仁的第三师以及郑俊彦的第十师，这些势力原本持中立立场，在张宗昌守江苏时甚至因为陈调元的原因而一度靠近奉军，杨宇霆没有利用好张宗昌留下的这一财富，治苏两个月不到就已经弄得离心离德。奉军迅速撤退更让他们看不到希望，因此迅速地倒向了孙传芳一边。而这股势力，如果换作张作霖或者张宗昌，那必然是为我所用，一旦为我所用了，那等于奉军在江南增加了四个师，战场形势顿时就逆转了。

在徐树铮、吴佩孚以及杨宇霆这三个秀才当中，吴佩孚最有军事才干，徐树铮最能谋划军政大事，而杨宇霆则是三人中身居高位时间最长的。搞不明白杨宇霆为什么会有小诸葛之称，仅看这次督理江苏就觉得其人实在是名不符实。此人先是轻率冒进，后是落荒而逃。用毛主席他老人家的话说，那就是犯了进攻中的冒险主义和撤退中的逃跑主义。

由于杨宇霆的逃跑主义，姜登选管辖下的安徽境内各种势力一看有机可乘，于是纷纷起而响应。皖军第一旅旅长倪朝荣，第二旅旅长马祥斌等均通电响应孙传芳，同时要求保境安民。倪朝荣于 10 月 22 日率第一旅抵泗州，逼姜登选离开蚌埠，23 日姜登选乘铁甲炮车离蚌埠北上，通电辞皖督，并将督印交皖军第二旅旅长马祥斌保存，于是蚌埠也落入孙的五省联军手中。

杨宇霆捅了漏子，屁股还得郭松龄来帮他擦。10 月 22 日，张作霖在奉天召开重要军事会议，决定派四个师两个混成旅入关，守京奉、津浦两线，以防止冯玉祥从后路截断奉军。10 月 24 日，张作霖令郭松龄到天津去部署进攻冯玉祥的国民军。郭到天津后，代表张学良组织第三方面军司令部。不过他很有情绪，认为杨宇霆惹的祸要大家来扛，而张作霖居然对杨宇霆没有一点惩罚，实在太偏心了。这种不满情绪逐渐滋长，成为后来郭松龄反奉的重要原因之一。

再说孙传芳。此君一路北上，很快就抵达了徐州。张作霖准备在这里坚守，任命张宗昌为直、鲁、苏、皖防御总司令，姜登选为前敌总指挥。张宗昌于 10 月 21 日赶赴徐州就任直鲁苏皖防御总司令，将其所部直鲁军分为七军，自兼第一军军长，方永昌为副；施从滨任第二军军长，毕庶澄为副；孙宗先任第三军军长，程国瑞为副；褚玉璞任第四军军长，吴长植为副；许琨任第五军军长，张堵荣为副；六、七两军则来不及成立，全部兵力约12 万人。从张宗昌六、七两军都来不及成立就可以看出，杨宇霆败退有多快，而孙传芳的进军有多神速。这从另一个侧面证明了杨宇霆策略的失误。

孙传芳的联军布置分三路进攻，中路以卢香亭、谢鸿勋、陈仪等部会同皖军一部担任，由蚌埠前进；东路白宝山、马玉仁部苏军由宿迁前进；西路皖军及陈调元部由永城前进。

战斗开始，张宗昌对东、西、南三面取守势，以逸待劳，阵线很稳。后来发现白宝山、李启佑有隙可乘，于是令邢士廉部进攻白宝山，攻入海州，同时姚霁、滕殿英部由运河攻李启佑，进入宿迁。10月28至31日，姚、邢两路会攻马玉仁，围攻清江浦，任杨庄、西坝、土营等处激战，形势占优。但此时南路军情比较紧张，11月2日任桥发生激战，白俄兵团全军覆没，施从滨被孙传芳俘虏，后被杀。张宗昌在徐州闻讯，急赴前线督战，又电调孙宗先、方永昌两军，加入南路，但是未能迅速扭转战局。而自己后方空虚，担心岳维峻从河南进军抄了后路，所以在夹沟支撑了一二天后，无心恋战，于是准备放弃徐州北撤。11月6日晚，张宗昌下令城内外驻军一齐登车北去。7日，张率司令部文武人员及第三军军长程国瑞，铜山县知事贾月璧，由津浦路退韩庄。孙宗先第五师，由陇海路退砀山。东路许琨、姚霁由赣榆退日照。方振武由灌云退沂州。邢士廉、姚宝苍、倪占魁由海道乘帆船逃青岛。夹沟方面的2万余人则由于来不及后撤，在孙传部还没来得及围攻之前就一哄而散，不复存在。

至此，浙奉战争以奉军战败结束。

奉军虽战败，但除了丢掉江苏、安徽两省地盘外，实力并未受到多大影响。孙传芳把奉军赶出江苏后也无力北进，这样，双方就以鲁苏边境为界，形成了直奉两军的对立。只不过这次直系的领袖换成了孙传芳，他以浙闽苏皖赣五省联军总司令的名义，领有长江下游五省，成为吴佩孚败后直军内部最大的势力。此时距吴佩孚在第二次直奉战争中兵败下野刚好一年时间。

4

夹缝中的权衡

张作霖第二次进军关内后，摆在他面前的有三个问题。

第一个问题就是前文提到的奉系内部关系问题，总体分为新旧两派，而新派里面又分为拥新派和拥旧派，在新旧两派关系的处理上张作霖做得比较成功，没有引起大的矛盾。但在新派中处理拥新派和拥旧派之间的关系上则有很大失误，由于过分宠信杨宇霆而最终酿成了奉系内部的自相残杀，本章将作为重点予以阐述。

第二个问题是国内派系争斗问题，此时直系已经削弱，皖系垂死挣扎，其策略基本上没有出现大的失误，即从最初的争取皖系、联合冯系、打击直系到后来的联合皖系、排斥冯系、打击直系，再到后来的联合直系、打击冯系（此时皖系已彻底退出历史舞台）。整个策略的变化体现了形势变化的需要，在运用上比较成功。

第三个问题是国际问题。当时中国各大军阀背后基本上都有一个国家支撑。其中英美支持的是吴佩孚的直系，而张作霖以及日薄西山的皖系段祺瑞，其背后支持的是日本。张作霖在处理对日关系的策略上应该说是非常成功的，一方面他需要日本的支持，不敢得罪日本。另一方面他也不愿卖国，在涉及国家主权问题上寸土不让。总体上他用的战术就是"忽悠"，日本人被他忽悠了十几年，出钱出枪出力最后却基本上没得到啥，实在郁闷得紧。当时日本人对待张作霖的态度就是食之无味，弃之可惜。最终，"热血青年"河本大作用炸药的方式结束了张作霖与日本的这种关系。

下面章节重点讲张作霖在权衡上述三个问题时的重要选择。

新旧之争与郭松龄反奉

提起新旧之争，不能不提起郭松龄。

郭松龄这个人，有才干，但是志向远比才干大，才只是将才，想法却很多。郭在张作霖帐下辅佐张学良的时候，一应军政大计和用兵调度，全出自于郭，因为郭在治军用军方面确实很有一套，所以张学良对他言听计从，从来不加以掣肘，但是郭松龄也有很大的缺点，那就是缺少总揽全局的胸襟和气度，不懂刚柔并济的道理，于官场人情世故更是半点不通，这方面与后来的国民党整编七十四师（其实就是一个军）师长张灵甫很相像。张灵甫在孟良崮被围，李天霞和黄伯韬等人见死不救，就是因为张灵甫平时有意无意地把他们全都得罪了，战争年代这种不好的人脉关系最要命，因为友军是否协同配合往往直接决定着战争胜败甚至身家性命。郭松龄的这个大缺点以前没怎么显露出来，就在于他身后有一个张学良，张学良这人打仗不怎么的，当统帅倒是块料，为人宽厚又知人善任，还是张作霖的大公子，钦定的接班人，在人脉关系上没有摆不平的，所以郭张合作，有了张的支持郭的军事才华才得以充分发挥出来，可惜郭没有认识到这点，总以为战绩都是自己的，加上有点理想有点抱负，总以为可以做一番大事业，就很有点瞧不起土大帅张作霖。

当时张作霖统管下的奉系有新旧两派之说，旧的不用说都是跟张作霖一起从绿林草莽中混过来的，成员有张作相、张景惠、汤玉麟、孙烈臣、吴俊升等，这些人跟张作霖都是拜把子兄弟，在奉军中担任军政要职。新派都是军校出身的人，又分为两派，一派是士官系，成员大多是从日本士官学校毕业的，包括杨宇霆、姜登选、韩麟春等人，多担任军长及以上高级职务，这一派虽说属于新派，但跟旧派关系密切，大多是围绕着张作霖为中心的，希望建立张作霖统一天下的局面，所以笔者在这把他们称为拥旧派；另一派是"陆大"派，大多毕业于中国陆军大学和保定军官学校，包括郭松龄、魏益三、刘伟等人，多担任师旅长等军队中的中上层职务，这一派是以张学良为中心的，形象一点的说法就是太子党，他们思想比较激进，跟南方革命派的观点也比较接近，从内心里更希望与南方革命派联盟，笔者在这里把他们称为拥新派。

前文说过，在对新旧两派的处理上，张作霖处理得比较成功。他借第一次直奉战争的失败为由，启用姜登选、张学良等人进行整军经武，除了保有张作相、吴俊升等基本部队外，在新军的编排和训练上，基本上让原来的旧派靠边站了，新军逐步发展成为奉军的绝对主力。这一场新老交接比较平稳，没有引起较大的波动。而接下来在处理新派中的拥旧派与拥新派的关系中，张作霖心里就比较矛盾了。拥旧派是以他为中心的，代表着现在；拥新派是以他儿子张学良为中心的，代表着未来。所谓新旧之争，其实就是围绕张学良和张作霖之间的两派之争，虽然张作霖与张学良父子之间没有裂痕，并且张作霖本人也是把张学良作为身后的接班人加以培养的，但是以杨宇霆为首的"拥旧派"和以郭松龄为首的"拥新派"，由于思想认识不同，身处位置不同，加上杨与郭又素来不合，分别仗着老帅和少帅的宠信，更成水火不容之势，因此矛盾越来越尖锐。

1925 年 6 月份以后，两派之争达到了白热化程度。原因前文已经说过，就是张作霖在任命直、鲁、苏、皖四省督办的时候，经再三权衡，任命了李景林为直隶督办、张宗昌为山东督办、姜登选为安徽督办、杨宇霆为江苏督办。诸位可以看得出来，这份名单基本上都是拥旧派的，而拥新派则一个也没有。前文已经说过，本来张作霖任命江苏督办为姜登选，安徽督办为郭松龄。郭甚至为此做好了准备，他派军需处长张振鹭两次到安徽进行了调研，派自己的骑兵团长彭振国先行一步到安徽督办署当参谋长，又派自己的第二旅刘伟部驻扎安徽蚌埠。此外，郭的陆大同学王普非常欢迎郭松龄到安徽上任，王普有一个师的兵力驻扎皖南，有地方实力派支持，郭到安徽可以说顺风顺水。可惜的是，就在一切准备停当就等走马上任时，杨宇霆横插一脚要去江苏当督办，因为杨宇霆的这个要求，张作霖就临时改变了计划，导致了郭松龄一切准备都成空。

　　从今天来看，张作霖的这个人事安排无论从哪个方面来说都是不妥当的。第一，仅因为杨宇霆一句话就改变了以前的部署，无论有什么样的理由都不足以服众，都会让人觉得太过于宠信杨宇霆了，尤其是在两派之争日益尖锐化的时候，更会让人对杨宇霆心生反感，其结果不是帮了杨宇霆而是害了杨宇霆，让他四面竖敌，三年后杨宇霆的被杀跟这也是有关系的；第二，从当时江苏、安徽的实际情况来看，姜登选到江苏、郭松龄到安徽都是最合适的安排。因为姜善于处理人际关系，到苏可以争取苏的支持。而郭到皖因有实力派同学帮助，地位会更加巩固。这样的两个人坐镇两地，孙传芳要发动浙奉战争就要好好考量一下了。即使发动了，胜败结果也未可知，苏皖两省不至于丢掉，奉系也不会败退到山东境内。所以后来杨宇霆兵败，郭松龄的埋怨是很有道理的。可惜张作霖再一次犯了错误，居然对丧师失地的杨宇霆不加任何惩罚，依旧任命他为总参议。当然，张作霖此举意在进一步笼络杨宇霆，虽然确实获得了杨宇霆的忠心耿耿，但从另一个方面却冷了更多将士的心。尤其是拥新派心里更加愤愤不平，由对杨宇霆的恨进而升级为对张作霖的不满，从而军心动摇，埋下了兵变的隐患。

　　郭松龄反奉后，张作霖谈起当时的人事安排，谈到为什么不用郭松龄，张作霖认为郭松龄是跟张学良一起的，将来的天下都是张学良的，到时张学良自然会予郭松龄以重要职位的，反倒是对自己忠心耿耿的杨宇霆这些人，跟太子党的关系不咋的，一旦太子党当权必定吃亏，所以想提前安抚他们一下，让他们得到一些好处。从这里可以看得出来，张作霖也是性情中人，他对郭松龄的安排，不是着眼于现在，而是着眼于将来，郭松龄只要隐忍待机，将来铁定是一人之下，万人之上的。可惜当年的郭松龄并没有理解老帅的这份苦心。也说明他们之间的沟通还是不太通畅，才造成了反目成仇、两败俱伤的结果。

1925年11月21日，郭松龄正式举起了反奉大旗。此时正是浙奉战争刚刚结束后的两个星期左右，奉军在浙奉战争中丧师失地，面临着孙传芳军北上和冯玉祥军东进的双重威胁。张作霖派郭松龄入关组建第三军团，目的就是对付冯玉祥，然而郭松龄却与冯玉祥以及当时的直隶督军李景林结成了同盟。11月22日晚，郭松龄发出了讨伐张作霖、杨宇霆的通电，提出了三大主张：一是反对内战，主张和平；二是要求祸国媚日的张作霖下野，惩办主战罪魁杨宇霆；三是拥护张学良为首领，改革东三省。

1925年11月23日，郭松龄在滦州车站召开军事会议，宣称："在老帅面前专与我们作对的是杨宇霆，现在叫我们为他们收复地盘，为他们卖命我是不干的，我已拿定主意，此次绝不参加国内战争。"郭松龄拟定好了两个方案，一个是倒奉驱逐杨宇霆的，另一个是支持张作霖与国民党北伐部队一较高下的，请大家选择签名。与会将领绝大多数在第一个方案反奉宣言书上签了字。唯有第五师师长赵恩臻、第七师师长高维岳、第十师师长齐恩铭、第十二师师长裴春生等30多人犹豫不决，有的人还表示了反对。郭松龄将这些人逮捕，押往天津李景林处关押了起来。最后郭说："我这样行动等于造反，将来成功自然无问题，倘不幸失败，我唯有一死而已。"郭松龄将所部改为5个军，郭亲任总司令，原炮兵司令邹作华为参谋长，刘伟、霁云、魏益三、范浦江、刘振东任军长。当天，郭部七万大军向奉天进军，一场血战就此拉开了帷幕。

战争伊始，张作霖猝不及防，压根儿没有想到深受自己大恩的郭松龄会反自己，自己的精锐部队除了已经造反的郭松龄部以外，还有就是刚刚从南方败退到山东、直隶一带的杨宇霆、姜登选、李景林等部，杨部被直系军阀孙传芳击败以后，基本上是孤家寡人逃回奉天的。姜登选更惨，途经郭松龄防地时，未加提防被郭松龄直接逮捕枪毙了（当时姜还不知道郭已反），剩下一个李景林，已经与郭松龄部结成了同盟，枪口指向自己。关内只剩下了当年和自己创业的一帮老兄弟，他们率领的部队跟当年做土匪时相比，实在没有长进多少，不仅技战术落后，武器落后，而且多年没有征战，士气相当低迷。

郭松龄举着张学良的旗帜反奉，果然如郭松龄战前所料一样顺风顺水，进展迅速，起兵 5 天后，郭军即攻占了山海关。起兵第 9 天，辽西遭遇一场百年不遇的大风雪，郭军穿着秋装从结冰的海上进行偷袭，迅速突破了张作霖的连山防线。起兵第 12 天，郭军夺取了连山。起兵第 14 天，郭军攻占了锦州。当时，张作霖所能调动的只有老兄弟张作相的第五方面军 5 万多人，黑龙江的部队由于苏联控制的中东铁路拒绝运送张的部队而无法及时到达，形势的发展对张作霖十分不利，张作霖已经被逼到了悬崖边上，几近陷于绝境。

张作霖三招平兵变

危难面前方显英雄本色，面对这场突如其来的变故，张作霖从最初的惊慌中迅速稳定下来，采取了拦头、截尾和黑虎掏心三招来对付这场实力悬殊很大的平定兵变的战斗。

第一招截尾。之所以把截尾做为第一招讲，是因为张作霖这一招最先出手，且效果明显，直接就断了郭松龄的归路，使其从一开始就处于无后方作战，一开始就面临有进无退的局面。

郭松龄是个极有谋略的高级将才，在起兵反奉之前，各方面的准备工作都做得相当完备，仅就其在时机的选择上也可略见一斑，其出兵选择的时间点，正是关内兵力极度空虚而关外兵力刚刚挫败之时。为了避免自己进军关内被别人抄后路的情况，同时也是为了增加胜算，郭松龄起兵之前就已经筹划好了与时在直隶的李景林和雄霸西北的冯玉祥之间的联合。

早在 1925 年 10 月初，郭松龄作为奉军的代表去日本观操时就借机与冯玉祥搭上了线。当时郭松龄很偶然地得知了张作霖要以落实"二十一条"为条件，准备由日本提供军火进攻冯玉祥的国民军。此事激起郭松龄的强烈义愤。郭松龄这个人心胸不大，但爱国方面却很伟大，他一直不太赞成军阀之间你争我夺的内战，尤其是对国民党组织的北伐国民军抱有好感，此时冯玉祥已经被国民党招安成了国民军，所以郭更加不愿意张大帅牺牲国家利益而与冯开战了。其实张作霖与日本打算签"二十一条"也是假的，只不过拿来忽悠日本人，希望取得日本人支持而已，真要涉及国家利益，张作霖也是个铁血男儿，寸土不让的。只不过忽悠日本人还没成功，一不小心倒把郭松龄给忽悠进去了，更增加了郭松龄反奉的决心。郭便将此事告诉了当时同在日本观操的国民军代表韩复榘。韩此时是冯玉祥手下最得力的心腹，郭对韩表示："国家殆危到今日这个地步，张作霖还为个人权力，出卖国家。他的这种干法，我无论如何是不能苟同的。我是国家的军人，不是某一个私人的走狗，张作霖若真打国民军，我就打他。"

并请韩向冯转达了自己的合作意向。

1925 年 10 月 24 日，郭松龄返回奉天后即被派到天津去部署进攻冯玉祥的国民军。郭到天津后，代表张学良组织第三方面军司令部，他利用这一时机，时刻准备着与冯玉祥之间的联系。

再说韩复榘于 11 月 5 日回到了绥远特区的包头，向冯玉祥报告了他和郭松龄在日本谈话的内容。当时冯玉祥也在困境当中，被张作霖逼着一起去南方进攻孙传芳。张作霖的意思很明确：我张大帅部下杨宇霆、姜登选被孙传芳打败了，你冯玉祥跟我一起去打孙传芳吧。如果你不同意，咱俩老账新账一起算，我就带兵来打你，如果你同意了，我可以让出保定大名等防地，还支援你一批武器，你看着办吧。冯玉祥单独反张力量不够，没奈何正准备低头服张，韩复渠的这个消息来得太及时了。为表慎重，冯让韩传话说要郭写个亲笔的东西。11 月 19 日，郭松龄派其亲信李坚白和弟弟郭大鸣赶赴包头，带去了郭松龄的亲笔密信。密信的主要内容是：张作霖勾结日本帝国主义订立祸国殃民条约进攻国民军，我誓死反对；如果奉张进攻国民军，我即攻张，我的部队番号拟改为国民第四军或改为东北国民军；我的部队将来开发东北，绝不过问关内的事。

冯玉祥见到密信异常兴奋，双方正是你情我愿，因此迅速签订了密约。

对于李景林，郭松龄早就把他视为自己人，原因是郭松龄曾经救过李景林的命，于李景林有大恩。第二次直奉战争时，张作霖命令李景林进攻热河。因为李景林是直隶人，图谋直隶地盘，便在攻下热河后，擅自率领骑兵直捣天津并占领了天津，把直隶省长王承斌赶走了，霸占了省长公署。李景林美梦是成真了，但却打乱了张作霖的战略部署。张作霖大怒，作势要杀李景林，郭松龄及时劝阻说，我军刚入关就阵前斩杀大将，于军心不利。张作霖其实也是作势给别人看的，叫他真的杀李景林那还是舍不得的，正好有个台阶，于是卖了个面子给郭松龄，没有杀李。李景林却因此很感激郭松龄。听到郭松龄反奉大计后，李景林毫不犹豫地表态要跟郭松龄一起干，保证他的部队将随郭军之后向山海关方面移动，以资接应。

就这样，郭松龄、冯玉祥和李景林结成了反奉三角同盟。

讲到上述情况，大家可以看得出来，郭、冯、李三角同盟虽然形成了，但是这个三角同盟是建立在并不牢固的利益和并不深厚的恩情上的，一旦有更大的利益出现，这个三角同盟就面临破产的危险。张作霖何等精明人物，一眼就瞧出了其中的破绽所在。

张作霖的第一招"截尾"就截在了李景林的头上。郭松龄于李景林有恩，张作霖待李景林更加不薄。从 1912 年李景林被张作霖的儿女亲家鲍贵卿招为黑龙江巡防队军官起，李景林就在张作霖的关照下，一路高升，从团长、旅长到梯队司令，一直到直隶督办，其地位甚至超过了最让张作霖宠爱的杨宇霆。当时杨为江苏督办，表面上与直隶督办是平级的，但诸位都知道，直隶为京畿要地，直隶督办的地位不言而喻，当过大总统的袁世凯、曹锟都是在直隶总督上的位子上爬上去的。因此当张作霖派使者说明自己对李景林的苦心栽培并送上 40 万大洋时，李景林马上就明白了该做什么。

让李景林迅速改变立场的还不止这些，主要还是因为冯玉祥。虽然已经结盟，可是经过张作霖一提醒，李景林马上意识到冯玉祥虎踞西北，一直都在虎视眈眈地觊觎着直隶这块地方，自己如果跟着郭松龄进军山海关，那岂不是把直隶送给了冯玉祥？因此李景林选择了按兵不动，谁也不帮，守好自己的防地就行。

李景林只守不攻，张作霖要的就是这种结果。

张作霖要这种结果，冯玉祥却不要，他倒不是真心帮郭松龄，而是因为他要的是直隶，1925 年 12 月，在郭松龄反奉战争打得如火如荼的同时，他的两个盟友李景林同冯玉祥正式开打了起来，如此一来，经过张作霖的运筹，原来三打一的局面，倾刻变成了二打二，且李景林还直接威胁着郭松龄的后路，影响着郭松龄的军心，只要郭松龄在前方战事稍一失利，其军心就面临着动摇的危险，后来的巨流河之战就很好地验证了这点。

第二招拦头。张作霖使用乾坤大挪移的截尾战术之后，局面顿时大为改观，由原来的三打一变成了二打二，但是即便如此，以关内奉军的老弱病残，加上兵力分散，短期内无法集中，因此无论如何也抵挡不了当年奉军最精锐的部队——如今倒戈一击的郭松龄部，如果没有什么好的应对办法来拖延时间，以便于关内主力集结，张作霖还是只有通电下野一条路可走。事实上，在郭松龄占领锦州后，张作霖当即命令内眷收拾细软转移，大帅府内上下手忙脚乱。10 时检点就绪，即以电车 27 辆，往返输送（家私）南满货栈。然后令副官购入汽油 10 余车及引火木柴等，布满楼房前后，派兵多名看守，一旦情况紧急，准备逃跑时付之一炬。

奉天省长王永江还按照张作霖的意思，召集省城要人开会。他还转述张作霖的话说："政治好像演戏一样，郭鬼子嫌我唱得不好听，让他们上台唱几出，我们到台下去听听，左右是一家人，何苦兵戎相见。烦你们辛苦一趟，专车已经备好，你们沿铁路向西去迎接他，和他说明，我们准备正式移交。"可见彼时危险确已到了千钧一发之势。

关键时候，张作霖实施了拦头战术，延缓了郭松龄的进攻。这拦头战术实施得并不太光彩，其实借助的就是前面提到过的日本人的力量，这个时候，也只有日本人能够帮他了。张作霖在此运用了忽悠手段，他向日本人表示，只要能保住他的地位，"一切要求都好商量"。日本人乘机提出增筑吉会等7条铁路、获得商租权等侵害中国国家主权的要求，张作霖为一时之急，同意了日本人的无理要求，双方订立了反郭密约，对于张作霖来说，这密约也就是一张用来忽悠日本人的纸，只要我张作霖渡过了难关，到时怎么干还得由我说了算，事实上后来一项也没有兑现。这忽悠的本领，张作霖可比郭松龄强多了，其实日本人在跟张作霖接洽之前，也曾经找过郭松龄的，只不过被郭松龄断然拒绝了。

1925年12月8日，关东军司令官奉日本内阁之命对张、郭两军发出警告，宣称日本帝国在双方交战之地有重大权利与利益。因此，在日军守备区域内，如因战斗或骚乱带来损害，日军有必要采取保护措施。12月10日，关东军参谋浦澄江中佐赴锦州向郭松龄递交警告书，并威胁说："我帝国完全准备好了应付阁下任何行动方案，顺便转告。"

此时，大凌河铁桥及沟帮子铁路给水塔被奉军炸毁，不能通行火车，郭松龄被迫改变策略，以主力徒步向奉天进发。另派一旅袭取营口，抄东路侧击奉天。1925年12月13日，郭军前锋抵达沟帮子，右路军马忠诚旅抵达营口对岸。

1925 年 12 月 14 日晨，经多次拉拢郭松龄无效后，日本守备队奉白川司令官的命令对渡过辽河开往营口市区的马忠诚旅进行强硬阻挠，迟滞了郭军原定 14 日对奉军发起总攻的时间。15 日，白川司令官将大石桥、辽阳、奉天、抚顺、铁岭、开原、长春等 14 个铁路沿线重要城镇划为禁止武装部队进入区域，禁止郭军通过。随后，又从日本国内和朝鲜紧急调入两个师团，分驻马三家、塔湾、皇姑屯一带，拱卫奉天，一旦奉军危急，便可出动。

日本人的迎头干涉使郭松龄的部队不能顺利通过日本所谓的守备区，从而不能如期发动总攻，从而使张作霖有了喘息之机，使他得以从容调动部队，组织了六七万人马防守在巨流河东岸，并任命张学良为前线总指挥。此时的张作霖，已经集结起了从黑龙江急援而来的吴俊升骑兵部队，还有一支炮兵部队，炮兵虽赶不上郭军，但使用的多数是由奉天兵工厂运来的新炮以及日本重炮。而且，由日本人亲自指挥和操纵这些炮队，弹药也由日本人提供，实力得到了明显提升。

即便这样，以郭松龄七万精锐兵力加上优秀的指战员和战略战术，如果硬打下去，张作霖也只能防得了一时，时间稍长就会顶不住，奉天陷落也只是迟早的事情，在这种情况下，张作霖使出了第三招，这招是致命的一招，叫做"黑虎掏心"，一招下去，郭松龄七万大军如水银泻地般一夜崩塌，从而完成了戏剧性的惊人逆转。

第三招黑虎掏心。这里所说的黑虎掏心，并不是战略战术上派一支部队深入腹地端掉敌方司令部的通常做法，而是指的挖掉敌方的军心，瓦解士气，从而使士兵普遍厌战或者不愿意再战斗下去。中国历史上著名的垓下之战，韩信就使用了这条计策，一曲思乡的楚歌瓦解了项羽军队的斗志，最后迫使项羽兵败自刎，成就了刘邦数百年的大汉王朝。张作霖当时是东北黑土地上当之无愧的虎王，所以这里就称为黑虎掏心。张作霖黑虎掏心的战术是分了三步走的：

第一步：釜底抽薪。郭松龄反奉的时候是花了些心思的，因其所统之兵都是第三军团的，而第三军团长是张学良，只不过张学良对郭松龄特别信任和依赖，使得郭松龄逐步掌控了这只部队。当时三、八旅（即第三军团的前身）的事务一般都由郭负责，整军和作战实际事务也由郭松龄操持。时人评价说："张对郭推心置腹，而郭对张也鞠躬尽瘁。一般人都认为郭是张的灵魂。"而张学良自己也说："我就是茂宸，茂宸就是我。"由于这一特定关系，郭松龄深知起兵不能反对张学良，否则就丧失了道德高地，很难指挥得动第三军团。所以郭松龄用的借口就是老帅糊涂，重用佞臣杨宇霆，杨宇霆在江苏丧土失地，弟兄们为了他死的死，伤的伤，他一个人逃回奉天不但未受惩罚，反而照样做他的总参议，这是典型的赏罚不公，是非不明，今天为了东北家乡，为了奉军团体，决心请老帅下野，请少帅出山，以建设东北，休养生息。这个借口非常符合少壮派（太子党）的心声，因此得到了普遍支持。可以说，郭松龄的这种借用张学良名义反对张作霖的策略在初期收到了奇效，是其能够发动反奉战争的原因，不少人是受了蒙蔽就糊里糊涂地上了贼船。

针对这一情况，老帅张作霖心知肚明，在查清楚张学良并没有参与郭松龄倒戈事件后，张作霖立马采取了釜底抽薪的措施，他做了两件事，第一件事是让杨宇霆立马辞职，抽掉了第一根薪，即郭松龄反奉的主要理由——老帅是非不清，重用杨宇霆。

那么你郭松龄看清楚了，我张大帅知错就改，这个与其说是从善如流，还不如说是做给郭松龄部下看的；第二件事就是让张学良出马劝和，抽掉了第二根薪，你郭松龄不是打着张学良的旗号吗？那好，本大帅就让张学良来跟你谈，看看张学良是什么态度。郭松龄起兵反奉后的第二天张学良就赶到了秦皇岛，先后三次要见郭松龄均遭婉拒，最后张学良只得通过日医守田转交了一封亲笔信，信中写道：

> 茂宸兄钧鉴，承兄厚意，拥良上台，隆谊足感。唯良对于朋友之义，尚不能背，安肯见利忘义，背叛乃父。故兄之所谓统驭三省，经营东北者，我兄自为犹可耳。良虽万死，不敢承命，致成千秋忤逆之名。君子爱人以德，我兄知我，必不以此相逼。兄举兵之心，弟所洞亮。果能即此停止军事，均可提出磋商，不难解决。至兄一切善后，弟当誓死负责，绝无危险……学良顿首。

张学良的亲笔信发出后，起初没有任何回音。但是到了11月27日，有回音了。为什么不早不晚，非得到27日才有回音，这主要是因为郭军进展顺利，自11月23日起兵到27日已攻占了山海关、绥中，这时郭松龄自以为胜券在握，不再忌惮张学良的影响了，于是一脚踢开了张学良这个旗号，免得他绊手绊脚，郭松龄回复张学良的停战条件为：一、山东归岳维峻；二、直隶归冯玉祥；三、热河归李景林；四、郭回奉执政，统掌东北。这四条里面，最关键的是第四条，传达的意思就是拥你张学良是假的，应该由我郭松龄独自掌控东三省，以实现改造东三省的目的。

到此一步，郭松龄的目的已经昭然若揭了，心存幻想的张学良也改变了对郭松龄的同情态度，转而坚定地站到了老帅张作霖一边，张作霖的釜底抽薪计划取得了完全成功。

从今天的角度来看，郭松龄的停战四条件使其彻平丧失了道德高地，因此是非常失策的：楚汉之争项梁、项羽起兵时还要捧着个楚怀王；三国曹操那么有实力，在世时也还是捧着个汉献帝，因为这些人都明白道德高地与人心向背的关系，郭松龄可能也明白，只是太过轻敌又急于求成，从而给张作霖创造了瓦解军心的机会。

第二步：恩义对垒。前文已经说过，张学良对郭松龄可以说是恩宠备至，优待有加，甚至说了"我就是茂宸，茂宸就是我"这样的话，这在第三军团人尽皆知，此次平叛，危难关头，张作霖让张学良重组第三军团，将原第三军团中郭松龄尚未带走的极少部分加上教导队临时改组，作为主力正面与郭松龄对垒，这支部队人数既少，编制又不统一，好在战斗意志旺盛，官兵都痛恨郭松龄忘恩负义，因此只求打败郭军，不惜牺牲一切，从这一点也可以看出郭松龄丧失道德高地后对敌我军心的影响。

从纯军事角度讲，张学良根本就不是郭松龄的对手，以前在军校时郭是张的老师，所有军事计谋加策略均是郭教给张的，后来在部队共事时郭是张的主心骨，郭的所有军事计谋加策略均在实战中得到了检验，反观张学良，除了依靠郭松龄以外，自己基本上没有真刀真枪地在战场上指挥过一场战斗。这场对垒，如果仅从军事角度上来说，张学良可以说是毫无胜算。

但这场发生在巨流河的战斗，妙就妙在它不仅是军事上的对垒，更是一场恩义上的对垒。张作霖于个中关窍把握得极其精准，他没有自己亲自披挂上马，而是让张学良上，这一招太有用了。张学良这个人，宅心仁厚，为人宽宏大量，颇有三国刘备的长者之风，很得部属拥戴，且对郭松龄极有恩义，如今郭松龄挟连战连胜之威，面对以哀兵姿态出现的旧主，其部属会怎么想？兼且很多部属原本就是糊里糊涂地被郭松龄以张学良名义哄骗上船的，此刻了解事情真相，如何能对自己的旧主下手，即便迫于形势下手，也要留有三分余地。最突出的例子就是郭军的参谋人邹作华，其本人兼炮兵司令，在面对张学良时，他指挥炮兵发射空炮，不能发挥威力，失去了炮兵支持的郭松龄部形势更加严峻。

1925 年 12 月 22 日，受寒冷、缺粮以及弹药困扰的郭松龄不等主力集中便发出了总攻命令，对兴隆店张学良的司令部形成了包围之势，但因军兵面对旧主手下留情外加弹药供应不足等原因，战场呈胶着状态。此时，张作霖的老兄弟吴俊升从千里之外的黑龙江率领骑兵杀到，炸毁了郭军在白旗堡的弹药库。郭军遭此严重打击，士气更加低落，士兵中流传着："吃张家，穿张家，跟着郭鬼子造反真是冤家"的话，当年项羽垓下之战时士卒传唱楚歌以致军无斗志的一幕出现了。

张学良乘势加紧策反工作，亲自给郭军军官打电话，讲明形势，表示既往不咎，致使郭军全线震动。23 日夜，郭松龄召开军事会议商议策略，将领们态度很不统一，一部分主张停战议和，另一部分认为战力对比明显战优，因此还是积极主战，郭松龄也认为无论如何自己的实力比对方高出很多，因此仍然决定和奉军决一死战。24 日拂晓，郭松龄亲立阵头督师，然而，郭松龄的兵本就是张学良的兵，明白了个中真相的中下级军官以及士兵不愿对张学良开火，纷纷投诚。最后给郭松龄致命一击的是，参谋长兼炮兵司令邹作华将所部炮兵旅全部撤回，并停止前线子弹供应，郭军于是全面崩溃。

第三步，既往不咎。在一场恩义对垒面前，尽管郭松龄拥有军事上的全面优势，最后还是以惨败告终。据说郭松龄兵败后非常恓惶，被抓之时藏身于一百姓菜窖内，身边无一兵一卒，只有其妻韩淑秀。内人被解至老达房村时，被下令就地枪决。原因是杨宇霆担心将郭松龄解送到奉天后，张学良一定会想办法救他的，于是先下手为强。一向宽厚的张学良也确实想挽救郭松龄的性命的，只是迟了一步。

奉军的这场内斗让奉军元气大伤，按照杨宇霆的意思，对于跟随郭松龄造反的，除了迫于形势的以外，其余均应严惩，但是张学良不同意，毕竟都是自己的老部下。张作霖也觉得挺难办，对如此犯上作难的人都手下容情，将来会不会产生第二个郭松龄？最后还是张作霖的把兄弟张作相救了大家，张作相为人宽厚，认为严惩解决不了问题，反而会让奉军伤筋动骨，影响军心和士气，因此主张既往不咎，张作霖最终听从了这个意见，除了首犯郭松龄以外，宣布对其余的人一律重用，不咎既往。

巨流河前线停火后，郭松龄所属的一至四军的军长、旅长都陆续来见张学良请罪，其中第一军军长是刘伟，张学良问刘伟："刘佩高，你怎么干这个不是人的事？"刘伟答道："有不是人的长官，才有我这个不是人的部下。"张学良很欣赏他的个性，经张作霖同意后还是让他回第二旅当旅长，后来在河南作战时，晋升刘伟为第十一军军长。

刘伟是跟随郭松龄反奉的第一干将，能得到如此优待，也说明张作霖用人确实很有胆魄，不过经此一役后，刘伟对张家父子从此忠心耿耿，再无二心了。

张作相一哭救三军

前文已经说过，张作霖对跟随郭松龄反奉的诸将既往不咎，体现了他的胸襟和气度。但事实远比我们上文提到的要复杂很多，整个过程一波三折，凶险万分，如果不是张作相全力救护，那么为了泄私愤而屠杀战败的原第三方面军郭军诸将是完全有可能发生的。

1925年12月24日，郭松龄战败已成定局。郭召集身边的高级将领开会，委托第四军军长霁云收集残部，停战听候张学良处理，自己则率200人出走。郭出走后，邹作华便以总部参谋长身份电令各军停止进攻，并打电话给张学良联系，双方战斗于是停止。

张作相

午夜，张作相以及张学良的代表蒋斌、姜化南来到了郭军总司令部，彼时郭军内部人心惶惶，不知道将来会面临什么结局。据张作相当时的参谋处长王之佑回忆，张亲自对大家讲话，说我们都是多年袍泽、乡亲至友，在这次战乱中，兵戎相见，这是东北的不幸，也是每个人所痛心的。如今郭松龄已逃走，一切过错都由他负责。郭松龄逃走时既然吩咐大家听张学良军团长的命令，这就是愿意我们再行团结，因此人人应本着这个意见，释去嫌疑。在战斗中，死去的袍泽无法挽救，但活着的官兵由我负责，确保大家安全。我去沈阳向老将（即张作霖）请求宽恕，有我一息尚存，就不致再有什么不幸的事发生。张作相在东北军中素以忠厚闻名，又是张作霖的铁杆拜把兄弟，因此他说的话大家都相信。于是紧张的气氛有所放松，大家各归就寝。第二天全线停火，张学良自巨流河赶到新民车站，同张作相商定所有郭军官兵及武器装备均交由张学良后来组建的第二方面军接收。因参与兵变的所有郭军官兵均是张学良原来第三方面军的，换句话说也就是所有郭军官兵均归还原第三方面军建制。

我们知道，奉军如果按地方分一共包括三个方面：即奉天部队、吉林部队和黑龙江部队。此次参与兵变的第三方面军是奉天部队，也就是说是张作霖起家的嫡系部队，在东三省各部队中武器装备和人员素质都是最好的，一直是历次大战中冲在前面的精锐部队。而这次平乱，张作霖后方因为无兵可派，只能借重于张作相和吴俊升，也就是借用了吉林部队和黑龙江部队来打自己的奉天部队，对于张作霖感情上的伤害可想而知。最要紧的是，一些心怀不满的或者乘机挑事的人，更想利用这个机会来整一整奉天部队，最好全员收编，至不济的话也要杀一批人整整奉天部队的风头；旧派的一些人则因为张作霖在整军经武过程中重用了军校毕业的学生军人，冷落了一帮老兄弟，因而也有意见，此番希望抓住机会整一整他们；而杨宇霆为首的新派中的"拥旧派"，由于对郭松龄恨之入骨，也希望借此机会出口恶气。就张作霖本人而言，一方面确实是恨这些有新式思想的学生军人背叛了自己；另一方面也是形势所迫，毕竟是自己的嫡系出了问题，人家吉林和黑龙江的非嫡系部队都在看着，他们为了帮助平乱而损失了不少人，又没捞到什么好处，不杀几个人是不好安抚人心的。所以当时的形势确实是要杀一批，特别是郭松龄任命的几个军长，即第一军军长刘振东、第二军军长刘伟、第三军军长范浦江、第四军军长霁云。第五军军长魏益三因为驻扎在山海关，一看形势不对就率军投向了冯玉祥，因此张作霖暂时奈何不了他。

基于以上原因，在 12 月 25 日商讨郭军善后问题的会议上，与会的吴俊升、杨宇霆、张景惠、王永江等一批东北军政要员，基本上都强烈要求诛杀几个人以平众怒。只有张作相一人坚决反对，认为眼下不是泄私愤的时候，因为冯玉祥部正在关外虎视眈眈，眼下最重要的是精诚团结，一致对外。争辩了两个多小时，张作相一人势单力薄，眼看于事无补，他当场急哭了，若断若续地说："那就先杀了我，免得再看惨剧发生。"

彼时张作相是第五军团长，吉林省督军，从连山开始一直到巨流河大战之前，主要都是张作相的部队在节节阻击郭军，延缓了郭军的进攻势头，这才争取到了巨流河大战中黑龙江部队赶来增援的时间，形成了黑吉两省部队夹击郭军的有利形势。如此位高功大的张作相都被逼哭了，由此可以想象当年会议时的剑拔弩张之势。不过张作相这一哭，让很多人都受到了感染，大家都觉得不好再坚持下去了，纵有天大的气，面对着张作相也不好做得太过分。所以他们同意了张作相的意见，张作霖也因此对张作相说"那就让学良去看着办吧"。张作相担心会后杨宇霆等人又会进言，恐怕还会变卦，所以当场叫通新民电话，请张作霖当着大家的面直接把这个意思下达了，才算真正完成了这一任务，拯救了第三方面军的军事骨干，从而保住了第三方面军的军事力量。

为了安抚军心，1925 年 12 月 29 日，张作霖在大帅府正式召开了三省军政善后会议。会上有两个议题，一是他本人为这次事件负责，因此要让贤给吴俊升；第二个是处理张学良，免去其本兼各职，听候查办。诸位想必也已经清楚，这两个议题其实也就是摆摆姿态的，当不得真。果然，会上吴俊升表明自己干不了东三省的大事，估计别人也干不了。杨宇霆表示现在关外形势严峻，冯军正挥师东下，需要大帅赶紧带人抵御，如此军情危急之时大帅是不能撂挑子的。至于张学良，张作相表示魏益三部正在山海关与冯玉祥合流，没有张学良谁也安抚不了，处理不好还有可能让魏益三找到借口而兵锋相向，因此对张学良暂时不宜处理。大家均深表赞成。如此，郭松龄反奉的余波才算彻底解决。

二桃杀三士之痛

郭松龄反奉余波解决后，接下来我们分析一下这场内斗的起因以及对奉系的影响。从表面上看，张作霖三招搞定郭松龄，取得了完胜，应该是可喜可贺的。然而这场战争，毕竟属于奉系的内耗，无论从哪个角度来说都是不划算的。经此一役，奉系实力大受影响，尤其是新派人员的任用遭到质疑，在老一派人的内心里，普遍认为学生出身的靠不住，因而从此以后，在分配地盘和任用师长级军官上，都被老一派占据了。一般人认为，郭松龄倒戈，造成的直接后果就是东北军老派复辟，而老派人选中，很少有思想观念及战术观念超前的人才，从而导致了奉军军事素质的整体下降。除此以外，奉系还自毁长城，亲手毁掉了当时实力最强的郭松龄和姜登选，同时也为素有小诸葛之称的杨宇霆埋下了杀身之祸。后世有人评论，郭松龄、杨宇霆和姜登选，正是当时奉系排名前三位的军事人才，只要其中任一人活着，都可能不会有后来"九一八"事变中的张学良不抵抗以及东北军的一溃千里，这里面的原因将在后面论及，此处暂且略过。

分析这场变故的起因，发现跟历史上的"二桃杀三士"典故非常相近。据说齐国有三位著名的勇士，为争夺齐景公赏赐给他们的两个桃子而死，郭松龄倒戈之前的奉系也有"二桃"，即前文所说过的江苏督办和安徽督办，可能当时的张作霖自己也没有意识到，关于这两个督办的任命，权衡来权衡去，最终还是种下了祸根。这个祸根直接导致了浙奉战争的失败，浙奉战争的失败又创造了郭松龄倒戈的条件，同时赏罚不公又成为郭松龄倒戈的重要原因。当然，郭松龄倒戈还有更深层次的其他原因，此处暂且不提。

从结果来看，这江苏督办和安徽督办对张作霖来说无异于两颗毒桃，杨、姜两人在这个位置上所待的时间前后不到两个月就被孙传芳赶下台了，损兵折将不说，还直接导致了后来的奉军内乱，种下了因果循环的"二桃杀三士"的恶果。这里就简单地介绍一下"二桃杀三士"的三个环节。

第一环，郭松龄杀姜登选。姜登选，1882年生，直隶冀州（今属河北冀县）人，字超六。日本陆军士官学校毕业，曾参加同盟会。民国成立后，任贵州第一师参谋长，随朱庆澜入黑龙江。1922年被张作霖任为东三省陆军整顿处副监。第二次直奉战争中，任镇威军第一军军长。1925年4月接替张宗昌任苏皖鲁剿匪总司令，8月任安徽督办。其人重义轻利，性情刚毅果敢，为官清廉，待人诚实，平易近人，能与士卒共甘苦，是当时奉军中口碑最好的一位。姜登选虽然与杨宇霆一样同为士官学校毕业，被人们划为士官派，但他对杨宇霆的所作所为并不赞成，认为杨自视太高，缺少圆通，容易得罪人，所以经常在杨与其他人之间起着润滑剂的作用。这样一个好人兼能人，本不该杀的，但是郭松龄反奉正好缺少一个祭旗的人，以示其反奉绝不回头，刚好姜登选由前线返回，路经滦州，糊里糊涂地就成了牺牲品。姜路经滦州时是 11 月 24 日，此时郭松龄已反，姜也知道这个消息，但姜是实诚人，根本想不到郭松龄会杀他，反而想以同僚的身份劝郭松龄及时收手。结果郭连见面的机会都没有给他，直接让卫士把他带到城外枪杀了。很多史料记载，姜当时并没有死，而是被装进棺材里活活闷死的。后来郭松龄兵败，姜登选的好友韩麟春亲自为姜登选迁坟至原籍厚葬。当打开棺材时，只见姜的遗骸双手绑绳已松，棺内木板遍布抓痕，可见其闷死棺材时的难受，见者无不垂泪！

姜登选如此惨死，是因为他跟郭松龄之间有什么深仇大恨吗？其实压根儿没有，要说有也只是一些鸡毛蒜皮的小事。前文已经讲过，郭松龄本来以为自己要去安徽当督办，所以事先安排了彭振国为督署参谋长，结果张作霖让姜登选去当了安徽督办，郭松龄对此很生气，更生气的是姜去了后就把郭松龄安排的参谋长给撤了，换上了自己的亲信戢翼翘。其实这也好理解，换谁都会这样，但郭松龄本来就对杨宇霆有气，带着有色眼镜看事情，自然就把姜登选也恨上了。

郭松龄后来兵败被杀时也谈到了姜登选，他解释自己杀姜登选的理由是姜丢了安徽督办，丢了后还要回东北找张作霖要兵，准备再杀回去，而这是郭松龄最痛恨的。他杀姜就是不要让他再回去当安徽督办。由此可见，与其说是郭松龄杀了姜登选，倒不如说是张作霖摆下的两只恶桃害了姜登选。接下来，这两只恶桃害的第二个人就是郭松龄。

第二环，杨宇霆杀郭松龄。姜登选惨死，士官系同仁个个感同身受，都把郭松龄恨了个死。其实不仅士官系，奉军内部包括老派也对此十分愤恨。要说以前奉军内部包括张作相等人还怜其才的话，那么姜登选事件之后，除了张学良以外，大概是人人得而诛之。

郭松龄，1883年生，字茂宸，辽宁省沈阳市深井子镇渔樵村人。自幼家境贫寒，从小过着衣不遮体、食不果腹的生活。9岁时，父亲回村设馆授读，才得以读书识字。12岁时，父亲的私塾倒闭，只好到一户地主家做工，赚半个劳力的钱，一直干到16岁。这段苦难的人生经历，使他产生了憎恨富人，同情穷人的爱憎分明的情感。19岁时，父亲昔年的同窗董汉儒在沈阳开设书院，董提倡致用之学，培养真正之才，郭松龄因父亲的关系得以免费入读，从而思想和学业上大有长进。1905年22岁时以最优成绩考入奉天陆军小学堂，后推荐到奉天速成学堂学习。1907年毕业后，充任盛京将军衙门卫队哨长，深得陆军统领朱庆澜赏识，长期追随在朱的左右，1911年，升任第68标第2营营长。1913年秋，郭松龄考入中国陆军大学，成绩名列榜首。毕业后任北京讲武堂教官。1917年，孙中山组建护法军政府，郭松龄投奔孙中山，后被委任为粤赣湘边防督办参谋、广东省警卫军营长。护法运动失败后，郭松龄返回奉天，任东三省陆军讲武堂战术教官，结识了在讲武堂学习的张学良，两人成了莫逆之交。经张学良的推荐，郭松龄被张作霖委任为第二团团长。1921年，张作霖又委任郭松龄为第八旅旅长，与张学良领导的第三旅组成司令部。1924年第二次直奉战争中，张学良与郭松龄担任第三军的正副军长。

1925年11月，郭松龄在滦州起兵反奉，兵败后起初想逃跑，带着200多人的卫队向营口方向退去。此时营口一带有隶属于吴俊升的王永清骑兵第七旅活动。12月24日，向南追击的第七旅第二十五团郭宝山部走错了路，也是事有凑巧，这一走错就错到了苏家屯方向，偏偏在那里遇到了郭松龄200多人的卫队，于是交火。在郭宝山部优势兵力及迫击炮的轰击下，卫队缴械投降。郭松龄夫妇脱离卫队藏到了一家菜农的地窖里，被随后赶到的第七旅旅长王永清搜出。王永清依旧称郭为军长，带郭松龄夫妇到老达房休息。

王永清不知道如何处置，与师长穆春商量后，打电话向张作霖汇报。张作霖决定第二天派人来接。12月25日晨，张作霖派卫队团长高金山去押解郭松龄，准备押到奉天进行审问。但高金山经过辽中县的时候，又得到张作霖电报，命令就地枪决。

1925年12月25日上午10时，高金山将郭松龄夫妇押到离老达房5里许的地方枪杀。临刑前，郭松龄留下遗言："吾倡大义，出贼不济，死固分也；后有同志，请视此血道而来！"其夫人韩淑秀同时殉难。郭松龄夫妇之死比姜登选更惨，死后暴尸三日才允许收葬。

从以上情况看，似乎郭松龄之死跟杨宇霆搭不上半点关系。其实不然，前面讲到高金山刚开始接到的命令是押解郭松龄到奉天的，但后来命令改变为就地枪决。这一命令为什么会改变？是杨宇霆在其中起了作用。因为杨宇霆对郭恨之入骨，必欲除之而后快，但他也知道张学良与郭松龄的关系，如果押解到奉天，张学良必然会想办法开释郭松龄。事实上，张学良也确实有这样的打算，他准备等郭松龄夫妇到奉天后，拼着受处分也要找个机会私自放郭松龄夫妇出国。可惜杨宇霆在浙奉大战中没有发挥小诸葛的聪明，在这儿倒把小诸葛的聪明充分发挥了出来，他先下手为强，通过张作霖把郭松龄就地枪毙了，这也为杨宇霆今后死在张学良手上埋下了祸根。

郭松龄这个人，有书生的爱国情怀，有救黎民于水火的社会理想，军纪严明，赏罚分明，清正廉洁，能与士卒共甘苦，但其性格也有很大缺陷，就是过于刚正而容易走极端，过于理想而容易脱离现实，心气很高而才止将相，能治军却不善于平衡，即所谓的志比才高。郭的这种性格也是其功败垂成的原因之一。当时热河都统兼东北军第五方面军第十二军军长阚朝玺派他的参谋长邱天培与郭联系，表示愿意合作，但索要黑龙江或吉林地盘。郭的性格太刚，生性不喜欢利益交换，所以拒绝了。郭部任命的第一军军长魏益三及第五军军长刘振东劝郭暂且同意，但是郭不肯妥协。如果当时郭现实一点而采取与阚合作的务实方针，那么结果就完全不一样了。因为阚指挥着热河省约三个师的部队，且控制着张作相第五方面军回撤奉天必经之地义县一带，只要把这个后路给堵死，那么张作相第五军团就会在前后夹击下全面崩溃，奉天就处于无兵可守的境地。那时就算张作霖有通天之能也无力回天了，这是郭松龄丧失的第一个机会。郭松龄丧失的第二个机会是日本人给予的。1925 年 12 月 7 日，郭军占领锦州后，日本人眼看郭松龄有可能成功，就对郭松龄采取了拉扰政策，提出只要郭承认以前张作霖和日本签订的各种密约，那么日本将支持郭松龄，逼张作霖下野。郭松龄断然拒绝了，这就使日本除了拼命支持张作霖以外别无选择。其实如果郭松龄当时能够阴谋一点，就像张作霖那样采取一点忽悠战术的话，那么在张作霖濒临绝境的情况下，日本人再踩上一脚，张作霖下野就成了定局，就算吴俊升在黑龙江调来雄兵百万也没用。反过来张作霖就要现实很多，为了让日本人帮他摆脱困境，他基本上日本人要求什么就答应什么，这才换来了日本人对郭军前进路线的干涉，迟滞了郭军的进攻时间，从而为张作霖积蓄力量进行战略反攻准备了条件。当然，张作霖是忽悠大师，危难之际被日本人逼签的各项密约，缓过气来后或是不予承认，或是承认了但不负责落实，日本人需要落实就得找张作霖的部下予以配合，但这些部下打太极拳的功夫天下第一，除了让日本人天天到张作霖那儿告状以外基本上没啥事可做。这是张作霖长期在夹缝中学到的生存本领，郭松龄不具有帅才，因此不明白这个道理。

第三环，张学良杀杨宇霆。前面已经讲过，杨宇霆明知道张学良与郭松龄的关系，仍然在张学良不知情的情况下痛下杀手，打乱了张学良的营救方案。张学良痛失郭松龄，犹如失了自己的灵魂一样，以后每临大事他都会习惯性地来一句，要是郭茂宸在就好了。确实，如果郭松龄在，张学良后来在很多大事上的决策就要少犯很多错误，比如东三省未加抵抗就弃守了，再比如后来的西安事变等等。所以大家应该理解杨宇霆杀郭松龄给自己埋下了多大的祸根。况且张学良也一直为郭松龄抱不平，认为他辜负厚恩举兵反奉确实不对，但郭之所以走上这条路，根源却在于杨宇霆。郭死前也曾具体说过反奉的原因，矛头指向的就是杨宇霆，说自己反奉主要就是因为杨宇霆，对张氏父子并无嫌隙。第二次直奉大战后还对张作霖上了多次建议，劝张不要进关争夺地盘，因为奉军进关，日本一旦发难，东北三省就有可能沦丧！守住边疆最为重要。当时张作霖跟郭说杨总参议不同意郭的意见，并认为杨的见解比郭高。结果浙奉战争还是开打了，不到一个月杨宇霆就丢了两三个师跑回来了，跑回来了又要拉兵去打，对此郭极为反感。从以上情况可以看出，张学良有理由认为郭之起兵确实主要是杨宇霆造成的，如今郭惨死还被暴尸三日，而杨宇霆就像没事人似的依旧做奉军总参谋长，情何以堪！

这里我们简单地介绍一下杨宇霆的情况。杨宇霆，字邻葛，1885年8月生，奉天法库（今辽宁省法库县）蛇山沟村人。幼年读私塾，20岁考中秀才。后赴日学习军事，日本陆军士官学校第八期步科毕业。赵尔巽二次督奉时，调杨宇霆到奉天军械厂，历任奉天省军械局副官、军械厂厂长、军械局局长等职。张作霖任27师师长时，素闻杨宇霆谋智深远，遂任命他为师参谋长，开始得到张作霖的信任和重用。1916年，张作霖任奉天督军兼省长，杨宇霆被任命为奉天督军署参谋长，成为张作霖的左膀右臂。1925年8月任江苏督办，过两个月即被孙传芳驱走，1926年2月，张作霖顺利就任安国军总司令，任命杨宇霆为安国军总参议。1927年末，韩麟春因病去职，张作霖任命杨宇霆接替韩麟春之职，出任第四方面军军团长。

1928年7月张学良接手东三省后，刚刚掌权的张学良急需树立威信，而杨宇霆以其父亲的把兄弟身份经常公开训诫张学良，飞扬跋扈不知收敛，脾气特别好的张学良终于难以容忍，于是新仇旧恨一起算。1929年1月10日，在执掌东北半年左右，张学良下令将杨宇霆处死在沈阳市大南门里大帅府的老虎厅里，时年44岁。

两桃杀三士的故事从 1925 年 11 月份算起的话，到 1929 年 1 月份，差不多三年多一点时间，这三年多一点的时间里，奉军排名前三位的军事人才一一被诛，其间还发生了拥新派推翻拥旧派的反奉战争，对于奉军来说，实在是十分惨痛的事情。奉军元气大伤，虽有 1926 至 1927 年的昙花一现，但奉军的总体衰落趋势已经不可避免了。

国奉大战

差不多在郭松龄起兵反奉的同时，在天津一带发生了一场恶战，交战双方一边是冯玉祥的国民军，一边是李景林的奉军，史称国奉大战。国奉大战的两个对手本来是签了密约准备一起对付张作霖的，但是形势的发展让人始料未及。一方面张作霖对李景林做足了文章，让李景林心存观望；另外一方面冯玉祥动机不纯，想借李景林支援郭松龄反奉时趁虚抢占李景林的地盘。李景林大梦方醒发现情况不妙，立即改变策略，由原来联郭反奉迅速转为联奉反冯。1925 年 12 月 1 日，李景林在天津召开军事会议并议决抵抗国民军的进攻。2 日，释放了被郭松龄拘禁解津的奉军被俘的师旅长，让他们由海上返回奉天，并宣布与张宗昌组织"直鲁联军"。李自任总司令，张任副总司令。12 月 4 日，李景林又发讨冯通电，查抄了郭松龄部（此时为东北国民军）在天津的办事处，逮捕了其驻津代表，扣留了郭部在津购置的棉军衣等军需品。李景林还致电张宗昌，请调德州驻军向北增援；致电阚朝玺，促其死守冷口，以阻国民军增援。李景林将所部 4 个师，14 个混成旅，约 6.7 万兵力重新进行了部署，将五分之二兵力置在北仓、汉沟、韩家墅、王庆坨、军粮城一线，由马瑞云指挥，以防御国民军一军；以三分之一兵力放在良王庄、静海、马厂间，由李爽恺统领，以抗击国民军二、三两军；并在杨村以南构筑了坚固的军事工事。李景林态度的突然逆变，对郭松龄反奉及国奉两系力量的对比都发生了重大影响。

国民军与李景林决裂后，冯玉祥委张之江为攻津第一路司令，郑金声为副司令，率四个师、一个骑兵军团进攻天津北路。国民军二军邓宝珊为第二路司令，国民军三军徐永昌为副司令，率部从津南发起进攻。

此时，一军宋哲元部已进逼到承德。12月4日，段祺瑞下令免热河都统阚朝玺职，以宋哲元继任。12月5日，国民军占领承德。7日，宋哲元在承德就任热河都统，旋率部南下，参加攻津战役。

12月7日，国民军二、三军在南线发起攻击。邓宝珊率第七师、史可轩第二师一旅并高桂滋一个团，在津浦线以东向北进攻。国民军三军徐永昌率其师会同袁廷杰、庞炳勋二旅沿津浦线以西向北进击。李景林军右翼依托文安洼，左翼依托马厂减河抵抗，凭所筑坚固工事，将二、三军的进攻阻截。

12月9日，张之江率国民军一军分兵三路进攻津北之杨村、北仓、王庆坨。李景林军在北线防守的兵力有十三个团，凭险固守。张之江低估了李部的抵抗能力，仅投入了一个师三个旅的兵力进攻，且分散使用，损失惨重。

12月10日，国民军一军在猛烈的炮火掩护下，攻占了杨村，但仍没能突破李军北部防线，且付出重大伤亡。12月11日，国民军一军唐之道部攻占唐山、芦台，从东部进逼天津。同日，邓宝珊部攻占马厂。但是，双方仍在北线展开拉锯战。12日，国民军一军发动总攻击。李景林军倚仗沟垒深固，拼死顽抗，一军攻势仍没有进展。

为了迅速攻占天津，冯玉祥又急调热河都统宋哲元率部增援，使进攻的兵力达到 10 个混成旅，2 个骑兵师及 1 个预备师。12 月 22 日，张之江率国民军一军发动了总进攻。国民军在张贵庄五公里的正面地段，集中使用了三个师的炮兵轰击敌人阵地，然后，第四、第五步兵旅冲进突破口并加以扩大，第十一师也随之攻入。李鸣钟率十四混成旅由杨村向汉沟前进。宋哲元率三个混成旅由梅厂向王庆坨进攻。孙连仲率三个混成旅进攻韩家墅、杨柳青。唐之道部连克塘沽、新河、军粮城。与此同时，国民军二军从南路助攻杨柳青。国民军三军击败李军荣臻部占领独流、静海。

直鲁联军副总司令张宗昌派程国瑞、徐泉源率部北上增援，但行至青县被国民军二军所阻。李景林军退守北仓，此时，国民军已从三面将天津包围。李景林亲自到穆家庄督战，指挥所部四次反扑，曾一度夺回北仓。下午，国民军李鸣钟部复克北仓。李景林军退守魏家庄。12 月 23 日，李军全线动摇，李景林于下午逃入英租界。24 日，李景林部全线崩溃，除部分被缴械遣散外，其残部大多乘火车逃往山东。负责南线作战的国民军二军、三军，因急于与国民军一军抢占天津，对逃敌没有进行堵击，使李景林残部从容败退。

国民军攻占天津之日，就是郭松龄在巨流河兵败身亡之时。

国民军与李景林的奉军进行的国奉之战，表面上收获颇丰，攻占了直隶并夺得了天津出海口，实际上却是得不偿失。此仗把本来可以成为盟友的李景林变成了敌人，且又没能将其全歼，而且还直接导致了郭松龄的迅速败亡。此外，国奉之战使国民军在北方各派军政力量中成为了孤家寡人，并直接促成了直、奉两系的和解，导致直奉两系联合对国民军开战，国民军在瞬间达到顶峰之后即迅速走向了下坡路。

从联冯反直到联直反冯

前文已经说过，第二次直奉战争中，正当吴佩孚率领的直军与奉军在山海关、九门口一带鏖战白热化的时候，部署于古北口方面的直系将领冯玉祥突然率领部队回师北京，联合直军第二路司令胡景翼、北京卫戍副总司令孙岳，实行倒戈，发动政变，囚禁总统曹锟，从而导致了吴佩孚率领的直军大败，精锐损失殆尽。冯玉祥之所以回师倒戈，原因很多，但其中有一项就是当时张作霖采取了联冯反直的策略。为了与冯玉祥达成同盟，张作霖曾派马炳南与冯玉祥秘密联系，达成了直奉战争期间秘密合作的协议，张作霖为此还付给了冯玉祥 200 万日元的经费支持。

可惜好景不长，冯奉联手扳倒直系大佬曹锟和吴佩孚后，北京政权名义上是由段祺瑞执掌，实际上则是冯奉两方共管，但是冯的实力远不及张作霖，因此管着管着冯就把天津给管丢了，紧接着北京也成了张作霖的天下，冯忍气吞声，只好以退为进，宣布下野以坐等时机。不久机会果然来了。郭松龄反奉时决定联合冯玉祥，双方一拍即合，又由郭松龄出面邀请了当时的直隶督军李景林达成了三方同盟，约定共同倒戈。幸亏张作霖采取了分化瓦解策略，让冯玉祥与李景林之间产生了隔阂。再加上战争爆发后，郭松龄军事发展异常顺利，冯玉祥便不想履行原来与李景林之间达成的协议，而想趁机图谋李景林的直隶地盘。总之郭松龄反奉战争爆发当天，冯玉祥就不顾盟约，命令张之江进驻北京的丰台至落垡一线，宋哲元部集结于多伦。11 月 28 日，宋哲元率骑兵向热河首府承德进发，引起了李景林的不满及疑虑。与此同时，国民军二军、三军在占领保定后，也分路急速向天津进军。这更加剧了李景林的恐慌。11 月 30 日，冯玉祥派熊斌及王乃模到天津，直接要求李景林率部去热河，让国民军一军借道援郭。这实际上是公开表示，要李景林将直隶完全让给国民军。李景林急忙托张树声向冯玉祥输诚，并派自己的高级顾问韩玉辰会同黄郛去张家口疏通。韩问冯玉祥国民军对李企图怎样，冯明白表示，由李腾出原有地盘，率所部移驻热河，沿途当予以便利。而与此同时，国民军已进占热河，实际上，国民军连热河也不想让李景林所得。这就把李景林逼到了不得不与奉军联合的一方。12 月 1 日，李景林决定对国民军进行武力抵抗，但面对冯玉祥、胡景翼、孙岳精锐部队的进攻，李景林招架不住。1926 年 1 月，天津也被冯玉祥国民军张之江部占领了。这样，利用郭松龄反奉的契机，在短短两个多月的时间里，国民军就占领了察哈尔、绥远、热河、北京、天津、河南等大片地区，兵锋直指山海关。冯玉祥国民军与李景林的这一场战斗，史称国奉大战。

这里有必要解释一下冯玉祥的国民军。冯玉祥的国民军与 1926 年南方国民党组织北伐的国民革命军不是一回事。冯玉祥于 1924 年 10 月 23 日发动政变推翻曹锟、吴佩孚以后，宣布所属部队脱离直系而改编为国民军，冯玉祥任总司令兼国民军第一军军长，胡景翼任副总司令兼第国民军第二军军长，孙岳任副总司令兼国民军第 3 军军长。各军招兵买马，又借着此次攻打李景林的契机，收编了不少溃兵，得到了迅速发展。到国奉大战结束时，冯玉祥国民军第一军下辖 6 个师又 8 个旅，获得京畿、察哈尔、绥远、甘肃等地盘；国民军第二军下辖 11 个师又 19 个旅，获得河南地盘；国民军第三军下辖 1 个师又 8 个旅，获得河北地盘。1926 年 1 月，反奉失败的郭松龄部将魏益三宣布与冯玉祥合作，将其部队改称国民军第四军；隶属于张宗昌直鲁联军的第二十四师师长方振武也脱离直鲁联军，将其部队改称为国民军第五军。这样，国民军击败李景林后，一时声威大震，风头盖过了奉系。而此时奉军因为郭松龄兵变，实力大受影响。虽然山东还有张宗昌的直鲁联军可以钳制，但江浙一带又有孙传芳的五省联军威胁着张宗昌。因此从总体上看，经过郭松龄兵变，奉系从总体上已经处于弱势，尤其是张宗昌部，已经被冯玉祥及孙传芳两大势力包围，形势非常不妙。

在此紧要关头，张作霖纵观全局，又一次做了重大的战略调整，其外交方向由已经不复存在的联冯反直急剧转为联直反冯，那就是要扶持和借助直系吴佩孚力量，形成对冯系国民军的反包围。那么吴佩孚会同意吗？

回过来又要说一说吴佩孚了。此时吴佩孚去了哪儿？1924 年 11 月 3 日，因为冯玉祥倒戈而一败涂地的吴佩孚带着残部 2000 余人，在塘沽乘上华阳舰浮海南下。11 月 7 日，船到青岛，山东督办郑士琦不让其上岸，还拒绝提供淡水和粮食。12 月中旬，吴佩孚抵达南京，刚刚在苏浙之战中获胜的齐燮元迎接，但吴佩孚不敢上岸，毕竟齐非嫡系，怕遭暗算。12 月 17 日，吴佩孚沿长江航线一路西行抵达汉口。这里是他起家的地方，有自己的嫡系萧耀南坐镇湖北。萧耀南原为直系第三混成旅旅长，跟着吴佩孚一起参加了直皖战争，胜利后吴佩孚将第三混成旅扩编为第二十五师。1921 年，湖北督军王占元部下哗变，吴佩孚以南下增援为借口帮助萧耀南夺得了湖北地盘，因此吴佩孚对萧耀南有知遇之恩。吴原以为萧为其一手提拔，必然听命于他，哪知萧耀南却派人暗示吴佩孚，不欢迎他留汉组织护宪军政府。吴于是离开，北上河南洛阳，这里是他当年率第三师驻扎的老巢。不久，镇嵩军憨玉琨部攻入洛阳，吴佩孚宣布下野，上鸡公山养病，吴佩孚在鸡公山未住多久，国民二军胡景翼又进入河南，吴佩孚只得乘火车再次入鄂。萧耀南怕引火烧身，为阻止吴佩孚入境，竟拆毁铁路，吴无奈只得在广水下车，一时间茫茫中国竟没有这位昔日大帅的容身之地。当时有川军杨森的代表刘泗英在吴处，自告奋勇到武汉游说萧耀南"缓段全吴"。萧耀南表示自己不会做冯玉祥第二，之所以拒吴入境只不过为了保全武汉，最后双方达成协议：一、同意吴移驻湖北黄州。二、吴的卫队以两营为限。三、所乘兵舰决川号和浚蜀号的武装解除，仅供作为交通工具和自卫。1925 年 1 月 5 日，吴佩孚到达黄州西山暂住，之后又移驻岳州。

就在吴佩孚无兵无权困守岳州的时候，机会来了。前文已经说过，冯玉祥倒戈后暂时实现了冯奉共管，但过不多久，冯系占据的天津、保定以至北京等地，都先后为奉系控制，冯玉祥势单力薄，为改变被动局面，只好改变策略，积极联合南方的直系残余孙传芳。此时

张作霖与吴佩孚

孙传芳的日子也不好过，虽然在江浙战争中获胜，把卢永祥驱赶出了江苏，但紧接着卢永祥带领在第二次直奉大战中获胜的奉军大规模南下，先后占领了江苏、安徽，兵锋直指上海。这样，冯玉祥、孙传芳二人在"抗奉自保"的一致目标下，很快不谋而合，结为异姓兄弟，相约南北两路夹击奉军。同时，为增加胜算，他们认为吴佩孚在长江中下游还有一定的影响和潜在势力，如能拉吴佩孚出来，那么胜算就更大了。于是孙传芳以五省联军的名义公推吴佩孚为领袖，共同讨奉，以壮声势。与此同时，一些失败的直系将领张福来、彭寿莘、李济臣、靳云鹗等相继来到武汉，连日商议如何复兴直系势力。在内外压力下，湖北督办萧耀南也只得率湖北将领通电拥吴，并请吴佩孚再次出山，共定国难。

1925 年 10 月 15 日，孙传芳以反对奉军压迫上海工人运动为名，通电讨伐奉系，兵分 5 路向奉军猛攻，浙奉战争爆发。我们前文已经讲过，这场战争让杨宇霆和姜登选败逃北方，引发了郭松龄兵变，也导致了两桃杀三士的结果。其实它还有一个很大的作用，那就是造就了吴佩孚的复出。

1925 年 10 月 21 日，吴佩孚从岳州乘坐军舰来到武汉，随即挂出"十四省讨贼联军"总司令部的大牌子，自任总司令。为壮声势，吴佩孚还组建了一个很强大的班子来帮他唱戏，延请了章太炎为总参赞、蒋百里为总参谋长、张其锽为秘书长、张福来为营务处长、张志潭为外交处长等等。至于军队，主要是把湖北的部队加以整编，以萧耀南为讨贼联军鄂军总司令兼后方筹备总司令，寇英杰为第一路军总司令、陈嘉谟为第二路军总司令、卢金山为第三路军总司令。其他的还委任了川军、桂军、黔军总司令等等，不过这些部队大多是挂挂名而已，起不了实际作用。就这样，在战败后差不多一年时间，吴佩孚又东山再起了。

也许有人会问，孙传芳那边不就是浙闽苏赣皖五省吗，怎么一下子变成了十四省？其他的九省是哪些？其他的九省分别是四川、贵州、广西、广东、湖南、湖北、河南、陕西、山西，但这九省除了湖北是吴佩孚可以控制的外，其他八省不过是虚与委蛇，所谓"十四省联军"，不过是虚张声势罢了。

但不管怎么样，吴佩孚还是东山再起了。本来，十四省联军就是为了讨奉而组建的。当时奉系的势力发展太快，各地方军阀人人自危，这十四省就是联合了所有反奉的势力，其中还包括岳维峻国民第二军（胡景翼已于 1925 年 4 月病逝）所控制的河南以及孙岳国民第三军所控制的陕西。吴佩孚挥师北上的时候，孙传芳已经击败了杨宇霆和姜登选。前锋直抵张宗昌控制的山东。

按照此前约定的作战计划，孙传芳督率五省联军进攻苏皖，驱逐杨宇霆和姜登选。待到张宗昌南下支援的时候，国民军二军即河南的岳维峻出兵山东、吴佩孚率鄂军进攻鲁南，消灭张宗昌。最后，冯玉祥的国民一军与北上的队伍一起合力，最终消灭李景林和关内张学良、郭松龄的奉军。

就在各部顺利推进的时候，形势却又发生了剧烈转变，那就是奉军内部发生了郭松龄兵变，郭松龄率领着张学良的精锐部队第三方面军进军山海关，直逼张作霖的东北老巢。借此机会，冯玉祥挥师东进，打败了李景林，收编了李景林部十几万人的武装，并迅速占领了北京、天津、河北等地方。一时间冯玉祥声势大涨，风头远远盖过了张作霖。败军之余，张作霖为图自保，根据形势的发展需要，迅速转变战略，决定由刚开始的联冯反直转而为联直反冯。

张作霖想联直反冯了，问题是人家直系是否会同意？特别是吴佩孚，张作霖刚刚在一年前打得吴佩孚输光了老底，好不容易才借着湖北地盘以及反奉名义东山再起了，这苦大仇深的吴佩孚会同意吗？

不出张作霖意料，吴佩孚居然就同意了。原来在吴佩孚的心里，张作霖虽然可恨，但最恨的人却是从背后插上一刀的冯玉祥。对吴佩孚来说，部下不忠不诚，如果不加以惩戒，以后谁都可以从背后开枪了。而且从利益的角度而言，此时的冯玉祥控制着京津，又与北方的苏联密切联系，实力最强，威胁也最大，如果任其发展下去，将来直奉两系都有可能被冯玉祥各个击破。在强大的敌人面前，吴佩孚与张作霖之间越走越近。1925 年 12 月，张作霖的代表杨宇霆和吴佩孚的代表蒋百里在大连会晤，初步达成合作意向。1926 年 1 月份，双方终于形成了合作协议，即：奉方承认吴佩孚以长江流域为基地，而吴则支持奉方从华北除掉国民军势力。

1926 年 1 月 21 日，张作霖以进攻郭松龄残部——即已被改编为国民军第四军的魏益三部为借口，出兵关内；吴佩孚也正式通电讨冯，命令寇英杰率部进入河南，张作霖的联直反冯战略取得了成功。

联直反冯第一战——决胜河南

张作霖决定联直反冯，并不是他对直系有多少好感，而是形势使然，1925 年 10 月至 1926 年 3 月的民国局势一片混乱。先是实力最强的直系在第二次直奉战争中被张作霖与冯玉祥联手干掉了，直接导致了吴佩孚直系势力的土崩瓦解。继之而起实力最强的就是张作霖了，可惜好景不长，冯玉祥与南方直系残余孙传芳联手，再加上郭松龄兵变，张作霖好好的一统江山局面顿时化为乌有，丢掉了江苏、安徽、北京、直隶等地盘，实力也大幅下降，再次退回关外。至1926年年初，实力最强的势力已经变成冯玉祥的国民军了，此时的冯玉祥南与国民党的广东革命政府联系，北靠苏联老大哥，雄踞北方，虎视眈眈，正打算一战而取山东，彻底打跨张作霖安在关内的棋子张宗昌。在共同的威胁面前，张作霖不得不与曾经左看右看也不顺眼的吴佩孚联手了。

吴佩孚虽然东山再起，但是却没有自己的嫡系部队，借助的主要还是萧耀南的鄂军。1926年2月14日，萧耀南突然病卒。吴佩孚以"联军总司令"的名义任命陈嘉谟为湖北军务督办，杜锡珪为省长，至此才算真正掌握了湖北的军政大权，拥有了自己的一支军队。此外，1925年年底，靳云鹗从国民军二军岳维峻手上收回了原为直军，后被迫投降冯玉祥的田维勤、王为蔚、陈文钊三个师，两方面的部队相加，吴佩孚总体上已经拥有了一定实力。

1926年1月4日，吴佩孚在汉口召集军事会议，讨论"结束"讨奉问题，将讨奉改为讨冯。1月26日，吴佩孚派鄂军第一师寇英杰部由鄂北向豫南进攻。2月4日，靳云鹗率部从鲁南进兵豫东。与此同时，刘镇华又重新依附于吴佩孚，并奉吴佩孚命令由陕西安康进攻豫西。

此时，国民军二军领军人物胡景翼已经病死，原来的国民军冯玉祥、胡景翼、孙岳三角联盟因为胡景翼的死而塌掉了一角。

胡景翼的继任者岳维峻虽然仍坚持三角联盟的政策，但其威信不足，国民军二军名义上有部队七个师、二个混成旅、二个预备旅，但岳维峻真正能依靠的只有邓宝珊第七师以及另两个混成旅。名义上依附国民军二军的樊钟秀部，不仅占地割据，且由于进攻张宗昌失败，在新败之余战斗力大减。米振标的毅军本来就是属于吴佩孚的部队，看到吴佩孚卷土重来，声望很高，与岳维峻更是离心离德，做好了两手准备。此时的国民军二军形势严峻，虽然兵多将广，但在战略上已被南边的直系、东边的直鲁联军和北边的阎锡山从三面包围，可叹岳维峻自恃兵多，对严峻形势依然认识不足。

吴佩孚派兵进入河南后，岳维峻于 1926 年 1 月 13 日在郑州召集紧急军事会议，决定派陕督李云龙为豫南总指挥。派蒋世杰率第十一师进驻信阳，加强豫南防御；命李纪才部从鲁豫边界回师归德，田玉洁部速从山东济宁撤回郑州。吴佩孚的北进，从客观上减轻了山东张宗昌的压力，从而扭转了张作霖整体的颓势局面。1 月 26 日，寇英杰部猛攻河南信阳，遭蒋世杰部全力抵抗。寇部攻占信阳火车站后遇到蒋部伏击，伤亡惨重，遂退出火车站而包围信阳城。29 日，寇军攻入信阳东门，又被守军击退。2 月 6 日，寇军又攻入信阳南门，但仍被国民军二军击退。同一天，岳维峻派田生春、杨瑞轩两旅前去增援。但此时驻扎在信阳以北彭家湾的米振标部突然投降了吴佩孚，并派兵阻止田生春、杨瑞轩两旅的增援。2 月 10 日，吴佩孚因寇英杰久攻信阳不下，调刘玉春、宋大霈两旅助攻信阳，使直军又一次攻入城内。但是，田生春、杨瑞轩两旅绕过米振标部而增援信阳，将直军赶出。吴佩孚无奈，只好派兵一部，继续围城，而令寇英杰部另攻确山，以断信阳后路。

1926 年 2 月 12 日，靳云鹗率部进攻豫东，从孙传芳控制的徐州借路通过，沿陇海路进兵。2 月 17 日，国民军二军驻商丘的郭振才部向靳云鹗投降。2 月 19 日，靳云鹗与守柳河之国民军二军田玉洁部激战，于 2 月 21 日攻占柳河，25 日攻占兰封。2 月 27 日，河南军务帮办米振标迎靳云鹗下属王维城部进入开封。岳维峻被迫向郑州退却。

直军大举进攻河南后，国民军二军急调邓宝珊师、史可轩旅从直隶回援。2 月中旬，邓部赶到驻马店，会同李云龙、樊钟秀等部抵抗寇英杰的进攻。但是，由于各部将领意见不一，李云龙负气率部返回郑州。加上靳云鹗进军神速，先后攻占了商丘和柳河，大军压境之下，邓宝珊部十四旅旅长刘继邦阵亡，驻马店失守。3 月 1 日，寇英杰攻占郾城、许昌，进逼郑州。

2 月 26 日，岳维峻在郑州召集军事会议，商议应急之策。李培薆、郑思成等主张全军退往直隶，名义上仍为陕西督办的李云龙主张退往陕西。会议进行了三天竟然议而不决。这充分说明了胡景翼死后岳维峻威信不足导致的被动局面，万般无奈之下，岳维峻决定分兵撤退，各部自行其是，这个决定给国民军二军带来了灭顶之灾。当时，国民军二军兵力尚有十万之众，如果全力迅速北撤，与国民军一军、三军、五军连成一体，完全有可能抗拒直军的进攻并保存二军的实力，在战略上也是最可取的。但是，只有李培薆、郑思成、史可轩、高桂滋等旅于 3 月 1 日沿京汉线顺利撤退。其他各部则因为种种原因而延误了撤退时间。3 月 2 日，靳云鹗军占领郑州。3 月 4 日，寇英杰与靳部会师，岳维峻乘火车逃至洛阳。3 月 5 日，直军攻占洛阳、新乡。与此同时，一直按兵不动的阎锡山突然从山西出兵占领了石家庄，切断了国民军二军诸部北上的道路，魏益三也突然变更旗号脱离了国民军，从而造成了国民军二军的军心动摇乃至崩溃。除原在黄河北岸驻防的弓富魁旅转战津浦线与国民军一军会合外，其余各部均被直军收编或溃散。

由于支持河南作战，陕督李云龙的大部兵力都调往了河南，留在陕西的国民军二军兵力不多，此时已依附吴佩孚的刘镇华镇嵩军旧部柴云升趁机攻占潼关。王振部则趁机占据了函谷关，完全断绝了国民军二军西去陕西的退路。但李云龙因为不愿意失去其在陕西的地盘，仍坚持离开洛阳西撤往陕西，于是岳维峻率十万大军蜂拥西奔。3月6日，军心严重动摇、战斗力十不存二的国民军二军主力在陕州、灵宝一带被红枪会及刘镇华所部击溃，死伤积野。岳维峻部将冯子明、胡景铨等被击毙，7万余众均被缴械。岳维峻只身渡过黄河逃入山西，被阎锡山拘禁。李云龙化装逃回了陕西。至此，国民军二军全数覆灭。

此时，蒋世杰部仍在信阳据城死守。他曾三次组织突围没有成功，直军也一直没能将信阳攻下。3月14日，蒋世杰在得知国民军二军全军覆灭后才向直军投降。他本人被吴佩孚聘为总参议，所部九千余人被遣散。蒋世杰在信阳抵抗直军进攻达48天，开创了民国军阀战争史上孤城死守的先例。信阳城大半毁于战火。居民被打死一万余人，被饿死四千余人。全城居民人口由六万余人减至三万余人。

直军占领河南后，吴佩孚任命寇英杰为督办，靳云鹗为省长。至此，他完全控制了鄂豫两省，声势大涨。

国民军二军的失败，不仅使冯玉祥、孙岳的国民军一军、三军势单力孤，而且失去了南面的屏障。吴佩孚的军队沿京汉线北上，长驱直入，与奉军、直鲁联军形成了对京津三面的围攻之势。可以说，吴佩孚指挥的河南之战，成为扭转整个战局对比的关键。此战之后，直奉联军已稳稳占据上风，接下来，张作霖还要联合吴佩孚继续进逼国民军，因此又发生了南口之战。

联直反冯第二战——大战南口

南口之战在民国史上占有非常重要的地位，此战不仅是直奉两系联合对冯用兵，取得对北京政府的控制权，而且更重要的是南口之战牵制了吴佩孚的大部分主力部队，为南方国民党政权北伐取得成功准备了条件，造成了南方国民党政权的迅速崛起，从而为蒋介石后来统一中国奠定了基础。下面详细分析一下南口之战前国民军情况。

先说国民军第一军，该军是冯玉祥的嫡系部队，此时由张之江统率。1926 年 3 月 15 日，吴佩孚任命靳云鹗为"讨贼联军"副总司令兼豫省省长，命他率十个师向华北用兵。3 月 16 日，张宗昌的直鲁联军也分三路再度对国民军发起进攻。3 月 19 日，国民军在全线分别向直鲁联军及奉军发动进攻，在连连得手之后，突然在一夜之间将主力全线撤退。在津浦、京奉两铁路线的国民军尽数退往北京方向，驻天津各部也全部撤往京郊。20 日，国民军将领张之江、李鸣钟、马福祥、宋哲元等联名通电，表示愿意遵王士珍等人 15 日和平通电，将军队撤回原防地点。国民军一军韩复榘部退至高碑店，郑金声部退至密云、怀柔、顺义，唐之道部退至通县，宋哲元部自承德退往多伦。3 月 23 日，直鲁联军占领天津；26日，奉军占领热河。4月15日，国民军撤出北京。

再说国民军第三军，该军由孙岳统率。3月21日国民军第一军退出天津时，孙岳通电自卸直隶督办职。此时，国民军第三军分驻津南及冀南各地。孙岳让前第四师师长何遂出任三军副军长，代己收拾残局。3月26日，何遂命令各部到长辛店附近集合，但只有庞炳勋、门炳岳、耿纯瑕等旅遵命到良乡，其余刘廷森、黄铭香二补充旅驻密云。袁廷杰旅仍驻保定，梁寿恺仍驻大名，三军总部卫队团及徐永昌第一师驻京西大灰厂。此时，各方对三军各部拉拢分化。国民军撤离北京后，三军庞炳勋第二混成旅、顾占鳌第七旅、门炳岳第八旅、梁寿恺第一补充旅、袁廷杰第十五混成旅均先后投奔吴佩孚。

接下来我们说一下国民军第四军，该军由郭松龄原第五军魏益三部改编而成。1926年2月10日，国民军第四军到保定驻防，实力有所扩充。魏益三将所部编为一个师，另一个独立旅。此间，冯玉祥曾派京汉铁路局长王乃模送来5万元军饷，此外再无接济。国民军退守北京后，计划再退往西北。魏益三见形势对国民军非常不利，不乐意放弃已有的保定地盘，派人积极与晋军阎锡山部联系。3月底，直系前锋田维勤部进入直隶，阎锡山命商震率部返回山西，将石家庄南北两地交给吴佩孚部接防。在此情况下，魏益三派人赴汉口，通过吴佩孚第三师师长张席珍，向吴佩孚表示了竭诚拥立之意。吴佩孚为扩充实力，不顾奉系的反对，立即致电魏益三表示欢迎，并派靳云鹗前来接洽。4月1日，吴佩孚任命魏益三为"讨贼联军第三路总司令"。这样，魏益三摇身一变，又投靠了直系，参加了对国民军的围剿。国民军第四军名义至此消亡。

最后，我们再来说一下国民军第五军，该军由方振武统率，方振武坚决随国民军第一军的进退而动。3月下旬，方率国民军第五军从冀南大名向北撤退。临行前方振武派员与晋军联系，请准放行，得阎锡山应允。但是方部行至白鱼镇宿营时突遭晋军包围。方部仓促迎战，死伤枕藉，将士相顾失色。方振武见此情况带头挺身冲锋。士兵见状，也奋勇相随，突出重围。方率部继续沿铁路北进，到达保定。此时，魏益三已决定投靠直系，派人劝方振武也一起变更旗号。方振武知道魏益三有变后，迅速率部北上到高碑店。3月20日，方振武到北京发表通电，表示坚决与国民军一军共进退。不久，国民军第五军随第一军撤至南口。

由以上情况可以看出，在南口大战之前，国民军五个军剩下的主要是第一军和第五军两个部分。第一军还保有十二个师，七个旅；岳维峻的第二军实际上已经土崩瓦解，仅有弓富魁两个旅回归；孙岳的第三军元气大伤，仅剩下徐永昌师及其他数团，人数不过一万六千余人；魏益三的第四军更是整体投奔了吴佩孚；第五军虽然建制完整，但本来就兵力不多，人数不过万人。国民军总兵力合起来大约20万人。

与此相对应的是，奉、直、晋的"讨赤联军"总兵力达到了50万人以上。1926年4月下旬起，"讨赤联军"从察北多伦至直隶易县并延伸到晋北的千里战线上，分兵五路向国民军进攻。奉军汤玉麟部为第一路，由热河进攻多伦；万福麟部为第二路，由怀柔进攻独石口；直鲁联军徐源泉部为第三路，由昌平攻打南口；直军田维勤部为第四路，由门头沟、紫荆关攻怀来；晋军商震部为第五路，由晋北威胁京绥铁路。

针对奉、直、晋的军事安排，国民军制定了三路抵御敌人进攻的军事战略。东路军总指挥鹿钟麟，统帅郑金声第一军，防守南口。该军在南口正面是刘汝明第十师，其左翼防守延庆的是佟麟阁第十一师，其右翼防守怀来的是陈希圣陆军暂编第三师。弓富魁为中路总指挥，统帅方振武第二军，徐永昌第三军，防守从怀来到蔚县一线。北路军总指挥宋哲元，统帅石敬亭第五军，石友三第六军，韩复榘第八军，王镇淮第九军，赵守钰骑兵第一集团军，杨兆麟骑兵第二集团军，防守延庆到多伦一线。蒋鸿遇为总预备队兼第七军军长，统帅第十二师及其他直属部队。

战役的中心点是京西的南口，故此战被称为"南口大战"。南口位于京西昌平、居庸关之间，是华北通往西北的险要隘口，自古就被称为天险，是兵家必争之地。早在 1925 年下半年，国民军一军就在苏联顾问的参与下，开始修筑以此为中心的百里防线。郭松龄反奉战争爆发前，冯玉祥又于 11 月 8 日命令鹿钟麟"速回南口备战"，并明确指示说是为了防御奉军。1926 年 1 月，冯玉祥下野后又派苏联顾问及三个工兵营加固南口防御工事。经过半年多的营造，国民军在南口修筑了近代化的军事工程。

战役分两个阶段。第一阶段是以直系吴佩孚的部队为主力进攻的。当时张作霖有感于吴佩孚常胜将军的威名，希望借助于吴佩孚的力量速战速决。吴佩孚也信心满满，以为国民军不堪一击，并没有料想到自己的部队已非当年战无不胜的嫡系第三师，也没有料想到南口一带已修筑了固若金汤的近代化防御工事。吴佩孚的轻敌很快收获了苦果。

1926 年 4 月 22 日，吴佩孚致电李景林、张宗昌、张学良、靳云鹗等，迅饬各部向南口进攻。但是，张学良及张宗昌都想保存实力，让李景林部打头阵。4 月 23 日、24 日，以李景林部为主力的直鲁联军向南口正面发动强攻，并一度突破国民军中央阵地。但是，由于南口防御工事坚固及国民军坚决抵抗，遭到失败。4月29日，直军将领田维勤奉吴佩孚之命深夜抵京，与张宗昌等会商与奉军及直鲁联军协力进攻南口事宜，决定分三路进攻，北路由奉军进攻多伦；中路由奉军、直鲁联军进攻南口左翼，直军进攻南口右翼；南路由晋军进攻丰镇。但是，奉军有意保存实力，将主力于珍第十军大部、荣臻第十一军、军团直辖的炮兵、工兵、坦克等部队都驻扎在北京城外，没有直接投入战斗，让进攻南口的战事主要由直军及直鲁联军承担，战局一时陷于僵持。

6月3日，直军田维勤收编的原国民军二军一部突然在阵前倒戈，由京北沙河方面直迫万寿山，在与直鲁联军激战后投向国民军。7月12日，直军田维勤部第三十九旅（陈鼎甲旅、原为国民军二军史可轩部），在共产党人许权中领导下发动兵变，从妙峰山投向国民军，再次使直军全线动摇。此后，直军田维勤部第四十旅贾自温、马宗融两团（原国民军三军旧部），又在清水涧投向国民军。此外，张宗昌所收编的李景林一部也发生兵变。直军东路主力共有六旅，连日发生倒戈使其损失不少，士气由此一蹶不振。直军中路王为蔚与西路魏益三部，虽然先后与国民军徐永昌、方振武部交战并攻占代王城、西河营等地，但毕竟均与国民军有旧，作战不十分卖力，又系偏师，对战局无重大影响。

此时，南方国民党的北伐军已经出动，湖北督理陈嘉谟不断急电请吴佩孚回武汉主持对南军事。吴佩孚顺坡下驴，表示愿意把北方军事完全交给奉鲁军负责。张作霖看清直军缺乏战斗力的现实，因此不再指望直军，改由直鲁联军与奉军担任进攻南口的主攻。经与吴佩孚商量，任命张宗昌为前敌总司令，褚玉璞为总指挥，并将奉军炮兵全部交其使用。

从 7 月 19 日开始，南口战役进入了第二阶段，即以奉军和直鲁联军为主，直军予以配合。8 月 1 日，张学良、张宗昌分赴沙河、羊坊督战。直鲁联军以王栋为前敌总指挥，率部沿京绥铁路左侧发起攻击。奉军第十军于珍部沿铁路右侧发起攻击。奉军先以大炮轰击，然后以坦克、步兵冲锋，国民军倚仗坚固工事还击，战况空前惨烈。双方在龙虎台、关山岭、虎峪村、得胜口等地恶战，白刃肉搏一百多次。8 月 8 日，奉军攻占居庸关，继而攻占营子城，偏地峪、铁卢沟、毛司台、落马坡等要隘，铁甲车攻破南口阵地外壕。8 月 14 日，奉军第十军于珍部攻下南口。15 日，张作霖通电报捷说："南口为长城著名要塞，重峦又叠嶂，自十四年九十月间，西北军在此建筑洋灰石子工事，直鲁军、镇威军以十余万人，自八月一日总攻，至十四日克之。"由于吴佩孚的直系在第一阶段久攻不克，作战不力，张作霖在这份电报中竟然只字未提吴佩孚的直军。

8 月 15 日，国民军下达全线总退却令，韩复榘、石友三等部担任掩护。宋哲元率多伦、沽源方面各军经张北西退。鹿钟麟率南口、延庆方面各军经京绥路西行。徐永昌、方振武及石友三等部自蔚县、广灵及晋北雁门关去绥远。国民军以平地泉为第一防线，卓资山、和林为第二防线。

8 月 15 日，奉军占领居庸关、青龙桥、康庄、延庆。16 日，直军田维勤部占怀来。奉军吴俊升部攻占沽源。19 日，直军与奉军先后进驻张家口。与此同时，山西晋军收复了晋北全部失地。

国民军全线西撤，不明真相的中下级军官及士兵以为战败，士气低迷，大量军事物资沿路遗弃，损失惨重。晋军商震利用与国民军内部人士的关系，沿途进行拉拢分化。韩复榘、石友三、陈希圣等部先后被晋军收编。郑金声、张自忠、张万庆等部也先后投降了阎锡山。张之江、鹿钟麟、宋哲元等率部撤到了绥西一带。此时，国民军所余诸部大多残破不全，只有一军刘汝明部及三军徐永昌、五军方振武等部保持了较完整的建制，但也严重减员。全军除驻甘肃的两个师外，包括韩复榘、石友三诸部不满5万人。

南口大战由于吸引了奉直两系的主力部队，从而为广东国民革命军北伐创造了有利时机。北伐军在两湖的胜利，与南口大战牵制了吴佩孚直军主力不得回师有很大关系。1928年7月9日，蒋介石在追悼南口阵亡将士大会上说："当革命军自粤出发，未几下桂赴湘。彼时正值西北革命同志，与反革命者激战南口。赖诸烈士之牺牲，直军不能南下守鄂，北伐军遂长驱北上，冲破长岳。后日西北同志，虽退绥甘，而北伐大军，已以破竹之势，消灭反动势力，建立政府于武汉。是北伐成功，多赖南口死难烈士。革命同志，幸勿忘之也。"

对于张作霖和吴佩孚来说，南口大战虽然取得了胜利，但却耗费了大量人力物力，尤其是耗费了大量宝贵的时间，在战略上犯下了致命的错误，应该说是得不偿失的。尽管如此，张作霖借着河南之战和南口之战的胜利，已经离入主中原越来越近了。

爱国与卖国

张作霖的一生都在争议中度过。有人说他卖国，原因是他跟日本人的关系剪不断理还乱；有人说他爱国，原因是他守住了东北 100 多万平方公里的领土，而东北是当时中国形势最复杂、竞争最激烈的地方。如果没有张作霖在东北的崛起，这块土地也许早就落入敌手，不是被沙俄侵吞，就是被日本人占据，或者被满蒙独立势力所控制。

所以，从实际结果上来看，张作霖是非常爱国的，在他手上未曾丢失东北一寸土地；从表象上看，张作霖又是卖国的，而这其实是他生存发展的一种策略。简单地说张作霖是个务实派，既有自己的底线，又不会硬碰硬地跟日本人较量，以免不可收拾。这个策略是当时东北所能采取的最好策略了，张作霖一直运用得很成功。

在爱国与卖国之间，张作霖采取了如下策略：

一是坚守底线，抵制分裂。二十世纪初的日本对中国的策略就是分裂中国，最好中国军阀混战，越乱越好，这样中国永远构不成对日本的威胁，反过来日本可以从中渔利。而对东北的策略，自 1905 年日俄战争以后，日本就已经把东北视为自己的势力范围，因为日本认为东北原本被沙俄占去了，是日本通过战争从沙俄手上抢回来的，如果没有日本，东北早就不是中国的东北了。日本的这种想法倒也是事实，所以它在把东北抢回来以后，很想自己独占，但是遭到了德国及英法等国的反对。英法德等国之所以反对，本质上也并不是为中国的利益考虑，而是从列强瓜分中国机会应当均等的角度出发，反对日本独霸东北。日本并没有实力与当时的德国及英法等国对抗，万般无奈之下，才想到了在东北扶植自己的代言人这一策略。当时他们看中了张作霖，一来张作霖在东北各种势力角逐中迅速崛起，具有代理人的资本；

二来张作霖主动向日本靠近，与日本各方面关系良好，让日本以为张作霖会是一个很听话的角色，可以有效保护日本人在东北的利益。为此，日本出钱出枪，在历次较量中均站在了张作霖一边，使张作霖登上了奉天督军的宝座。

张作霖登上奉天督军宝座后，并没有按日本的预想积极回报日本。此时日本国内对张作霖产生了两种意见，一种意见以日本外相石井、参谋次长田中等为首，主张继续支持张作霖统一东北，然后策动张作霖独立，使东北脱离中国；另一种以关东都督中村觉大将为首，认为张作霖不可信，待其羽翼丰满后一定会对日本不利，因此应以非常手段诛杀张作霖，反过来可以扶持前清遗老宗社党控制东北。两种意见相较不下的时候，关东都督中村觉大将下手了。1916 年 5 月 27 日，日本天皇的弟弟由俄国返回路经奉天，张作霖为示友好前去迎接。在迎接完毕返回大帅府的路上，突然一声巨响将张作霖的马车炸飞了天，坐在马车上的卫兵全被炸死。所幸张作霖命大，当时坐在另一辆马车上。事后张作霖明知暗杀行动是日本人干的，但考虑到今后要和日本人交往，并没有深入追究下去。

日本关东军暗杀张作霖未能成功，于是通过川岛浪速策动蒙匪巴布扎布与前清宗社党首领善耆相互勾结，发动满蒙独立运动。巴布扎布有蒙匪 3000 名骑兵，善耆经过多年的经营，也集合了支持清王朝的所谓满洲特殊部队 4800 余人，另有招募的 4000 余人，三股力量合在一起计有 1 万余人，编成三个旅团，指挥骨干均是日本军官。1916 年 7 月 1 日，巴布扎布率 3000 余人，由日军大尉青柳胜敏指挥，从哈拉哈河出发，向突泉、洮南方面进犯。张作霖对于满蒙独立运动采取的措施是坚决予以镇压，这方面他深知日本人的脾气，只有坚决彻底地消灭这股势力，才能从根本上断绝日本在这方面的企图，也才能更加有效地巩固自己的地位。为此，他指示吴俊升率部把蒙匪击退，吴受重伤后，巴布扎布卷土重来，攻势很猛，张作霖又派第二十八师第五十五旅进驻郑家屯平匪。巴布扎布不敌，退入南满铁路属地内的郭家店，托庇于日军保护。9月2日，巴布扎布在日军的护送下撤离郭家店。尽管有日军护送，张作霖依旧令部下尾追，等到日军脱离巴布扎布所部后，即行发动攻击，终在蒙匪撤到阿鲁科尔沁旗、巴林等地时将巴布扎布击毙。满蒙独立运动遂告失败。满蒙独立运动失败后，果然如张作霖所料，日本不得不调整政策，重又回到扶植张作霖的道路上来。

二是明修栈道，暗度陈仓。日本支持张作霖统一东北后，就以控制东北的主要铁路及其沿线为基础，妄图通过控制铁路线上的战略枢纽从而达到控制东北局势的战略目的。彼时日本控制的南满铁路纵贯东北全境，张作霖如果想从黑龙江调兵，北端可以使用中俄共管的中东路，但是到了长春以后就只有南满铁路可用了，长春以南一直到奉天以东、彰武以北完全受日军控制。到了奉天以后，奉天通往山海关有张作霖控制的京奉路可以使用。从以上铁路线控制情况可以看出，日本控制的南满铁路最为要紧，关东军可以利用南满铁路来控制奉军的行动。按照日本当年与民国政府签订的条约：奉军调兵要乘坐南满铁路，必须经日本驻奉天总领事及关东军司令部批准后才可以，而且奉军需要解除一切武装，枪支弹药另行托运。奉军的军事物资，必须得到关东军司令部批准才给运输，日本随时可以拒绝。也就是说，张作霖几十万大军的后勤保障握在日本人手里，只要日本人把南满铁路关闭，奉军就将陷入瘫痪状态。这种状况张作霖尤其不能忍受。

张作霖羽翼丰满后，所思量的就是要改变这种被动局面。为此，由杨宇霆和常荫槐出面，制定了东干线和西干线计划。东干线自奉天修至吉林，然后再沿已经修好的省办铁路至哈尔滨，可以有效连通东北三省的省会城市；西干线从打虎山经通辽至齐齐哈尔，也可以有效沟通奉天、吉林和黑龙江三省的联系。两条干线所起到的作用其实就是对日本控制的南满铁路进行替代。

张作霖要修建这样的两条铁路，当然不会得到日本当局的同意。为了保障铁路修建计划得以实施，张作霖想出了很多点子。对于西干线南部的打通铁路，刚修建的时候是以京奉铁路的支线名义修建的，日本人当时也没太在意，以为不过一条支线而已，起不了啥作用。但是张作霖修着修着就把打通铁路延长了。1926年8月，延长工程向彰武施工，这下子引起了日本高度关注，日本外务大臣币原喜重郎训令驻奉天总领事吉田茂，要其向张作霖询问打通铁路到底要修到哪儿？它的计划是什么？日本政府明确向张作霖表示不能允许有与南满铁路进行竞争的平行线。9月9日，吉田茂访问张作霖又质问此事，张作霖说东北当局没有修建南满铁路平行线的计划，即使有计划也没有筑路资金。12月28日，日本代理总领事要求东北当局停止彰武以北计划，张作霖安排杨宇霆出面说奉天省政府没有彰武至通辽计划。京奉路局把奉天以西换下的旧轨用于打通路的延长，是由北京政府和交通部说了算，东北当局并未参与，把修建责任推给了北京换来换去的民国政府。后来日本为阻止该线的实施还提出了外交照会，甚至采取了切断满铁铁路等措施。这时打通铁路的延长线已经与四洮铁路在通辽接通轨道，西干线已经完全接通。1927年11月15日，西干线正式营运，从此避开了日军控制的南满铁路，发挥了军事运输和开发地方经济的重要作用。

至于东部干线，分为南段和北段两部分进行。修建南段奉海铁路的时候受到日本阻力较小，原因与上面西部干线一样，也采取了瞒天过海的手法，只说修一条官商合办的模范铁路，起点为奉天，终点至海龙县城，中间经抚顺和清原。日本一看这铁路不过是通往奉天的一条小小支线，没啥作用，对南满铁路也根本不会造成任何影响，所以也就同意了。奉海干线于 1925 年 7 月开工，1927 年 8 月即已完工。后来张作霖又故伎重施，如上文西部干线延长打通路一样，又开始了奉海线的延长，一直延长至朝阳镇。按张作霖的意思，接下来还要继续延长，一直延长到吉林省的吉林市，这条铁路即东部干线的北段吉海铁路。此时日本人总算看出了张作霖的企图，日本驻奉天总领事和驻吉林总领事分别向张作霖和张作相抗议，还利用东京报刊和东北报刊宣传吉海路是南满路的并行线和竞争线。但是张作霖授意杨宇霆回答说吉海路只是奉海路的延长线，奉天省政府已经用借款洮昂路为妥协条件，换得了日本政府放弃奉海路的借款权。当时签协议时并未规定奉海路不得延长，因此日本没有理由再抗议。日本驻奉天总领事吉田茂非常生气，认为奉海铁路当然是从奉天开始至海龙结束，怎么到了海龙还能延长到朝阳，到了朝阳还能一直延啊延得没完没了，最后还能延长到吉林省的吉林市，那与新修一条铁路有何区别？但是道理是这个道理，吉田茂还是无法反驳条约里没有规定奉海路不得延长的这个事实，只好拿出照会表达日本政府的极度愤怒，要求该计划即行中止。但是张作霖在这件事情上没有妥协，照修不误，铁路就在抗议和嗟商中不断延长，至 1929 年

6 月朝阳镇至吉林总站完工，吉海铁路正式通车。吉海铁路在海龙与奉海铁路接轨，实际上已完全实现了东部干线的目标。不过张作霖没能看到东部干线建设完工的那一天。完工前 1 年的 6 月份，恼羞成怒的日本人终于下了狠手，将张作霖炸死在离奉天不远的皇姑屯，留下了千古遗憾。

5

谁的江山

　　南口大战之后，从 1926 年的 9 月到 1928 年的 5 月，差不多一年多的时间里，是张作霖独自控制北京政府的时候。而且，伴

随着南方国民党政权的北伐，当时国内可以与张作霖分庭抗礼的几股势力，比如吴佩孚的直系、孙传芳的五省联军以及张宗昌的直鲁联军等等均先后失败，北方只剩下张作霖能与蒋介石统率的北伐军相抗衡了。1927 年 6 月 18 日，除了北伐军以外，各派势力共同推举张作霖为安国军大元帅，6 月 20 日，张作霖以大元帅名义任命潘复组阁，这是北京政府的第 32 届内阁，也是最后一任内阁。

身着大元帅服的张作霖

这样，从 1919 年主政东北到 1927 年问鼎中原，经过 8 年的反复较量与争夺，张作霖终于在群雄角逐中胜出。

在这短短的不到两年的时间里，张作霖是如何实现这一梦想的？在 1926 年 9 月南口大战以后，他的竞争对手先后有吴佩孚、孙传芳以及蒋介石。

吴佩孚回光返照

从张作霖有资格逐鹿中原开始，吴佩孚似乎就成了他始终绕不过的坎，如果不是吴佩孚，在直皖战争之后，张作霖就有希望问鼎中原了。然而正因为有吴佩孚在，张作霖不得不厉兵秣马，先后经过两次直奉战争才总算把吴佩孚拉下了马，结果刚刚拉下了吴佩孚又跑出了一个冯玉祥，此人联合几股势力差一点就把张作霖打回了老家，好在张作霖及时改变策略，再一次跟吴佩孚合作才扭转了局面。

也许运势使然，跟张作霖再度合作的吴佩孚竟然在河南战场顺风顺水，不消一个月就干掉了岳维峻统率的十几万部队，使国民军第二军在冯玉祥的国民军序列里名存实亡。要知道国民军第二军是以前胡景翼统率的精锐部队，该部在国奉战争中将李景林统率的奉军打得溃不成军以至全军覆没，其战斗力可想而知。而吴佩孚竟然不费吹灰之力就取得如此巨大的成功，不能不让张作霖刮目相看了。所以在最初合作时，张作霖刻意保持低调，事事谦让。吴佩孚也不客气，进入北京城后不打招呼就直接任命直系将领王怀庆为京师卫戍总司令，负责维持北京治安。此后，吴佩孚又力推曹锟时代所任命的颜惠庆复任总理，尽管张作霖希望由自己的儿女亲家靳云鹏组阁，但最终还是妥协了。张作霖致函吴佩孚说："此事悉由我兄主持，放手去办，弟毫无成见。"

1926 年 5 月 12 日，颜惠庆在吴佩孚的支持下依法复职，这是一个以吴佩孚所统率的直系为核心的亲西方的内阁，奉系只占有陆军总长张景惠和内务总长郑谦两席。由于张作霖的反对，颜惠庆复职后仅仅干了一个月又十天便宣布下台，改由海军总长杜锡珪代理内阁总理，杜仍然是吴的人，内阁还是由直系操控。1926 年 6 月 26 日，张作霖在杜锡珪的邀请下进入北京，28 日，吴佩孚也进入北京，张作霖亲自到吴佩孚行馆拜访，开口闭口称吴佩孚为吴二哥，让吴佩孚十分受用。回想几年前，张作霖和曹锟在天津会晤时，还十分瞧不起他这个小小师长，不屑于和他会谈，如今形势发生了翻天覆地的变化，志得意满的吴佩孚准备重新执掌天下了。

然而吴佩孚的好运并没有维持多久，虽然在 1926 年的 3 月至 9 月这段时间里是吴佩孚东山再起后最风光的时候，但是这种情况充其量也只是回光返照而已。他的实力已经今非昔比了。河南一战虽然侥幸获胜，更多的则是托了张作霖以及阎锡山的福，他们在北方断了岳维峻的后路，再加上岳维峻部属中有很多都是原来直系的人马，作战不力或临阵倒戈情况时有发生，这才让吴佩孚捡了个便宜。吴佩孚实力不济蒙得了一时却蒙不了一世，很快就让张作霖看了出来。

民国军阀相争的年代，一切都是凭实力说话。吴佩孚在两件事情上让张作霖看扁了，一件是南口大战，另一件是国民革命军北伐。南口大战初期张作霖对吴佩孚寄予厚望，以为常胜将军出马，对付这种残兵败卒定然手到擒来，没想到从 4 月一直打到 7

月，整整三个月里未能前进半步，最后还是靠了张宗昌的直鲁联军以及张学良的奉军才将冯玉祥的国民军击溃。第二件事是南方国民党组织的国民革命军北伐，北伐军首要对准的目标就是吴佩孚在湖北的地盘，结果仅仅一个月，吴佩孚一战败退汀泗桥，二战败退贺胜桥，三战丢了汉口、汉阳，北伐军几乎完全控制了湖南、湖北全境，只剩下武昌一所孤城还在坚守。

吴佩孚失败，对于这个联直反冯战略中的盟友，张作霖采取的不是同情而是落井下石的做法。张作霖其实是个蛮讲情义的人，但这次在吴佩孚兵败之时却对其下黑手，主要原因有两个，一个是他与吴佩孚本来就是敌非友，只是利益的关系暂时结盟，吴佩孚面临失败，其剩下的河南等地盘很有可能被北伐军攻占，因此必须先下手为强；第二个原因是张作霖一直想执掌天下，此刻无限接近，因此必须尽快取而代之。1926 年 9 月 7 日，在张作霖军事实力的压制下，杜锡珪内阁致电张作霖欢迎"入京主政"，由吴佩孚任命的北京卫戍总司令王怀庆也同时下台。失去了王怀庆武力的保护，杜内阁随后也仅仅维持了十来天就被迫辞职。10 月 1 日，由外交总长顾维钧兼代内阁总理。顾维钧是个资深外交家，也是一个比较成熟的政治家，他因为吴佩孚的赏识而进入内阁，又因为跟张学良结拜为兄弟而受到奉系支持。因此顾维钧在这时出任国务总理是上天安排给张作霖最恰当的人选，一方面此人外交能力娴熟，可以熟练地与各国打交道，争取外国支持；另一方面吴佩孚也能接受，可以避免直奉过早破裂。

在顺利解决北京政权之后，张作霖下一步需要解决的就是吴佩孚直系所占据的地盘了。张作霖先通过谈判的方式，要求吴佩孚交还保定、大名两地，腹背受敌的吴佩孚只好同意于双十节前交还。其实所谓交还也只是好听的说辞，保定、大名两地论渊源本来就是直系的老巢，只不过后来被奉系李景林占了，这一次直系又占了回来，现在奉系大军压境，吴佩孚不得不违心地表示要"交还"了。

1926 年 10 月 8 日，在北伐的国民革命军第四军、第八军和第十五军的长期围困下，孤城武昌第三师师长吴俊卿率部投降。10 月 10 日，在吴俊卿接应下武昌失陷，吴佩孚的守城司令、第八师师长刘玉春和湖北督理兼中央第二十五师师长陈嘉谟被擒，主力部队 2 万余人全数被歼。

吴佩孚在湖北的失败使其失去了后方根基，在与张作霖的抗衡中已无实力，想跟张作霖合作又没有多少利用价值。因此，张作霖对吴佩孚的态度急转直下。1927 年 2 月 8 日，张作霖以援鄂假道河南为名，分两路进攻河南，一路由直鲁联军副司令褚玉璞进攻开封，另一路由张学良、韩麟春以援鄂军总副司令为名进攻郑州。奉军大举进入河南，大势已去的吴佩孚各部人心已散，根本未进行认真抵抗就纷纷投降。2 月 6 日吴佩孚得力干将寇英杰即以送母赴津为名脱离直系，张作霖任命其为安国军第十一方面军军团长；2 月 14 日齐燮元通电自己解除讨贼军副司令职务，离开郑州前往天津；2 月 16 日，河南军务帮办米振标投降奉军，张作霖任命其为安国军第十八军军长兼毅军总司令，原依附吴佩孚的刘镇华也转而投向了奉军，被任命为安国军陕甘总司令。就这样，在南方经过惨烈战斗付出重大代价而最终被国民革命军北伐打败的吴佩孚，到了北方没有经过一场像样的战斗就被张作霖瓦解了。要说张作霖还真是吴佩孚的克星，吴的两次惨败都拜张作霖所赐，第一次还能死灰复燃，而第二次虽经多方努力，终至于无力回天。就这样，这位跟张作霖斗了近十年的秀才将军吴佩孚就此烟消云散，从此彻底淡出了历史舞台。

孙传芳坐失良机

蒋介石率领国民革命军从广东经湖南北伐时，孙传芳有一百个机会可以侧击甚至包抄北伐军的老巢广东革命根据地，如果孙传芳真的这么做了，那么国民党的北伐又会像前几次孙中山组织北伐一样半途而废，无功而返，但孙传芳没有这样做，坐失了一次大好时机。孙传芳为什么没有这样做，是他没有认识到这样的大好机会？还是跟北伐军暗中有联系？都不是，道理其实很简单，孙传芳有自己的小算盘，那就是想坐收渔翁之利。

彼时吴佩孚在北伐军的进攻下连番向同为直系的孙传芳求助，但是孙传芳就是按兵不动，他想等北伐军与吴佩孚两败俱伤之后轻轻易易地攫取胜利果实。他没有想到的是吴佩孚竟然败得这么快，也没有想到北伐军实力有这么强。等他醒悟过来的时候，吴佩孚主力已经基本被歼，孙传芳失去了一个得力援手。而且经此一役，北伐军实力非但没有削弱，反而得到了很大增强，士气也空前高涨。接下来北伐军目标迅速转向了孙传芳。

孙传芳原想把北伐军这股"祸水"向北引向张作霖或者残余的吴佩孚，这样北伐军将成一字长蛇状从南边的广东经湖南、湖北到安徽、河南，情形就有点像第二次直奉战争后奉军呈一字长蛇状从东北到直隶、山东和江苏。如此一来，北伐军就极易受到孙传芳的攻击，时刻有后路被切断的危险。所幸北伐军坚持了正确的战略战术，并没有一鼓作气渡江扫荡吴佩孚的残余势力，而是掉头东向，先解决孙传芳的侧翼威胁。

1926 年九月上旬，国民革命军分三路进军江西。在赣南，由李济深指挥第二军、第五军及第十四军各一部沿赣江北上，占领赣州后向吉安方向进攻；在赣西，由朱培德指挥第三军和第二军主力占领萍乡后，连克宜春、万载、分宜，在新余与孙军激战；在赣西北，由程潜指挥第六军和第一军第一师分别攻克修水、铜鼓、奉新和高安；另有李宗仁第七军潜入孙军腹地，实行无后方作战，把孙军后方搅得天昏天暗。李宗仁第七军插入敌后是国民革命军取胜的关键，其在箬溪地区全歼孙军精锐谢鸿勋师后，于10 月 3 日进至南浔铁路中段德安地区，迫使孙传芳急调南昌、九江和已进入鄂东南的部队回浙反击，打乱了孙传芳的军事部署。从而为其他各路减轻了压力，双方形成了对峙局面。在此期间，北伐军曾先后三次进攻南昌城均告失败。

1926 年 11 月，北伐军组织了南浔铁路作战，兵分三路进攻。右翼军右纵队第十四军在第二军配合下攻占抚州，切断孙军入闽通路；右翼军左纵队第三军在第二、第一、第七、第六军各一部配合下，于 11 月 7 日占领牛行，在滁槎俘敌 1.5 万人；左翼军第七军于 11 月 2 日攻占德安，第四军于 3 日攻占马回岭，两军主力在德安以南的九仙岭击败孙军 2 个师，截断了南浔铁路，从而使孙传芳南浔路上的各据点彼此孤立不能互相支援，陷入了各自为战的苦境。11 月 8 日，南昌守军弃城溃逃，被歼万余人，国民革命军占领南昌。此时江西大部已被国民革命军攻占，孙传芳紧急退往南京。12 月初，国民革命军第二军第六师由赣入闽，进占建瓯，切断闽、浙孙军联系，留守福建的周荫人部后路被切断，各部纷纷投降，驻闽海军起义，周部李生春旅投降。12 月 9 日，国民革命军进占福州。至此，福建也全部落入北伐军之手。

从以上情况可以看出，第七军和第四军截断南浔铁路是孙传芳战败的主要原因，两军在国民革命军序列中均是赫赫有名的部队，第四军号称铁军，第七军号称钢军。北伐军7、8月份挺进湖南、湖北攻打吴佩孚时，一路攻城拔寨的主要就是第七军和第四军，如果此时孙传芳向湖南出兵，既可以避开第七军和第四军的锋芒，还可以截断两军的归路，在战略上可以收到意想不到的奇效。可惜孙传芳坐失良机，错失了一招致敌于死命的妙棋，直到一个月后孙传芳才醒悟过来，此时北伐军已经缓出手来，大军兵临城下，孙传芳已无力回天了。

孙传芳败逃南京，此时唯一能救他的就是北方的张作霖了。为此，一向以反奉著称的五省联帅孙传芳不得不低下头来，亲到天津向张作霖认错，张作霖也不咎既往，表示过去的事不要再提了，愿意帮助孙传芳抵抗国民革命军的进攻。张作霖还对孙传芳说："我们都是光明磊落的汉子，岂肯乘人之危，夺取别人的地盘。"意思是请孙传芳放心，我张作霖帮助你决无图谋你地盘的意思。张作霖的这话倒是真的，这一点明显区别于吴佩孚，原因是孙此时还有相当的实力，直属部队尚有五万多人，五省联军也有二十来万，张作霖还需要孙传芳和他一起联起手来对抗国民革命军。为此，张作霖组建了安国军，自任总司令，任命孙传芳和张宗昌为副司令。计划长江方面仍由孙军担任前线，鲁军在江北岸作为后盾。派韩麟春率领第十七军由京汉线援吴（实际上其目的就是前文所说的夺取河南地盘），热河汤玉麟、察哈尔高维岳两部协助晋军在包绥方面防范冯军，吴俊升、张作相负责巩固后方，张作霖坐镇天津策应各方。

这个计划里，张作霖并无一兵一卒派到孙传芳的前线作战，倒不是张作霖不舍得，而是孙传芳需要的只是粮弹支援以及后方保障。孙传芳还是怕张作霖借援孙为名抢占地盘。因了这一层顾虑，北伐军在 1927 年年初面对的其实仍然是孙传芳一个对手。

1927 年 1 月下旬，由何应钦担任总指挥的国民革命军东路军第一、第二十六军在第二军配合下，由浙江衢州向杭州方向发起进攻。2 月 11 日，在桐庐、诸暨、富阳地区击败了孙军孟昭月等部 4 个师抵抗，俘敌 8000 余人，于 2 月 18 日占领杭州。3 月上旬，东路军开始进攻淞、沪，至 20 日，第十四、第十七、第二军和第一军一部经太湖以西攻克常州、丹阳等地，截断沪宁铁路；第一军主力和第二十六军克松隐、松江、吴江、苏州，迫近上海。3 月 21 日，中国共产党人周恩来等领导上海工人举行第三次武装起义，经过 30 多个小时激战占领上海。第一军一部乘机进入上海市区。

与此同时，由李宗仁任总指挥的江左军由鄂东向安庆、庐州（今合肥）挺进。3 月 4 日至 8 日先后占领安庆、庐州，孙军刘宝题师、陈调元师、王普旅和叶开鑫残部相继起义。由程潜任总指挥的江右军由江西沿长江南岸东进，相继攻克芜湖、当涂后，于 3 月 23 日占领南京。

至此，孙传芳在江苏南部、浙江、安徽、福建、上海等地的势力全部扫清。张宗昌和孙传芳退守徐州一线，整个长江流域完全被北伐军占领，北伐军的下一个目标就是与张作霖面对面地直接较量了。

张作霖睥睨天下

　　吴佩孚、孙传芳的迅速败北，使硕果仅存的张作霖地位更加凸显了出来。1926 年 11 月 29 日，一向对张作霖不服的孙传芳竟然主动领衔以苏、皖、赣、直、鲁、豫等 15 省名义通电拥护张作霖为安国军总司令。12 月 1 日，张作霖在天津正式就任安国军总司令，同时任命孙传芳为安国军副司令兼苏皖赣闽浙五省联军总司令，任命张宗昌为安国军副司令兼直鲁联军总司令。随着孙传芳和吴佩孚的继续败北，张作霖的实力和地位得到进一步加强的同时，危机也与日俱增，那就是与南方国民革命军的较量已经迫在眉捷了。然而在这个节骨眼上，一件意想不到的事情发生了，它使张作霖获得了喘息之机，也让张作霖执掌天下的权力在 1927 年的 6 月份以后达到了顶峰。这个事情就是南方国民革命军的分裂。

　　南方国民革命军的分裂是在北伐过程中逐步形成的，一派是以掌控湖南、湖北地盘的国民革命军第八军唐生智部以及第四军张发奎部为支持，唐生智部因在湖南、湖北战场收降了吴佩孚的大量部队而实力迅速强大，上述两部以武汉为中心，支持汪精卫；另一派是以进攻浙江、江西的国民革命军第七军李宗仁部以及何应钦的第一军为支持，他们以南京为中心，拥护蒋介石。1927 年 2 月 10 日，广州国民政府北迁武汉后在武汉召开中央执委全体大会，汪精卫、谭延闿、孙科等为国民政府常务委员，汪精卫为主席。4 月 17 日，蒋介石以武汉政府受共产党控制为由，在南京另组国民政府，以胡汉民为主席。武汉政府下令开除蒋的党籍，并计划派兵征伐南京，史称"宁汉分裂"。

宁汉分裂从 1927 年 4 月份一直持续到 8 月份，国民党内部两大势力互相较劲，导致北伐实力明显削弱。这期间发生了共产党领导的八一南昌起义以及蒋介石主持的北伐军在徐州战役中失利。上述两件事情均对张作霖很有利。共产党起义回师广东，牵制了国民革命军铁军第四军以及其他各部，迫使第四军也跟着回师广东。分裂后的蒋介石原想借着北伐以壮自己声威，但没有了北伐先锋第四军以及第七军（桂系此时也正在与蒋介石较劲）的支持，蒋介石的北伐就斗不过孙传芳了，被张宗昌和孙传芳联手在徐州战败，蒋介石被迫通电下野。蒋介石一去职，宁方代表俨然是李宗仁。武汉的汪精卫一方面积极分共，一面派唐生智的军队顺流东下，进行军事威胁，与此同时，徐州战役胜利的孙传芳指挥军队对徐州败军穷追猛打，很快，孙大帅的军队抵达长江北岸，南京国民政府面临两个方向的巨大军事压力，一时之间，国民革命军非但无力北伐，反而面临着重重危机。

1927 年 6 月 11 日至 16 日，张作霖在北京顺承王府召开了讨论目前时局的国民会议，奉系内部元老派张作相、吴俊升主张退守关外；张学良、韩麟春等主张南北议和，守住现有地盘；孙传芳失掉了地盘，主张战至最后一人；张宗昌和褚玉璞不愿意放弃山东和直隶地盘，积极主战。会议综合了大家意见，一致强调北方必须团结起来，共同对付南方，为此，各省军队必须统一名称，改用安国军旗帜，推举张作霖为安国军最高统帅。关于最高统帅的名称，张宗昌主张使用大元帅的称号，他慷慨激昂地说："今后的敌人不是北洋系了，非战不可，不战必亡。与其入棺材待死，不如痛快大干……有了大元帅称号，犹可仿照孙中山在广东的局面，易于号召也。"1927 年 6 月 16 日深夜，由孙传芳领衔，孙传芳、张宗昌、吴俊升、张作相、褚玉璞、张学良、韩麟春、汤玉麟 8 人联名通电，拥戴张作霖为安国军政府陆海军大元帅。安国军政府成立后，张作霖决定将北方镇威军、直鲁联军、五省联军等各项名义一律取消，任命孙传芳、张宗昌、张学良、韩麟春、张作相、吴俊升、褚玉璞分别出任安国军第一至第七军军团长。

1927 年 6 月 18 日，张作霖在北京怀仁堂就任大元帅职，发布两项命令，第一项是公布《中华民国军政府组织令》，明确中华民国陆海军由大元帅统率，大元帅于军政时期，代表中华民国行使统治权，保障全国人民法律上应享有之权利；第二项是特任潘复为国务总理。原国务总理顾维钧此前于仓促间辞职。事实上，顾的辞职已经没人把它当回事了，因为顾是靠吴佩孚和张作霖的势力平衡上台的，此时吴佩孚已经兵败河南，连自己都保护不了，当然更加顾不上顾内阁了。6 月 20 日，张作霖以大元帅的名义任命潘复组阁，下设 9 个部，各部部长均是清一色的奉系人员，表明北京政府完全被张作霖控制，张作霖的个人权力已经达到了人生巅峰。

张作霖当上大元帅后不久，蒋介石领导的东路北伐军在徐州失利，孙传芳和张宗昌转入全面反攻，奉系势力一时风光无限，然而好景不长，因为两大敌人正在临近。一个就是南方的国民革命军，此时虽在内讧，但马上就将和平解决，解决后就会形成新的联盟开始北伐；另一个就是张作霖的死对头冯玉祥，此时已经死灰复燃，接下来他将依附南方国民革命军，扛着国民革命军的旗号卷土重来，山雨欲来风满楼，张作霖睥睨天下的时间已经不多了。

冯玉祥东山再起

国民军南口失败后，冯玉祥从苏联回国。1926 年 9 月 17 日冯玉祥纠集残部在五原誓师，通电加入南方国民党组织的北伐军，讨伐张作霖组织的反赤联军。

冯玉祥的国民军本来在南口大战中一败涂地，撤入甘肃荒凉地带的部队不到五万人，而且士气低落，衣食无着，当时已稳操胜券的张作霖忽视了冯玉祥的能力，没有深入荒凉地带乘胜追击。而吴佩孚虽有此心却被南方战场牵制住了主要兵力，分身乏术。至于阎锡山，向来满足于山西一亩三分田，不愿单独出兵深入不毛之地，这就使冯玉祥手下的张之江及鹿钟麟各部得到了喘息之机。冯玉祥五原誓师后，在苏联的大力援助下竟然很快死灰复燃，为了保全自己，冯主动向南方国民革命军靠齐，率领全军参加国民党，所部也改为国民政府领导下的国民革命军。冯玉祥还制定了固甘援陕联晋图像的发展战略，事后证明，这个战略极其正确，是冯玉祥能够东山再起的最主要原因。

"固甘"靠的是刘郁芬。这个人是个奇才，冯玉祥兵败南口之时，他以两师孤军经营甘肃，仅用了三个月左右时间，就干脆果断地扫平了甘肃境内的张兆钾、韩有禄、黄德胜等地方实力军阀，将甘肃变成了国民军败退后的最大战略基地，从而为冯玉祥的复出提供了很重要的立足之地。

"援陕"靠的是孙良城。当时杨虎城、李虎臣困守西安已达八个月之久，城内已经出现了人吃人的情况，援陕刻不容缓，此时各路救援部队因慑于刘震华镇嵩军的实力，个个屯边周边不敢相救，只有孙良诚毫无私心，破釜沉舟全力解围，终于将围城八个月之久的镇嵩军打败。随后冯玉祥将总部移到西安。此时已到了 1926 年年底，冯玉祥实力逐步恢复的时候，也正是吴佩孚在湖南前线失败，实力逐步走向消亡的时候。两人刚好一正一反，决定了今后两人在民国舞台上不同的分量。

1926 年 12 月，冯玉祥将大本营移到西安后，进一步东出潼关，进入河南，冯玉祥的国民军（已改称国民革命军）此时已经恢复元气，新败之余的刘镇华不是对手，其所依赖的吴佩孚又已经日薄西山，自顾不暇，为免遭灭顶之灾，刘镇华急忙要求入队，冯玉祥收编了镇嵩军。此时张之江由于从南口撤退时没有组织好部队，遭到各方反对，已经基本出局，冯玉祥依赖的主要是刘郁芬、孙良诚、方振武、鹿钟麟、宋哲元这几位国民联军中的骨干。

"图豫"借助的是张作霖。河南本来为吴佩孚控制，即使在湖北前线失败，吴佩孚此时在河南仍然拥兵十几万，刚刚恢复的冯玉祥与之作战胜算不大，因此"图豫"急切间就只能停留在"图"上。但此时张作霖"帮"了冯玉祥大忙，张作霖也派兵图豫了，张作霖图豫比冯玉祥就要简单得多，因为吴佩孚手下部将大多人心归奉，对抗奉军时消极作战甚至主动投降，所以没费什么力气就把河南给占了。但张作霖占据河南不到两个月，北伐军中的武汉国民政府就派兵打过来了，当时唐生智掌握武汉国民政府的军事大权，他让张发奎率领铁军第四军以及第十一军和独立十五师北伐。此外配合的还有三十五军、三十六军等各部。张发奎率部与张学良血拼，其结果是两败俱伤。据说第四军当时伤亡超过一万五千人，死伤惨重，这让张发奎非常不高兴，后来张发奎借口剿共，非要从武汉回广东，就是受够唐生智排挤不愿再当炮灰的原因。不管怎么样，张发奎帮了冯玉祥的大忙，前面奉军与张发奎血战的时候，冯玉祥趁机派兵去抄河南奉军的后路。1927年5月，冯军攻克洛阳后继续沿陇海路东进，27日克孟津，28日过偃师，30日克孝义，同日郑大章骑兵占领郑州。由于担心后路被切断，张学良只好放弃河南地盘，6月1日奉军全军撤过黄河，于是黄河以南为冯玉祥军队控制。6月3日，唐生智的部队与冯玉祥的部队会师郑州。随后武汉政府任命冯玉祥为河南省主席。

今天来看，张作霖占据河南很可能是一招臭棋，如果他不出兵，那么河南还是吴佩孚的地盘，吴佩孚当时是张作霖的盟友，尽管在南方占败，但是还拥有相当的实力。以吴佩孚的力量来抗衡南方北伐的国民革命军，无论如何都是可以抵挡一阵的，因为河南是吴佩孚下属各军的安身立命之地，不像对奉系战斗可以投降盟友，对南方国民革命军他们一向没有多少接触，一旦失败就将无处安身，因此必将死战，战斗力会很惊人。如果吴佩孚抵挡住了南方，那么张作霖就可以腾出手来专门解决冯玉祥，这样冯玉祥的势力就不会扩展这么快，以当时张作霖的势力，重新把冯玉祥打回原形也完全有可能。如此一来，张作霖就可以解决大军南下时的后路威胁，整个北方局势大为改观，可惜的是，张作霖在利益的驱使下还是向盟友吴佩孚开刀了，虽然轻轻松松地获得了河南地盘，却守了两个月又全送给了死对头冯玉祥，这是1927年张作霖下的一招臭棋。

同样下臭棋的还有张发奎，糊里糊涂地跟奉军恶斗一场，损兵折将那么多，结果啥也没捞着，回过头来等于是送给了冯玉祥一个大礼。之后回到武汉，唐生智又安排他顺江东下去与李宗仁的第七军恶斗，铁军碰钢军，那死伤数量必不计其数，刚好此时南昌起义爆发，张发奎赶紧借口追剿共军南下去了。

冯玉祥捞足了便宜后，接下来还有更大的便宜等着他捞，真是运气来了挡都挡不住，现在的好运气已经从当年的吴佩孚身上转移到了冯玉祥身上。这位老兄占据甘肃、陕西、河南之后，在北方又取得了阎锡山的谅解和支持，一时顺风顺水，劲头十足。而北伐的国民革命军此时一分为二，各自为自己的正统地位争个不休，无论是武汉国民政府还是南京国民政府，都使足力气拉冯玉祥加入自己的阵营，因为形势摆在那儿，冯玉祥支持哪一边，哪一边就将胜出。那么冯玉祥会支持哪一边？他并不急着表态，而是先跟武汉国民政府的汪精卫会谈，谈的时候最紧张的就是南京的蒋介石了，简直可以用提心吊胆来形容。那个时候，北伐军蒋总司令盼望国民联军冯总司令简直得了相思病，冯总司令也不能不赏脸，随后就到徐州和蒋介石见面了。蒋介石率领一班文武坐车提前一站迎接，此举让冯玉祥很受用。蒋介石为了拉住冯玉祥，除了汪精卫答应的条件不变，还大笔一挥，给了冯玉祥六百万元军费。要知道西北军虽然作战勇敢，可是打从成立起没哪天不受军饷的折磨，大冷天部队没冬装又没冬粮，真是苦极了。这六百万银元，买到了后来冯玉祥对蒋介石的支持，为后来蒋介石下野后又能复出埋下了伏笔。

大决战

1928 年年初，蒋介石在冯玉祥、阎锡山等人以及国民党内部军政要员的支持下复职，1月8日就任国民革命军总司令。此时武汉国民政府已与南京国民政府合二为一。国民革命军解决了内部纷争后，决定继续北伐。1928年2月份，蒋介石把几个方面的军队编成四个集团军，总司令为蒋介石，参谋总长为何应钦，下辖四个集团军：第一集团军总司令由蒋介石兼任，辖18个军29万人，沿津浦铁路进攻；第二集团军总司令冯玉祥，辖25个军31万人，沿京汉铁路及其以东地区进攻；第三集团军总司令阎锡山，辖11个军15万人，由娘子关及京绥铁路进军；第四集团军总司令李宗仁，辖16个军又3个独立师计20余万人，沿京汉铁路集结作为总预备队，另派白崇禧为总指挥，率一部军队北上，应援京汉铁路方面的军事。

面对蒋介石复出后山雨欲来风满楼的北伐气势，1928年1月25日，张作霖在北京召开安国军最高军事会议，研究安国军的作战方略，作出如下部署：第一，张学良、杨宇霆所部第三、第四方面军团，大部开赴邯郸以南，面对冯玉祥、阎锡山取攻势，相机向山西、陕西境内推进，破其主力。第二，任张宗昌为第二方面军团军团长，所部固守鲁南，面对蒋介石北伐军取守势，不得盲目出击。第三，令孙传芳为第一方面军团军团长，所部在山东济宁一带防守，与张宗昌部加强联系，强化鲁南防守。孙传芳部本来有很强实力，但由于在1927年8、9月间反攻作战中孤军深入，结果在南京龙潭地区被李宗仁第七军和何应钦第一军联手战败，损失惨重，主力4万多人尽数覆灭，张作霖考虑到实际情况，因此只给了他协助防守的任务。第四，任褚玉璞为第七方面军团军团长，所部在大名和鲁西一带防守，与左翼的张学良、杨宇霆，右翼的张宗昌、孙传芳保持密切联系，阻敌北进。第五，张作相所部配合第三、四方面军团作战，向平型关、大同进攻，并相机攻入晋北内部。任吴俊升为第六方面军团军团长，为全军的总预备队。

由以上部署可以看出，张作霖的主力部队第三、第四方面军团用在了对付冯玉祥和阎锡山上，属于以强击弱；而新败之余的孙传芳、张宗昌部队则用来防守冯玉祥和蒋介石，属于以弱御强。这里需要说一下第四方面军团的军团长为什么换成了杨宇霆，原因是韩麟春在大战开始之时身患重病，只好以杨宇霆代理。要说杨宇霆还真是个灾星，代理第四方面军团军团长不到五个月后，奉军就因战败而退出了关内，与以前他出任江苏督军 2 个多月就因苏皖战败加上郭松龄兵变而退出关内如出一辙。

张作霖的这个作战部置，其目的是希望集中优势兵力先在北边取胜，解决侧翼威胁问题，然后发兵向南，援助张宗昌和孙传芳。这个战略的核心取决于鲁南能够防御多久。如果鲁南能够坚持到晋北一带全歼阎锡山之后，那么张作霖的这个战略将取得空前胜利，反之，如果让蒋介石和冯玉祥在鲁南突破，然后顺势北上，就有可能切断陕西山西方向作战的直军后路，造成很大的威胁。当时有人提出张宗昌和孙传芳可能守不住山东，建议从第三、第四方面军中抽出两三个军配给张宗昌和孙传芳，张作霖也确实犹豫了一下，但张宗昌的反对以及信誓旦旦的表态让张作霖相信了他。事后恰恰就是张宗昌和孙传芳在山东的失败，导致了奉军全线大溃退，使张学良、杨宇霆在北边取得的胜利一夜之间归于零。

1928 年 4 月 2 日，张学良、杨宇霆下达攻击令，命令于学忠、戢翼翘、富双英各军及骑兵第一、第二两军，以戢翼翘为中心，向丰乐镇一带的冯玉祥部队进攻。冯军不敌，向漳河南岸退去，戢翼翘率部紧追，逼近了安阳城北面。于学忠占领了回龙镇，逼近安阳城东面，两军成夹击之势，对冯军孙连仲部形成合围，歼敌1500余人，安阳指日可下。与此同时，张作相的第五方面军也已经进占了山西重镇大同，进逼五台，占领井陉，整个晋北已处于奉军包围之中，阎锡山部队摇摇欲坠，已呈崩溃之势。

但是此时张作霖所最担心也最不愿意看到的情况还是发生了。进入4月中下旬，鲁南局势已经岌岌可危。蒋介石于4月9日发布北进的总攻击令后，13日许琨就丢掉了韩庄。张宗昌不得不令各部在泰安、界首两地布防，张宗昌相信自己的实力，以为自己兵多粮足，无论如何也可以学习杨虎臣、李虎臣二虎守西安的壮举，即使八个月守不到，守上个四个月总可以了吧？四个月不行，两个月那是绝对可以的。但是事与愿违，仅仅过了半个月左右，蒋军就攻占了泰安，29日又攻占了界首，张宗昌败军纷纷溃退，济南的门户大开。

此时孙传芳在哪儿？孙部本来还是有些战斗力的，坐守济宁应该没有多大问题，但是偏偏孙传芳老是想着重温五省联军总司令的旧梦，一有机会就想着反攻，也不看看眼前形势。这次张作霖让他固守济宁，协防鲁南，但他看见蒋军布置在徐州的兵力空虚，于是忘了张作霖的话，率军去攻徐州了。孙传芳一动，正在西边虎视眈眈的冯玉祥部孙良城、方振武趁虚袭占了济宁，顿时使孙传芳进退失据，不得不命令全军向济南方向撤退。

界首失陷后，孙传芳与张宗昌一起赶紧由济南北退。蒋介石遂于5月1日进占济南。济南失陷，津浦线上的大门洞开，京津震动。奉军此时虽然对于冯阎均有优势且已取得军事上的胜利，但天津面临威胁，如果天津失陷，则张作霖主力第三、第四及第五方面军团将无路撤退。为此，张作霖决定保存实力，令三、四、五军团速向滦东五县和关外逐步转移，同时于5月9日发出求和通电，但是蒋、李、阎、冯认为是缓兵之计，不予理睬，继续北进。张作霖眼见主和无望，于是积极准备退往关外，以图后举。

大撤退

鲁南于4月下旬失守后，张学良、杨宇霆意识到津浦失利，天津危急，因此提前就开始做撤退准备。这时又接到张作霖命令向滦东集结，于是按计划分两期实行。第一期，把攻打冯军安阳一带的部队先撤到保定附近，然后由铁路输送到滦东各县；第二期，把攻打阎军的石家庄、娘子关部队撤到保定以南，先掩护由安阳方面撤退的各部安全通过保定之线，然后各掩护部队以军为单位，经过京、津中间地带向滦东一带撤退。第一期各部队于5月上旬先后通过保定开赴滦东一线，第二期各部队于5月上旬先后撤到保定以南布防，然后经津浦中间地带向滦东撤退，所有撤退计划均有条不紊执行，因此奉军主力未受到任何损失。撤退途中仅有冯军郑大章部率骑兵尾追了一阵，但兵力很少，仅属于骚扰性质，无大的战斗。

张作相率领的第五方面军团，于5月底分别向热河、京东一带撤退。第十二军退承德，第九军退滦平，第三十军退马兰峪一带，仅留四十七旅在北京办理交涉。汲金纯部在第五方军撤退前，于5月中旬已奉令向热河境内凌源一带后撤。

褚玉璞第七方面军团在大名防守军，未发生主力战斗。4 月下旬因张宗昌败退而下令所部，经南宫、武强等县向天津以东撤退。

关于这次奉军大规模撤退，其实是张作霖看见关内形势明显不利于自己时采取的一项保存实力的做法。当时关内蒋冯阎桂携手，反对的目标只有张作霖一个，以前还有直系可以依赖，于今是孤家寡人。当然，只要张作霖愿意，还是有人愿意帮助他的，那就是日本人。日本公使芳泽曾于 5 月中旬携带秘密文件晋见张作霖，承诺如张允可签订，日本可以出兵相助，阻止南军北进，但被张作霖拒绝了。张作霖不愿卖国，同时也认为，只要自己退出关内，那么蒋冯阎桂之间为争夺北京政权一定会打起来，这样以后还有卷土重来的机会。应该说张作霖的判断非常有先见之明，大概一年后蒋冯阎桂之间果然就争斗了起来，甚至在1930年还爆发了史无前例的中原大战。如果张作霖还在，那么他一定还是民国历史上的不死鸟，极有可能再次率军驰骋中原。只可惜恼羞成怒的日本人再没给他这样的机会。1928 年 6 月 4 日，张作霖在大军撤退之时被日本人炸死于皇姑屯，即本文开篇所说的皇姑屯一声巨响。

奉军撤退时，阎锡山捡了大便宜。此时离奉军撤退地方最近的就是阎锡山的部队了。奉军在前边走，阎军就在后面跟，就好像约好了一样。阎锡山也就这出息，打仗打不过别人，所以就不打了，只管跟着就是，跟着跟着也就进占了石家庄、保定等重要据点，收编了安锡嘏师，还获得了奉军运不走的或者不屑于运的一些物资和军用物品。6 月 8 日，阎军商震、徐永昌部进占了北京。捡到便宜的还有冯军韩复榘部，他们派汽车载着一部分军队跟着阎锡山进了北京，因此也算捞到了一点外快。最倒霉的就是蒋介石了，仗打得比谁都大，战利品却一毛也没有捞着，不过蒋财大气粗，也不在乎这些。

1928 年 7 月下旬，蒋介石约冯玉祥、李宗仁、阎锡山、李济深到京，在西山碧云寺召开军事会议，决定停止对奉军的进剿，虽然张作霖被日本人炸死了，但张学良已接续大位，拥有相当的实力，短期内进军关外解决不了问题。而此时共产党已在井冈山建立了革命根据地，成为蒋介石的心腹大患，急需派部队前去征剿。至于张宗昌、褚玉璞以及孙传芳等的残部，决定由白崇禧率军解决。此外，将北京改名为北平，派阎锡山为平津卫戍司令，派张荫梧为北平警备司令，傅作义为天津警备司令。直隶改为河北，派商震为河北省主席，杨爱源、徐永昌分任察哈尔、绥远主席。平、津和北方的大权，均落到了阎锡山的手中，使阎锡山成为此次北伐的最大获益者。

6
谁的眼泪

奉军大撤退，张作霖和吴俊升身死，处于危境中的东北受到了各方势力的觊觎，幸亏老将张作相以其资历和声望镇住了人心惶惶的东北诸将。张作相力排众议，坚决按照张作霖的意思拥戴秘密返回奉天的张学良。

其实，张作霖死时只说了句："我受伤太重，恐怕不行了……叫小六子快回奉天。"这应该算是他的最终遗言，从他的最终遗言里，应不难推测出来张作霖是要子承父业了。其实即便没有这句话，仅从张学良年纪轻轻就担任了奉军最精锐的部队第三军团军团长一职，也可以看得出来张作霖对张学良的苦心栽培了。1928 年 6 月 18 日，奉天各法团会议公推张学良继任奉天军务督办，张学良于 6 月 19 日就职，通告各国领事，并于 6 月 20 日公布了施政纲领 5 条，6 月 21 日才宣布了张作霖的死讯，等到外界包括日本人等知道时，奉天局面已经稳固，军政大权已经顺利移交给了张学良，日本人失去了借张作霖之死出兵奉天的好时机。

然而可能是出于对张学良掌控东北的担心，在东北保安总司令这一统率东北三省的职务上，杨宇霆及诸将初期拥护的不是张学良而是张作相，但张作相坚辞不受，极力拥戴张学良，诸将在张作相的苦心劝说下最后才接受了张学良的子承父业。应该说杨宇霆的担心不是没有道理，在继承张作霖遗志这方面张学良确实不是合适人选。后来张学良的改旗易职以及放弃东三省等举动，如果张作霖在世那肯定是不会同意的。张作霖死后，杨宇霆在相当长一段时期内还按照张作霖的路子在走，从而为自己的死亡埋下了伏笔。

1928 年 7 月 2 日，东三省议会联合会会议一致公推张学良为东三省保安总司令兼奉天保安司令，至此，东北地区平稳地实现了政权交接。

值得一提的是，张作霖死后，被张作霖两度逼得走投无路的秀才吴佩孚居然送来了一篇感情真挚、催人泪下的祭文，其内容摘录如下："呜呼，天下滔滔，乱民接踵。东北义旗，一隅犹重。公之一身，国之梁栋。闻公之亡，临江长恸。非公之惜，惟国是痛。轵里无名，博浪竟中。始闻而疑，今腾于众。呜呼哀哉。自与公交，寒暑两经。以事变之纷扰，致肝胆以莫倾。恐瞑目而长往，或遗恨于九京……"。吴佩孚是性情中人，他的祭文应是他真实意思的表示。张作霖如果地下有知，不知作何感想，因为此时的吴佩孚已经被逼得几无立椎之地。当初被张作霖拆台赶出河南后，如今又被蒋介石四处追捕，只得寄身于四川军阀杨森之下。有意思的是，刚刚还与张作霖打得不可开交的国民革命军李宗仁、白崇禧等也送来了挽联。李宗仁的挽联实事求是，着重于从张作霖与孙中山的交往以及守护东北的贡献来表述，其文曰："与总理生前为友述志有人能令檄枪化日月，当中原多事之秋捍边最力每从辽海想旌旗。"由此可知，尽管张、吴、李在战场上拼得你死我活甚至于到了有你无我的敌对状态，然而在个人品性上却很是投缘，大约是英雄惜英雄吧。抛开各自所代表的利益而言，实际上打心里还是非常认可对方的。

张作霖被炸死了，在各方都还没有做好充足准备的情况下很突然地离开了奉系大集团，奉系内部的军政大权可以由张学良在很短的时间内接替，但各方盘根错节的利益却因这次意外事件而要重新组合，有些人更是损失惨重甚至于连命都搭进去了。

杨宇霆之死与东北易帜

1929 年 1 月 10 日晚，时任辽宁警务处长的高纪毅与张学良的副官长谭海带着六名卫士进入老虎厅，对等在那儿向张学良汇报工作的杨宇霆、常荫槐两人宣布说："奉长官命令，你们两人阻挠国家统一，着将二位处死，即刻执行。"杨、常二人惊得目瞪口呆，不知所措，六名卫士出手，分别由两人挟持一人，另两名卫士开枪，把杨、常二人打死在老虎厅内。此时距张作霖被炸身亡仅仅 7 个月。

据说张作霖身死之前曾扶有一乩，上云："杂乱无章，扬长而去。"张作霖以为乩语的意思是要他从北京"扬长而去"，不要恋栈；而组织奉军撤退时有可能因混乱而"杂乱无章"，因此特别重视奉军的撤军安排，以免发生意外损失。结果奉军撤退没有问题，恰恰是自己和吴俊升出了问题。张、吴死后不到一年，杨、常又同时罹难，后来民间解读说是"杂乱无章，扬长而去"的意思实际上是"炸烂吴（俊升）张（作霖），杨（宇霆）常（荫槐）而去。"乩语已经提前进行了提醒，只可惜当事人当时并不明白。

杨宇霆作为张作霖时代最为宠信的股肱大臣，在张作霖死后不到一年即遭到清洗，不能不说是一件十分遗憾的事情。杨宇霆虽然心胸狭窄，又是害死张学良所最信任的郭松龄的元凶，加上个性张扬，位高震主，所以张学良有一百个理由需要杀他。但是对于当时的东北军来说，杀掉杨宇霆实在是一个较大的损失。那时东北军已经人才凋敝，张作霖时代的孙烈臣、郭松龄、姜登选、韩麟春、吴俊升等均已先后死去，李景林、张宗昌等人也已作鸟兽散，犹如三国时期刘备时代关羽、张飞、赵云等人群星闪烁，而到了刘阿斗时仅剩下诸葛亮苦撑危局一样，到了张学良执掌东北之时，除了比较稳重可以守成的张作相以外，有谋略敢于担当能主持大事的实际上就只剩下一位杨宇霆了。张学良杀了杨宇霆，等于是自毁长城，其结果也显现出来了，以至于三年后日军发动"九一八"事变，张学良不抵抗而撤出东北之时，诺大的东北队伍之中竟然没有一个将官对此决议表示坚决反对，如果杨宇霆还在，一定会表现出他的血性而全力阻止，至少不会让日军如此轻轻松松地占据东三省，那么东北的形势就很有可能不一样了，东北军的下场也不会那么悲惨。

当然，个性决定命运，杨宇霆这种宁折不弯的个性也正是这次他被杀的原因之一。他被杀有一个罪名就是"阻挠国家统一"，实际上指的就是张学良的改旗易帜。对于当时的张学良来说，改旗易帜是很自然的事情，一方面他对当年南方孙中山的革命心而向往之，其灵魂人物郭松龄当年甚至还加入过孙中山的革命组织，对张学良影响很大；另一方面张学良身负国恨家仇，对日本人恨之入骨，那时日本人为了谋取他们在东北的特殊利益，反对张学良改旗易职，积极策划东北独立，以形成中国的割据分裂。张学良反其道而行之，实际上也是快意恩仇的一种体现。

而对于奉军而言，张作霖给出的出路是既不分裂，也不投降日本，保持东三省的相对独立状态，以静观时变，等待契机。应该说，这是最契合东北利益的一种思路。张作霖既已不在，作为张作霖在这个世上唯一的代言人，杨宇霆深感责任重大，尤其是在攸关东北命运出路的改旗易帜这件大事上，他觉得自己有责任按大帅的意思为奉军谋一个好的前途。而臣服于蒋介石，既不利于奉军的独立发展，还有可能激化东北与日军的矛盾，远不是守卫东北的方针，因此坚决反对。杨宇霆与张学良在这件事情上的矛盾实际上是无可调和的，这是杨宇霆引来杀身之祸的最主要原因。

有意思的是，盛极一时的杨宇霆被杀，各方竟然对此保持沉默，似乎什么事情都没有发生一样，耐人寻味。就日本来说，日本朝野认为张作霖的政策大半出于杨宇霆之手，因此杨宇霆和张作霖一样，都是忘恩负义之人，除掉杨宇霆，有利于今后图谋日本在东北的利益。可以说张学良之所以杀杨宇霆，有一多半倒是中了日本人的借刀杀人之计，日本人当然不会吱声。就苏联而言，杨、常二人处处与其作对，不但积极在黑龙江流域部署军力，还急欲策划成立东北铁路督办局，怂恿少帅夺回中东路权，两人被自己长官处诀，实在是为苏联人出了一口恶气。就蒋介石国民政府而言，杨宇霆反对东北易帜，实是阻碍东北统一于蒋介石旗下的关键人物。当时杨宇霆公开反对蒋介石最凶，认为蒋是反复无常之人，东北数十万军队托庇于此人实在不堪设想，蒋介石当然也不会保他。

1928 年 12 月 29 日，张学良以国民政府的青天白日旗替换北洋时代的共和五色旗，对外通电宣称"遵守三民主义，服从国民政府"，这样，从袁世凯 1912 年窃取中华民国大总统以来，维持了 16 年的北洋时代正式结束，由国民党组织的国民政府形式上完成了国家的统一。

张宗昌与孙传芳的末路狂奔

张作霖之死，最伤痛的应该不是张学良，而是张宗昌，张学良顶多是骨肉之痛的伤感，而张宗昌失去的则是身家性命所依赖的靠山，没有了张作霖这个靠山，张宗昌的末日即将来临。

1928 年 6 月 4 日，张作霖被炸死之时，张宗昌已经兵败山东，逃到了冀东褚玉璞的地盘上。但是冀东也非久留之地，随着国民革命军的迅速进军，马上褚玉璞也将无处容身。那时他们唯一的容身之地就是东北，偏偏在这节骨眼上，传来了结拜大哥张作霖的死讯。张宗昌如丧考妣，在滦州为张作霖设灵堂，穿孝服，天天举哀，日日上祭，整个人失魂落魄，无精打采。他已经预感到了自己凶多吉少。果然，在国民革命军步步紧迫的情况下，张宗昌希望把自己的残余部队撤到关外，然而遭到了张作霖的权力继承者张学良的坚决拒绝。这时北撤后的直鲁联军徘徊在唐山、开平、丰润、芦台、宁河、滦县一带，尚有六七万人。在前无去路，后有追兵的情况下，张宗昌决定死守。他将军队集结在滦河两岸，修筑工事，在其右翼丰润北方之狼山、廊山、牙窟山一带设伏兵，企图利用山地优势与白崇禧东征军进行决战。并利用村堡编成据点式阵地，在其左翼唐山之西南由韩城镇河头胥各庄至铁路以南地区构筑防御阵地。由于张学良对张宗昌及其部队早有成见，对这位昔日为奉军开疆拓土的得力悍将，非但不予以支援，而是布置重兵于锦州一带，防止直鲁联军窜入东北境内。

1928年9月4日，白崇禧指挥东征军向直鲁联军发动攻击，滦河会战正式打响。独八师刘春荣部向直鲁联军阵地发起攻击，经6小时激战，刘春荣不支，退居丰润城，闭城死守。第三十军魏益三部赶来增援，9月8日，东征军进占丰润城。因东征军已占领丰润沿平榆大道推进，张宗昌侧翼受到威胁，河头胥各庄之敌因此受牵动，只好向乐亭撤退。唐山守敌也向开平撤退。东征军第十二军于9月8日下午进占唐山，第三十六路军于9月10日进占开平。9月13日张宗昌撤往滦河东岸。

张部进入滦河东岸后，张学良责令奉军坚决堵截。在走投无路的情况下，张宗昌赌性大发，决定拼死一搏，杀出一条血路返回东北。他指挥部队向奉军防守的团山子、牛各庄以及石门车站等发起猛攻，双方伤亡惨重。由于张部没有后退之路，因此战斗力格外强盛，而奉军中不少人对曾经同一个战壕的张部抱有同情态度，因此打不过白崇禧的张宗昌打败了张学良，于9月14日直鲁联军进占昌黎。9月15日，在张学良允许下，东征军分三路强渡滦河，进入奉军地界，与奉军联合作战，夹击直鲁联军。9月17日，奉军对直鲁联军实行分割战术，于学忠部猛攻青门镇，一举突破直鲁联军中央阵地，将直鲁联军截为两段。9月19日，奉军和东征军向直鲁联军发动总攻击，直鲁联军已丧失战斗力，第七军许琨部、第十七军吴爱卿部先后向东征军投降，白崇禧将其改编为3个暂编师。

1928年9月23日，东征军彻底铲除直鲁联军残余势力，将收降的3个暂编师悉数解除武装。至此张宗昌的直鲁联军全部彻底消灭。大势已去的张宗昌化装后从一条小巷出走，找到一条小渔船，从滦州逃往大连，再乘船东渡日本。

1932年春，张学良担心张宗昌在日本充当汉奸，电邀他立即返回中国，张宗昌回国后，打算返回山东招集旧部，东山再起。然而，当时的山东省主席是国民党冀豫鲁"剿匪"总指挥、第三路军总指挥韩复榘，不愿张宗昌卷土重回。8月份，张宗昌收到韩复榘派人送来的许多礼物和一封亲笔信，邀请张宗昌速到济南"共谋大事"。张宗昌到济南后，受到韩复榘的盛情款待，石友三也被邀来作陪。1932年9月2日，张学良借张宗昌姨太太之名给张宗昌发一电报，让他马上返回北平。3日下午5点钟，张宗昌与韩复榘等握手告别时，以前被张宗昌枪毙的冯军将领郑金声的儿子郑继成突然出现并向他开枪，但是枪没响，张宗昌一看形势不对，抛开送行的人群拔腿就跑，但是郑继成紧跟不舍，张宗昌跑到火车上然后又跳到火车下，沿着铁轨仓皇逃命，此时埋伏在兵车里的韩复榘预先安排的士兵举枪将张宗昌击倒，郑继成赶上来连放两枪将张宗昌击毙。

张作霖死后四年，张宗昌也紧跟着去了。表面上看张作霖的死对张宗昌好像没有什么影响，但事实上如果张作霖不死，以张作霖重情重义的个性，再加上联合张宗昌以自保的利益需要，他是一定会让张宗昌率部返回东北的，那么张宗昌就有了立足之地，也就不会这样飞来横祸。

除了张宗昌以外，另一个招致飞来横祸的是孙传芳。孙的口碑要比张宗昌好很多。在张作霖死后，其所部并没有随张宗昌一起为抢夺立足之地向张学良开战，而是审时度势投降了阎锡山，孙传芳自己则随着张学良进入了奉天。由于部队还在阎锡山那儿，只要有机会孙传芳还是可以东山再起的。东北易帜时，孙传芳极力主张东北应保持张作霖时的半割据状态，以日本为靠山，伺机再度进关，与蒋介石争夺天下，由于孙的主张与杨宇霆的主张极为接近，因此两人走得很近，杨被诛后，孙担心祸及自身，逃往大连，此处有水路可随时出逃。孙在大连时，仍多次建议张学良固守东北，以图东山再起。1930 年中原大战的时候，阎、冯、桂倒蒋，孙传芳力劝张学良与阎、冯、桂取一致行动，这样孙传芳就会有很大的机会复出，只是张学良后来选择了支持蒋介石，使孙传芳复出的目的没有达到。"九一八"事变之后，孙传芳在东北无处安身，逃回了天津，在天津的日本势力冈村宁次利用同窗关系多次登门造访，动员孙出任伪职，被其严词拒绝。为避免政事纷争，孙后来皈依佛门，借以超脱凡念。1935 年 11 月 13 日，军统局利用被孙传芳处决的施从滨之女将孙传芳刺杀身亡，终年 51 岁。

孙传芳与张宗昌两人性情大异，一个毕业于日本陆军士官学校，知书达礼；一个起身于草莽之中，粗野蛮横。两人因为利益的原因互为对手，打了好几年的仗，又因为利益的原因结成同盟，互相支持。最终殊途同归，末路狂奔，真可以说是一对生死冤家。即便是他们的死，也死得与别人不一样，都是被刺身亡。

当年孙传芳处决施从滨的时候，施从滨为张宗昌最得力的手下，任山东军务帮办兼第二军军长。当时孙传芳与张宗昌在战场上拼得你死我活，为鼓舞士气同时也是为泄私愤，竟然下令将被俘的施从滨予以枪决，尸体暴晒多日，不准收殓。时施从滨已经是70多岁的老人，无端遭此厄运，引起很多人的叹惜与同情。命运弄人，让孙传芳没有想到的是，仅仅两年以后，孙传芳就不得不与张宗昌结盟并结拜为异姓兄弟，携手共抗强敌。此时他一定很后悔处决了盟军中的得力干将施从滨。更让他后悔的是，十年以后他还是死在了施从滨之手。施的女儿施剑翘有感于父亲惨死，立誓报仇，她伪装成天津居士林的佛教信徒，终于觅得良机刺杀了时任居士林佛教会理事长的孙传芳。

张宗昌跟孙传芳也非常相像。当年与冯玉祥作战时，诱降了郑金声部下姜明玉，从而逮捕了郑金声。郑金声为冯玉祥的同学，时任国民革命军第二集团军第八方面军副总指挥兼前敌总指挥。张宗昌不顾众人劝阻，也与孙传芳一样断然下令将其枪决，于1927年11月6日在济南警察厅后院将其杀害。郑金声的儿子郑继成立誓报仇，在韩复榘的帮助下将张宗昌引诱到济南，将其击毙。

军阀混战时代，今日为敌，明日就有可能为友；今日风光，明日也有可能倒台。孙传芳和张宗昌的末路狂奔，一方面固然是自己快意杀戮埋下了祸根，另一方面也是因为张作霖的被炸而失去了靠山，从此一蹶不起。失去了武装的军阀跟平常人没有两样，当其末路狂奔时，一定想到了过往的峥嵘岁月，

施剑翘

如果一切可以重来，是否还会做出当年的选择？

"九一八" 事变与张学良不抵抗

1931 年 9 月 18 日，张作霖死后三年多一点，日本人发动了震惊中外的"九一八"事变，占领了奉天并进而占领了东三省。在整个过程里，东北军除马占山将军有组织地进行了抵抗以外，其他各部十几万军队均未进行抵抗，而是一撤再撤，最后撤出了山海关。东北军之所以有如此拙劣的表演，缘于张学良奉行的不抵抗政策，东北军的厄运以及东北人民所遭受的苦难均由此开始，真是一将无能，害死三军。

张学良的不抵抗，缘于他骨子里的不自信以及对蒋介石国民政府寄予了不现实的过高期望。前文已经说过，张学良这人，胸怀宽广，能容人也可以用人，但缺陷也非常明显。与张作霖比起来，其政治谋略十分欠缺，政治上也非常天真，当年杨宇霆反对将其扶上东北保安总司令之职是有道理的，大概他早就看出了张学良个性上的这些缺点。张学良当了东北保安总司令之后，所干的事情样样都与张作霖背道而驰，先是东北易帜，继而是中原大战支持蒋介石，这次是丢了老张家赖以发迹支撑的根据地东三省。

对于民国时期一支军队而言，拥有一个稳固的后方基地比什么都重要。基本上，民国时期的军阀只要有了基地就可以生存和发展，哪怕惨败之后还可以东山再起，比如第二次直奉大战后的吴佩孚，因为有湖北这个基地所以才有了后来的回光返照，但第二次失败后起不来了，也是因为没有了基地。冯玉祥也是，当初惨败后，刘郁芬为他保有了甘肃这块安身立命之地，所以能够迅速地死灰复燃。反之，民国时期灭亡的大大小小的军阀，都是在失去了基地之后居无定所，终至于烟消云散。而阎锡山以小小的一块山西地盘，屹立于民国政坛几十年不倒，成为民国时期生存最长的军阀，就是因为他始终保有山西这块地盘，无论成也好败也好，山西从未在他手上完完全全地丢失过。

张学良的地盘是张作霖给他打下来的，所谓仔卖爷田心不痛，其于东北的得失看得远比张作霖轻，对后方根据地也远没有张作霖那么重视。所以面对日本人的进攻，居然天真地以为国际势力的干预可以让日本人退兵。换了张作霖，即使心里相信也绝不会去冒这个险，不会把自己的命根子完完全全地交给别人去捏着。当时的东北，日本军队只有两万来人，而东北军仅在关外的就有十几万，关内还有二十来万，如果下决心认真打一仗，日本人是不敢得寸进尺的，因为当时日本政府也没有做好准备，只是因为关东军轻轻松松一个偷袭，就攫取了东北大片国土，反过来更加刺激了好战派的底气，迫使政府不得不在好战势力的裹挟下继续往前迈进。可以说，张学良的不抵抗，间接促成了日本加快对东北入侵并最终形成了强大的无可逆转的好战派势力，这是张学良妥协的恶果，从某一个方面来说，也是张作霖之死带给中国的悲剧。

1931 年 9 月 19 日零时 50 分，日本关东军第二十九联队分三队开进沈阳城（即当时的奉天），东北军驻沈警宪 8000 余人奉命"不许与日军冲突"，未作任何抵抗。19 日清晨 6 点半，日军全部占领沈阳，开始在沈阳大肆掠夺。据官方不完全统计，日军掠夺飞机 262 架，这是当时东北花了十年时间好不容易筹建起来的空军部队，占当时全国空军飞机总量的一半以上，居然未投一枚炸弹就白白地转送敌人，实在让人疼心。此外，掠夺战车 26 辆，各类炮 3091 门，机枪 5800 挺，枪械 11.8 万支以及大批弹药粮秣等。日军于占领沈阳的同一天，还占领了安东、营口、长春、凤城等地。之后用了差不多一个星期时间，控制了北宁、沈海、吉长、吉海等铁路线及 30 多座城市，辽宁、吉林两省未经大的战斗就轻易地沦陷于日军之手。

蒋介石、张学良的不抵抗政策，换来的不是日本军国主义的善心。板垣、石原用了一万多兵力，不到半个月就占领了大半个东北。他们认为中国的不抵抗政策，正是他们占领中国东北的大好时机，因此不听日本内阁的约束，也不理国联的所谓干预，全速向黑龙江挺进，同时派出第四混成旅越过辽河向锦州进犯。

锦州是扼守东北的最后一道屏障，锦州失去，则东北将彻底丧失。在全国人民要求抗日的压力下，1931 年 12 月 2 日，国民党中央政治会议做出了积极抵抗的决定。蒋介石也电告张学良，要求"锦州军队此时切勿撤退"。就在各方准备在锦州与日军大干一场的时候，蒋介石却因"九一八"事变而于 12 月 15 日再次通电下野。蒋介石的下野，再次让张学良的抵抗意志发生了动摇，他给第二军下达命令仅称："我军驻关外部队，近当日本来攻锦州，理应防御，但因目前政府方针未定，自不能以锦州之军固守，应使撤进关内，届时，以迁安、永平、滦河、昌黎为其驻地。"12 月 25 日，孙科的南京政府给张学良发出命令："对于攻击锦州，应尽力之所及积极抵抗。"这是南京政府自"九一八"事变之后所下达的第一道抵抗日军侵略的命令，31 日，南京政府又下达了第二道抵抗命令。然而此时的张学良认为没有军饷及后勤保障，坚决不予抵抗，于是在日军第二、第八、第二十共三个师团四万余人的进攻下，东北军全部撤出锦州。1932 年 1 月 3 日，日军完全占领锦州，1932 年 2 月 6 日哈尔滨也沦陷了，自此，东三省大好河山全部落在日本帝国主义手中。东三省的过早过快沦陷，助涨了日本国内军国主义的强劲势头，为日本侵略华北并进而侵略全中国敞开了大门，给国家和民族带来了严重的灾难。在这个过程里，张学良负有不可推卸的责任。他从一开始就没有把东三省作为安身立命之地予以保护，如果张作霖不死，他一定知道东三省对于东北军的意义，那是拼了老命也要维护的。以当时东北军的实力，如果拼尽全力抵挡，对付日本刚刚开始时的两万多人那是绰绰有余的，那么以后战局的发展就很有可能是另一番模样了。

假如张作霖未被炸死

前面已经说过，张作霖的死导致了杨宇霆、常荫槐等老兄弟失去了依靠，并为此丧命，也导致了张宗昌、孙传芳等人无处可以立足，他们都因张作霖的死而伤痛不已。从历史的角度来看，因为张作霖的死而造成了很大伤痛的应该还包括如下各方：

第一个是冯、阎之痛。冯玉祥、阎锡山作为张作霖的老对手，双方有过合作，但更多的是相互对抗，尤其是最后一次，冯、阎联合南方北伐的国民革命军一起把张作霖赶出了北京，赶到了山海关外，并直接导致了张作霖在回东北的路上被日本人炸死。张作霖死了，按理说冯玉祥和阎锡山应该开心才是，但政治的事情就是这样，今天为敌，明天就有可能为友。很快冯玉祥、阎锡山就念叨起了张作霖的好处来了。1930 年羽翼已经丰满的蒋介石，借着裁军之名要削弱国民党内其他各派军阀的势力，首当其冲的就是李宗仁、冯玉祥和阎锡山。蒋介石采取各个击破的方针，先打败了李宗仁、白崇禧率领的桂系，继而又分化瓦解了冯玉祥的西北军。在大敌面前，冯、阎、桂这三派军阀终于团结起来，联合一致对付蒋介石，史称中原大战。

中原大战前期，冯、阎、桂三派虽然颇占优势，不过蒋介石还能支撑稳住局面。蒋介石这人打仗不行，但是用金钱拉拢收买分化对手的本领却是无人能及，时间久了对于冯、阎、桂三派军阀自然不利。此时唯一超然于外的就是东北军了，当时的形势是东北军助蒋则蒋胜，东北军助冯、阎、桂则冯、阎、桂胜。双方都竭尽全力拉拢张学良，蒋介石甚至许以中华民国副总司令的高位，不过这也就是个虚职，当不得真的，但是张学良偏偏当真了，他选择了蒋介石，出兵关内，大军压境之下，冯、阎、桂联盟腹背受敌，迅速土崩瓦解，蒋介石大获全胜。中原大战蒋介石最终获胜，一大半功劳要归功于张学良。但是如果张作霖不死，在冯、阎、桂与蒋介石的选择上，他一定会支持冯、阎、桂而不会支持蒋介石的。原因倒不是张作霖与冯、阎、桂有多么深的交情，而是如此选择更符合东北军的利益。如果支持冯、阎、桂，以东北军当时的实力，再加上张作霖前期积累的威望，其第四次进军关内，当可再度入主北京，称雄中原，而不是什么屈居蒋介石之下当个虚得不能再虚的中华民国副总司令了。

这样说来，当年的冯、阎、桂一定很后悔把张作霖逼上了那辆死亡列车。

其实，与冯、阎、桂一样懊恼的应该还有中共组建的红军。

由于中原大战，蒋介石没有多余的力量去对付红军，导致 1930 年
成了红军发展最快的一年。如果中原大战东北军帮助的是冯、
阎、桂，那么蒋介石势必成为战败的一方，如此一来，红军可以
获得生存与发展的最佳土壤，也许红军就不需要走那么多的弯路
甚至去走二万五千里长征了。

　　第二个是东北之痛。东北对于张作霖来说是命根子，以张作
霖的个性是不会轻易舍弃东北的，更不会把东北的命运寄托在不
可把握的别人手上。可以说，张作霖的所作所为，都是以东北地
盘以及东北军为核心利益的。但是张学良不一样，他早在郭松龄
时代就对南方国民党心而向往之，以为帮助蒋介石就是为国家作
奉献，为此必要时候是可以牺牲东北乃至东北军利益的。张作霖
与张学良父子两人出发点的不同，决定了张学良在后来东北一系
列大政方针的决择上，基本上都是与张作霖背道而驰的，包括东
北易帜、中原大战对蒋的支持以及后来"九一八"事变不抵抗，
等等，张学良都是把希望寄托在根本就不可靠的南京国民政府
上，这一点与张作霖以及杨宇霆的想法是完全背离的，而且越离
越远，终至于把张作霖辛辛苦苦几十年积累下来的东北地盘以及
数十万东北大军全部葬送殆尽。东北 110 万平方公里的大好河山
就此沦于敌手，30 余万东北军队从此流离失所，在蒋介石不断的
分化瓦解下最终消于无形，3000 万父老乡亲沦为亡国奴，一直要
到 1945 年日本投降时才最终回到了祖国怀抱。

　　其实，如果张作霖还活着，以张作霖长袖善舞的忽悠本领，
再加上张作霖在东北的地位和威信，当时的日本人很有可能不会
去主动发动"九一八"事变。日本国内一直有保守派和好战派两
种势力，在张作霖治理东北期间，他很好地利用了这两种势力的

平衡，使好战派的行为受到约束。但是张作霖死后才三年多一点"九一八"事变就发生了，这与张学良处理问题简单粗暴有很大关系。张学良没有明白东北在日本人心目中的重要地位，在没有做好坚决抗击日本侵略的情况下就擅自采取了包括宣布东北易帜、在中原大战中支持蒋介石等行为，这些行为都是日本所忌讳的，从而刺激了日本好战派实力的增长，反过来又压制住了保守派，田中义一的辞职就说明了这一点。此时的日本关东军越来越难以被日本内阁驾驭，关东军认为张学良已经越来越脱离了掌控，如果再不出兵控制东北的话，后面形势将更加艰难。刚好这时中原大战爆发，张学良抽调了大批军队入关，使东北兵力减少了许多，从而给日本制造"九一八"事变创造了机会。

日本制造"九一八"事变之时，原本是准备遭到东北军抵制而步步推进的，没想到居然遇到了不抵抗，日本人轻轻松松地就占领了东三省。这种轻轻松松的占领非但没有如张学良所希望的那样引起外部势力对日本人进行遏制，反而刺激了日本国内好战派势力的进一步增长，使好战派认为中国非常好欺负，有必要趁热打铁一鼓作气地拿下中国，这就又给中国带来了新的灾难。

第三个是中国之痛。前文说过，日本人过于轻松地占领东北，并未使其停止脚步，反而让他们的野心进一步膨大。当时日本人普遍认为中国不堪一击，三个月灭亡中国的言论甚嚣尘上。中国迫切需要一场酣畅淋漓的胜利来阻止住日本野心的继续膨胀。但可惜的是，张学良不战而退出东北的恶果继续发酵，影响到了随后热河抗战的信心。1932年4月，日军第八师团进入已经完全控制的东北，准备进攻热河。此时热河省由张作霖的把兄弟汤玉麟控制，汤玉麟人称"汤二虎"，是个打起仗来不要命的主，但是这一回汤二虎却让人大跌眼镜了。1932年12月21日，日军先遣部队向热河省朝阳县东部南岭的中国守军发动攻击，守卫朝阳的汤军董福亭的138师由于团长邵本良叛变投敌，很快丢掉战略制高点南岭，朝阳很快失守。1933年1月3日，汤玉麟率部向滦东逃命，日军仅以骑兵128人即轻松进占承德，没有遇到任何抵抗。至1月4日，日军完全占领了热河，只用了13天时间。

热河自古就是华北的天然屏障。热河失守，整个北平、天津地区顿时无险可守，中国的大好河山一览无余，全部呈现在日军眼前，更加激起了日本的军国主义冒险思想。

热河之所以如此快地丢失，与张学良迅速丢掉东北的原因是分不开的。一方面，东北既失，日军接收了东北军近300架飞机以及大炮、机枪无数，日军把这些武器大部分都用于热河作战，而汤部向来是东北军中装备最差的，军械武器一直要靠奉天的军械厂接济，东北既失，军械厂自然也没有了，汤玉麟抗战时是处在要枪没枪要子弹没子弹的困境之中；另一方面，张学良自东北撤入关内以后，由于其不抵抗政策遭到了全国人民的一致谴责，其在东北军中的威信也因此而一落千丈，尤其是汤玉麟这样老资格的奉军元老更不把张学良放在心上，张学良要求他坚决抵抗至少三个月，汤玉麟心里老大个不服，认为张学良连一天都没有抵抗，实在没资格提要求。他还当着张作相的面大骂："他妈的，这样抗战不是骗人嘛！打仗要啥没啥，这个仗怎么打？"

如果张作霖未死，以张作霖的威信和他在汤玉麟心目中的地位，就是借给汤玉麟一百个胆他也不敢。自从王永江事件兄弟反目又和好之后，汤玉麟对张作霖是真心拥戴，决无二心，如果张作霖让他坚守热河，他肯定会像当年的汤二虎一样豁出命来干。

一个血性的汤玉麟肯定会让日军吃足苦头，让日军意识到中国不是那么好欺负的。可惜历史不容假设，热河那么轻轻松松地就拿下了，日军更加不把中国军队放在眼里，他们认为自己实力足够，所差欠的只是一个入侵的借口而已。这个入侵的借口，最终由日本人自己制造了出来，1937年终于爆发了"七七"卢沟桥事变，成为中国八年抗日战争的开始。

第四个是日本之痛。张作霖的被炸身亡，日军没有受到任何惩罚，就好像死掉了一只小猫小狗一样不负任何责任，国民政府包括东北的奉军大气都没敢吭一声；日本制造了"九一八"事变，东北大片土地被日军占领，国民政府包括东北军都没敢说出抵抗二字，仅在由西方列强控制的国联上提出申诉，但英法等国主持的国联怎么可能为了中国而去开罪日本？结果也是不了了之；紧接着，日本又侵占了热河。一步一步，日本的每一步都实现了自己的目标，而且这个目标实现起来是那么顺利，几乎没费多大力气。这一切都让日本产生了错觉，以为日本已经足够强大了，强大到三个月就可以灭亡中国。日本国内的好战派更是兴风作浪，军国主义思想在不断获胜的刺激下迅速渗入到千家万户，导致日本整个民族的集体亢奋。

1936年2月26日，日本发生了近1500名少壮派军人组织的军事政变，要求建立法西斯政权。政变虽被镇压，但日本陆军部却借此实现了军部独裁和国家政权法西斯化，日本由此正式走上了军国主义道路，并越走越远。1937年7月7日发动全面侵华战争；1941年12月7日袭击美国太平洋基地珍珠港，发动太平洋战争；1942年横扫东南亚。日本在军国主义的道路上像一辆疾驰的列车，只能向前而无法刹车，最终招致了世界反法西斯同盟的建立。1945 年盟军逼近日本本土，美国在日本的广岛和长崎投下了两颗原子弹，苏联出兵中国东北歼灭了日本的 80 万关东军，日本只能宣布无条件投降。而此时，整个国家和民族已经付出了惨重代价，战后日本几无成年男子，大部分都战死或做了俘虏。此后日本用了整整二十年才抚平了战争的创伤。

福兮祸之所伏。日本结局的悲惨源于当年一而再再而三的入侵，而当年的入侵又是那么顺利，这种一而冉冉而三的顺利导致了举国疯狂，最终万劫不复。如果认真追究起来，日本走上这条路的第一步正是 1928 年的那个夏天，河本大作用 120 公斤炸药炸翻了一辆豪华美丽的列车，而这辆列车上有一位影响着时局的关键人物张作霖，当时他正随着列车行进在回家的路上。时间就此定格，这辆列车开在回家的路上却永远也回不了家，就像若干年以后的日本，发动军国主义的战争以后就再也回不了家。如果时光可以重流，如果一切可以重来，河本大作还会义无返顾地去炸毁那辆列车吗？一切只有天知道。